이와나미 기획신서 멀티미디어 정보학 ―― 4 　**문자와 소리의 정보처리**

● 저자 ●

長尾 眞(나가오 마코토)　　　교토대학 총장

宇津呂武仁(우쓰로 다케히토)　나라 첨단과학기술대학원대학 정보과학 연구과

島津 明(시마즈 아키라)　　　호쿠리쿠 첨단과학기술대학원대학 정보과학 연구과

勾坂芳典(사기사카 요시노리)　주식회사 ATR 음성번역 통신연구소

井口征士(이노쿠치 세이지)　　오사카대학대학원 기초공학연구과 시스템 인간系

片寄晴弘(가타요세 하루히로)　와카야마대학 시스템공학부 디자인정보학과 교수

MOJITO OTO NO JOHO SHORI

by Takehito Utsuro, Akira Shimazu, Yoshinori Sagisaka,
Seiji Inokuchi and Haruhiro Katayose

First published 2000 in Japanese
by Iwanami Shoten, Publishers, Tokyo.

This Korean edition published _____
by Hankookhaksooljungbo Co., Ltd., Kyonggi-do
by arrangement with Iwanami Shoten, Publishers, Tokyo
through Shin Won Agency Co., Seoul.

이와나미 기획신서
멀티미디어 정보학 ④

문자와 소리의 정보처리

나가오 마코토 (교토대학 총장)

우쓰로 다케히토 (나라 첨단기술대학원 교수)

시마즈 아키라 (호쿠리쿠 첨단과학기술원 교수)

사기사카 요시노리 (ATR 연구소 연구원)

이노쿠치 세이지 (오사카대학 교수)

가타요세 하루히로 (와카야마대학 교수)

미국 멀티미디어 랩 번역

한국학술정보[주]

집필자

학습의 길잡이	長尾 眞
제1장	宇津呂武仁
제2장	島津 明
제3장	玖坂芳典
제4장	井口征士 · 片寄晴弘

전으로 거의 모두가 디지털 정보의 형태로 처리되게 된다.

아날로그 형태 시대에는 각 미디어가 다른 미디어와 관계없이 제 각기 독립적으로 존재했지만, 정보가 디지털화됨에 따라 모든 미디어를 하나로 다룰 수 있게 되었다. 각종 미디어를 혼합하기도 하고 융합하기도 함으로써 새로운 세계가 계속 열리고 있다. 이러한 각종 미디어를 종합적으로 다루기 위한 학문과 기술이 〈멀티미디어 정보학〉이라고 불리는 것으로, 이것은 디지털 기술이 낳은 새로운 세계이다.

이 기획 시리즈의 독자에 대하여

정보과학이나 소프트웨어과학이라는 학문은, 이론적으로 컴퓨터의 하드웨어나 소프트웨어를 〈만든다〉는 입장의 것으로서 이공계 사람들이 중심이 되어 배우는 것이지만, 멀티미디어 정보학은 멀티미디어 정보를 〈이용한다〉는 입장에 있는 사람들의 것이다.

인터넷을 이용하고 있는 사람들은 멀티미디어를 실천하고 있는 것이라고 앞에서 말했지만, 인터넷을 통해 얻은 정보에 감탄한 내용과 같은 것을 본인의 것으로 직접 만들어서 전세계에 내보내고 싶은 욕심이 있는 사람이라면, 단순히 인터넷을 보고 즐기기만 해서는 안 된다. 어떻게 하면 이러한 세계를 구축할 수 있는가를 학문적으로 분명히 파악해야 한다. 이와나미에서 기획한 〈멀티미디어 정보학〉 시리즈는 이런 과제에 답하고 그 학문 체계를 보여줌과 동시에 각 미디어의 내용을 상세히 설명하고, 각종 정보를 이용하여 새로운 무언가를 창출할 수 있도록 구성한 것이다.

멀티미디어 정보에 흥미를 가지고 있으며 직접 무엇인가를 멀티미디어 정보의 형태로 만들어 인터넷상에 발신하고 싶은 사람이라면 누구나 이 기획 시리즈의 독자 대상이 된다. 이공계 사람은 물론 인문·사회계, 예술계에 종사하는 사람 등 거의 모든 사람이 대상이 될 수 있다.

이 시리즈는 대학교 2, 3학년생 수준에서 볼 수 있도록 구성되었는데, 일부 설명을 제외하고는 수학을 거의 쓰지 않고 설명하고 있으므로 인문 · 사회계의 사람들도 충분히 이해할 수 있을 것이다.

이 기획 시리즈의 구성

멀티미디어 정보학의 학문 체계를 최대한 알기 쉽게 보여주기 위하여 이 시리즈에서는 전체 구성을 기초, 기술, 시스템, 응용의 4단계로 나누었다. 내용은 각각 다음과 같다.

〔A〕기초

멀티미디어 정보를 인간의 감성에 기초한 이해라는 입장을 취하여 각각의 특징을 나타냄과 동시에, 방대한 양의 정보와 그 특징을 체계적으로 파악하는 방법, 서로 다른 정보간의 관련성, 그 결과를 효과적으로 표출하는 방법 등 멀티미디어 정보를 취급하는 기초적인 부분에 대해 설명한다.

〔B〕기술

멀티미디어 정보의 기본 요소는 문자, 소리, 화상, 공간이며, 이것은 인식과 창조라는 양면으로 볼 수 있는데, 이들의 기술적인 내용을 상세하게 설명한다.

〔C〕시스템

각종 정보를 종합적으로 이용하는 방법과 그것에 필요한 정보의 구조를 알아봄과 동시에, 감성이라는 미묘한 정보도 다루어 새로운 창조로 연결시켜가는 방법과 시스템에 대해 설명한다.

〔D〕응용

멀티미디어 정보기술의 응용분야는 급속히 확대되고 있다. 그것들을 개인으로서의 자기표현, 자기계발, 나아가서는 자신과 타인 사이의 상호이해라는 세 가지 입장으로 주제를 나누어 설명하고, 멀티미디어가 구체적으로 어떻게 사용되고 있는가를 보여준다.

각 장의 집필은 분야별로 일본의 대표적인 연구자들에게 의뢰하였으며, 이 기획 시리즈는 멀티미디어 정보학에 있어서 일본에서 최고 수준을 자랑하는 내용을 알기 쉽게 설명한 것임에 틀림없다. 학생을 위해서는 훌륭한 교과서, 연구자를 위해서는 유용한 참고서가 되리라 확신한다.

1999년 9월

나가오 마코토(長尾 眞)
안자이 유이치로(安西祐一郎)
기시노 후미오(岸野文郎)
니시오 쇼지로(西尾章治郎)

한국의 독자들에게

IT혁명이라는 말이 도처에서 들려오고, 지난 7월 오키나와에서 개최된 G8 정상회담에서도 정보기술(IT)이 주요 과제의 하나로 다루어졌다. 고속 컴퓨터 네트워크가 전세계에 연결되어 기업 활동이나 경제활동, 인간 생활과 관련된 수많은 활동이 네트워크에 의존하여 행해지는 방향으로 사회 기반의 전환이 급속히 이루어지고 있는 가운데, 마침내 21세기 정보사회가 현실로 다가오고 있다.

이 IT의 기초를 제공하는 것이 바로 멀티미디어 정보학이라 해도 좋을 것이다. 전화나 TV, 비디오와 같은 개별 미디어로부터 음성·화상·영상, 그 밖의 수많은 정보 매체를 통합적으로 다루는 멀티미디어 기술이 고속 컴퓨터 네트워크 덕택에 현실로 다가오고, 앞으로의 세계를 바꿔나가려 하고 있다.

따라서 이러한 시대 흐름에 발맞추어 컴퓨터나 정보통신 분야의 전문가뿐 아니라 멀티미디어 정보의 이용자나 제공자 등 이 분야에 널리 관심을 가진 사람들에게 멀티미디어 정보학의 기초에서 응용까지 체계적으로 배울 수 있는 시리즈를 만들어 제공하는 것은 아주 의미있는 일로, 이것이 이번 시리즈의 목표이다.

기초편 세 권에서는 멀티미디어 정보학이란 무엇인가를 알기 쉽게 설명하는 동시에 멀티미디어 정보의 기초적인 이론을 제시하고 있다. 기술편 세 권에서는 멀티미디어의 대표격인 문자나 소리, 화상이나 3차원 공간정보를 다루고, 정보의 효과적인 표현 방법에 대해서도 설명하고 있다. 시스템편 세 권에서는 멀티미디어 기술을 이용한 각종 시스템을 구성하기 위한 기초적인 방법에 대해 서술하고, 응용편 세 권에서는 여러 가지 유용한 시스템의 구성에 대해 설명하고 있다. 이와 같이 이 시리즈는 균형 잡힌 학습에 도움을 주는 구성으로 되어 있어서, 멀티미디어의 학문 체계를 전반적으로 조망할 수 있다.

이 시리즈의 기획 담당자는 이 분야에서 일본의 대표적인 연구자들이다. 또한 이 분야에서 수많은 세계적인 업적을 가지고 있는 각 권의 집필자에게는 현재 제일선에서 연구하고 있는 사람들로 하여금 협조하게 하였으며, 집필 내용에 대해서는 기획 담당자와 자주 협의 하였다. 집필자의 원고에 대해서도 기획 담당자가 정독하여 멀티미 디어 연구자뿐만이 아니라, 그 이용자나 대학에서 이 분야를 목표로 공부하는 학생들에게 표준적인 교과서가 될 수 있도록 알기 쉽게 설 명하려고 노력하였다.

멀티미디어 분야 전체를 다룬 시리즈는 지금까지 출판된 예가 없 었기 때문에 이 시리즈의 구성과 내용에 대해서는 교과서적·표준적 으로 함과 동시에 나아가 현재의 최첨단 상황도 이해하기 쉽게 하려 고 기획 단계에서 충분한 토론을 거듭했다. 그렇기 때문에 우리는 이 시리즈를 관심 있는 분들에게 자신있게 추천할 수 있다.

이 시리즈가 한국어로 번역되어 이 분야에 관심을 가진 한국의 독 자들에게 읽히게 되는 것은 기획 담당자 모두에게 무척 반가운 일이 다. 이 시리즈는 일본 국내에서는 아주 평판이 좋아 많은 사람들이 읽고 있는데, 한국에서도 가능한 한 많은 사람들이 이 시리즈를 공부 함으로써 멀티미디어 정보학 분야에서 앞서가기를 기대한다.

2000년 8월
편집위원 나가오 마코토(교토대학 총장)

長尾 真

편집에 즈음하여

멀티미디어 정보학이란?

인터넷이라는 말을 들어본 적이 있을 것이다. 아니, 이미 많은 사람들이 인터넷을 이용하고 있다. 인터넷은 전 세계의 1억 대가 넘는 컴퓨터를 연결한 거대한 네트워크이다. 또한 인터넷은 컴퓨터상에 실린 다양한 정보를 자신의 컴퓨터를 통하여 마음대로 볼 수 있는 세계이다. 신문이나 잡지 기사는 물론 책이나 그림·사진, 정치가의 연설, 음악, 영화, 심지어는 일기예보나 과거의 기상 데이터, 각종 경제지표나 데이터 등 〈무엇이든 있는〉 세계가 바로 인터넷 세계이다.

개인용 컴퓨터를 인터넷에 연결하여 다양한 정보를 보고 있는 사람은, 그야말로 멀티미디어를 실천하고 있는 사람이다. 인터넷은 참으로 〈재미있는〉 세계이다. 정보과학이나 소프트웨어과학이라고 하는 학문은 정보의 수학적 이론이나 컴퓨터의 원리, 구조, 소프트웨어 이론과 기술 등 상당히 어려운 내용을 다루는 학문으로 보이지만, 여기서 말하는 정보학은 그것과는 다르다. 컴퓨터나 소프트웨어는 정보를 담는 그릇과 그것을 움직이는 기능인 데 비해, 정보학은 컴퓨터상에서 움직이는 정보 그 자체의 학문이다. 또한 〈정보란 무엇인가〉라는 물음을 던져, 정보에는 어떠한 구조가 숨어 있는가를 밝히고, 거기에서 얻은 지식을 십분 활용하여 지금까지 실현할 수 없었던 정보의 활용법과 표현법을 창출(創出)하고, 다른 종류의 정보간에 어떠한 관계를 부여하여 새로운 정보를 만들어내기도 하는 학문이다.

정보는 책이나 신문, 잡지 등의 출판물이나 전화, 팩스, 라디오, TV, 영화와 같은 각종 매체에 의해 전달된다. 이러한 정보를 전달하는 매체(수단)를 미디어라고 한다. 미디어에 따라 성격이 다른 수많은 정보가 실리고, 또 보내진다. 그런데 지금까지는 이들 정보가 모두 아날로그 형태로 보내졌으나, 앞으로는 컴퓨터와 통신기술의 발

학습의 길잡이

정보에는 여러 가지 형태가 있어, 정보를 표현하는 매체도 그만큼 다양하다. 이 시리즈 제1권에서도 밝힌 바 있지만, 정보를 표현하는 매체로는 문자, 문장, 음악, 도형, 화상, 동화상, 컴퓨터 그래픽스, 3차원 표시 등이 있다. 그리고 이 모든 매체를 적절히 상호교환하거나 조합해서 사람들에게 정보를 효과적으로 전달하는 것이 멀티미디어의 목적이다. 이러한 매체 가운데 1차원적으로 표현되는 정보가 문자, 음성, 음악 등으로서 이 책에서 다루고자 하는 내용이다.

제1장에서는, 문자열에 따라 만들어진 텍스트에 관한 여러 종류의 정보처리를 다룬다. 제2장에서는, 텍스트를 구성하는 문장을 해석하는 다양한 방법과, 그 방법을 이용해 일본어를 영어로 번역하거나 반대로 영어를 일본어로 번역하는 방법, 문장에 의한 사람과 기계간의 대화 시스템, 텍스트의 요약 등에 대해 설명한다. 제3장에서는, 사람의 말소리에 의해 얻어지는 음성파형(波形)의 해석과 인식, 또 그 반대의 경우인 음성합성의 방법 등에 관해 설명한다. 제4장에서는, 음악의 정보처리에 대한 것으로 악보의 해석과 인식, 음악의 파형을 해석하여 자동으로 악보를 만드는 방법, 컴퓨터에 의한 작곡이나 편곡, 그리고 자동연주 등을 다룬다.

문자와 문장의 처리

처음에 컴퓨터가 등장했을 때는 숫자를 취급하는 단순한 기계에 불과했지만 곧 숫자뿐 아니라 문자, 특히 영어 알파벳을 취급하는 기계로 기능이 변화되었다. 문자는 컴퓨터 안에서 0과 1이라는 두 가지 숫자를 조합한 부호(code)로서 표현된다. 바로 그 1차원적인 나열 방법이 문자열, 문(文), 문장이다. 그래서 영어 단어와 프랑스어 단어를 대조하는 사전을 컴퓨터에 입력시켜놓으면 영-불 번역이 가능하지 않을까 하는 아이디어가 나와, 1950년대 전반에 컴퓨터에 의한 번역이 처음으로 시도되었다.

한편, 통신분야에서는 그때까지 모스부호를 써왔던 무선 통신이, 컴퓨터와 똑같이 0과 1의 조합을 이용한 유선 통신으로 발전했다. 그리고 1948년에는 C. 샤논(C. Shannon)이 정보이론을 확립하여, 오늘날까지 컴퓨터에 의한 문장이나 소리파형(波形)의 통계적인 처리방법에 커다란 영향을 끼치고 있다.

초기의 컴퓨터가 맡았던 이러한 일들은 대부분 영어 알파벳 문자에 의한 것이었고, 일본에서는 알파벳 대신 당연히 자국어인 가나문자를 사용해야만 했다. 따라서 1960년대, 일본이 당면했던 커다란 과제는 컴퓨터에서 한자를 다루는 것이었다. 당시에는 한자 전신 타자기가 쓰이고 있었지만, 전문적인 타이피스트가 3000개 이상의 한자를 배열한 건반을 조작하는 방식이었기 때문에 많은 사람들이 사용해야 하는 컴퓨터 입력장치로는 적절하지 못했다.

이러한 장벽을 뛰어넘게 해준 것이 오늘날 널리 이용되는 가나한자 변환방식을 채택한 일본어 워드 프로세서이다. 일본어 워드 프로세서는 1978년에 상품화되었는데, 몇 년이 채 지나지 않아 폭발적인 반응을 얻으며 보급되었고, 현재 워드 프로세서나 개인용 컴퓨터는 누구라도 자유롭게 다룰 수 있는 기계가 되기에 이르렀다. 따라서 일본어 워드 프로세서의 발명과 그에 따른 대중적인 보급이 일본사회의 정보화에 가장 큰 공헌을 했다고 보아도 무방할 것이다.

컴퓨터에서 일본어를 자유자재로 다루는 일이 가능해지자, 신문제작이나 출판의 양상에 커다란 변혁을 가져왔고, 대량의 언어데이터의 축적과 검색기술, 일본어와 영어를 자동으로 번역해주는 기계번역기술이 급속히 발전하였다.

음성의 처리

같은 언어라도 소리로 발화(發話)되는 음성언어는 문자언어처럼 〈부호〉라는 디지털 표현이 아닌, 연속된 음성파형이라는 아날로그 표현이 사용된다. 따라서 부호를 기본으로 하는 컴퓨터에서 아날로

그를 직접 다루기가 불가능하여, 음성에 관한 파형해석 연구가 집중적으로 행해졌다. 파형은 시간적인 형태이기 때문에 먼저 그 주파수 해석에 관한 연구가 이루어졌고, 모음이나 자음이 가진 주파수의 특징이 1950년대부터 1960년대에 걸쳐 면밀히 조사되었다. 그리하여 이러한 특징을 이용하여 음성파형을 문자로 변환시키는 음성인식의 연구가 활발히 진행되었다. 그러나 음성의 특징은 남녀에 따라 현저한 차이가 나고, 또한 사람에 따라서도 상당히 다르기 때문에 음성인식은 그리 간단한 문제가 아니었다.

이와 같이 음성 연구에는 상당한 시간이 소요되었는데, 음성이 가진 성질을 파악하기 위해 통계적 방법이나 선형예측(線形豫測) 모델 등, 여러 가지 모델이 제안되었다. 그래서 지금까지 이러한 모델들을 이용해 음성데이터를 압축해서 전송하는 등 음성인식이나 소리합성이 가능해졌다. 오늘날에는 음성의 분석이나 인식, 또는 생성에 관하여 언어학적인 이론이나 방법을 도입해 보다 좋은 양질의 시스템을 만드는 연구가 활발히 전개되고 있다.

음성에 관한 제품으로는, 문장이 주어지면 자동으로 낭독해주는 기계(지하철역의 안내방송, 시각장애인에게 책을 자동으로 읽어주는 기계, 단어를 발음해주는 전자사전 등)나, 사람이 내는 소리를 문자나 문장으로 바꿔주는 음성인식장치 등이 광범위하게 사용되고 있다. 다만 인식에 관해서는 정밀도가 떨어져 대중화되기 위해서는 한 단계 더 높은 질적 향상이 요구된다.

음악의 처리

음악에는 작곡과 연주라는 두 가지 분야가 있다. 컴퓨터 작곡은 음악의 구조적인 지식을 이용해 악보를 자동으로 만드는 것으로, 1957년에 만들어진 '일리악 조곡'이 유명하다. 반대로 악보를 컴퓨터에 입력하여 음표(音標)라는 부호로 인식시켜 연주할 수 있게 해주는 악보인식에 대한 연구도 오랫동안 시도한 결과 상당한 진보가 있었다.

악보를 컴퓨터가 자동으로 연주해주는 기술에 대한 연구는 꽤 오래 전부터 이루어졌다. 현재는 악보를 단지 기계적으로 충실히 연주해주는 차원을 넘어서, 음원(音源)의 질을 향상시키는 것은 말할 것도 없고, 연주하는 사람에 의해 해석이 어떤 식으로 미묘한 변화를 가져오는지, 인간적인 연주가 어떤 것인지에 대해 밝혀주는 연구가 행해지고 있다. 그리고 음악연주의 음파를 해석해 악보로 변환하는 자동채보(自動採譜)도 연구되고 있는데, 현실적으로 어려운 점이 많은 실정이다.

문자와 소리의 정보처리에 관한 공통적인 사고방식

문자나 소리의 정보처리에는 공통된 구조적 개념이 존재한다. 문자나 소리의 1차원적인 열(列)을 해석하는 출발점은, 그 열을 구성하는 기본적인 단위를 명확히 하는 것이다. 그래서 문자열에서의 단어, 음성에서의 단어는 바로 단위가 되는데, 그 〈단위〉를 단락지어 추출하는 작업이 필요하다. 음악에 있어서는 하나하나의 소리나 악구(樂句)가 기본이 된다.

다음 단계로서 취급해야 할 구조는, 이러한 기본적인 단위(단어, 악구 등)가 조합되어 더 긴 열을 구성할 때의 규칙이다. 이것은 언어의 경우, 이른바 문법이라 불리는 것으로서 여러 가지 모델이 제안되고 있다. 문자와 소리의 세계에서 기본적인 단위를 결정해서 추출하는, 〈인식〉이라는 부문에는 문자나 소리 각각에 고유의 기법이 필요하다. 하지만 그 기본단위가 조합되어 더욱 긴 열을 만드는 이른바 〈문법〉을 배경으로 한 구조 부분에서는, 공통적인 생각이나 방법이 적용될 수 있다. 이 책에서는 문자열이나 문장, 음성, 음악 등 서로 다른 미디어 표현을 각기 다른 장에서 다루겠지만, 문법 단계를 취급하는 데 있어서는 공통적인 생각이 존재한다는 사실을 염두에 두기 바란다.

문자와 소리의 세계를 다루는 데 있어서는, 이 밖에도 다양하면서도 공통적인 생각이 존재한다. 예를 들어, 기본단위를 결정할 때의 인식에 대한 생각과 방법이다. 컴퓨터에서 인식을 하려 할 때, 보통은 인식을 위한 표준 패턴을 준비해놓는다. 그리고 주어진 미지의 대상을 인식하려면, 준비해놓은 표준 패턴 가운데 어떤 패턴이 제일 잘 맞을지, 겹쳐지면 어떤 패턴이 가장 좋을지 등에 대해 여러 가지 방법을 취한다. 대상으로부터 그 특징을 여러 가지로 추출했을 때, 그 특징들이 표준이 되는 대상의 특징에 어느 정도 근접해 있는지 등의 테스트를 거친다. 이러한 방법은 서로 다른 미디어에 대해서도 공통적으로 적용할 수 있는 것으로, 이 책의 각 장을 서로 비교해 읽어보면 공통점을 발견할 수 있을 것이다.

마찬가지로 생성 부분에서도 각기 비교해볼 수 있다. 기계번역에서의 문장의 생성, 문자정보로부터 얻어지는 자동낭독과 같은 음성합성, 컴퓨터 작곡 부문의 저변에 있는 공통적인 생각을 독자가 이 책에서 발견해낼 수 있다면, 이 책의 학습효과는 충분히 달성했다고 할 수 있을 것이다.

문자나 소리라는 미디어를 이용자의 의도대로 이용하려고 한다면, 그 의도를 시스템에 제대로 알려줄 필요가 생기고, 그러면 필연적으로 〈사람과 시스템 사이의 대화〉라는 설정이 요구된다. 그러한 대화 설정에 있어서도, 서로 다른 미디어 사이에 수많은 공통점이 존재한다. 멀티미디어가 일반 가정에서 효과적으로 활용되기 위해 중요한 요소 가운데 하나는, 각각의 미디어를 종합적으로 잘 규합해서 이용자의 대화적인 측면을 이루어주는 일이다. 그런데 이용자의 요구사항은 워낙 다양하므로 대화의 기술을 더 깊이 연구하여, 어떤 상황에도 유연하게 대처할 수 있는 방법이 필요하다.

인식과 생성

정보처리에는 인식적인 측면과 생성적인 측면이 있다. 먼저 이 둘 사이에 어떤 연관성이 있는지 알아보자. 인식이란 말하자면 대상이 지닌 주변 정보를 서서히 줄여가면서, 대상에 들어 있는 구조를 명확히 밝히고, 최종적으로 이 대상이 무엇인지를 특정화시키는 작업이다. 한편, 생성은 인식의 결과에서 출발해 반대방향으로 거슬러 올라가 정보를 부여한 대상을 만들어내는 과정을 말한다. 따라서 앞서 말한 인식의 과정에서 없어지는 정보가 무엇인지 자세히 조사하여 생성의 과정에 이용하고, 될 수 있는 한 자연스러운 대상을 만드는 것이 중요하다.

이런 과정에서 생성에 의한 해석(Analysis by Synthesis)이라는 생각이 자연스럽게 창출되었다. 즉, 해석에 이용된 수단과 정보를 사용해 생성을 시도해봄으로써, 원래의 대상이 만족하게 재현되는지의 여부에 따라 해석 과정의 타당성을 판단할 수 있다는 생각이다. 재현된 대상이 원래의 대상과 틀릴 경우에는, 해석에 있어서 매개변수를 여러 각도로 바꾸어 본다든가, 또 해석의 과정을 변경해보는 식으로 그때마다 생성을 실시해본다. 이 방법은 원래의 대상에 얼마만큼 다가갔는지를 조사해보는 과정을 반복함으로써 타당한 해석법을 확립하려는 것이다. 인식과 생성은 이러한 형태로 밀접한 관계를 지니고 있다.

다른 분야를 배우자

이 책을 읽는 독자 가운데는 문자나 문장의 분야에는 흥미가 있지만 소리의 분야에는 흥미가 없는 사람, 또는 그 반대인 경우도 있을 것이다. 그러나 이미 서술한 바와 같이 두 분야 사이에는 많은 공통적인 성질이나 보완적인 성질이 있기 때문에 흥미가 없는 분야라도 열심히 배운다면, 자신이 흥미를 가지고 있는 분야의 정보처리에 관해서도 새로운 발상을 얻을 수 있을 것이다. 이 책 전체를 아우르는 태도로 임한다면 좋은 성과가 있을 줄로 믿는다.

┃ 차 례 ┃

제1장 **텍스트 처리**

제3장　음성정보 처리

제4장 음악정보 처리

1

텍스트 처리

1장에서는 문자로 쓰여진 텍스트를 처리하는 여러 가지 기술을 소개한다.
먼저 1.1절에서는 문자를 컴퓨터 내부에서 취급하기 위한 기구(機構)로
서, 문자의 코드집합(code set), 문자코드체계에 관해 서술한다. 그리고 문
자를 표시하는 기술도 소개한다. 1.2절에서는 텍스트의 형식으로 기술된
언어를 통계적인 관점에서 분석한다. 특히, 텍스트에서 문자·단어가 나
타나는 통계적인 성질에 관해 설명하고, 또한 언어의 통계적인 성질을 수
량화하는 척도로 이용되는 엔트로피의 개념에 대해 설명한다. 1.3절에서
는 문법지식을 이용하여 텍스트를 언어적으로 해석하려고 할 때, 최초의
처리 방식으로 사용되는 형태소(形態素)분석 기술에 관해 설명한다.

나머지 후반부의 세 개의 절은 텍스트의 내용을 효율적으로 참조하여
이용할 수 있도록 여러 가지 필요한 기술에 대해 소개한다. 1.4절에서는 텍
스트의 내용을 적절히 표현하는 키워드를 기초로 해서, 대량의 텍스트 집
합에서 필요한 텍스트를 검색하는 구조에 대해 서술한다. 그리고 텍스트를
조작함으로써 텍스트의 내용을 적절히 표현하는 키워드를 자동 추출하는
기술에 관해서도 소개한다. 1.5절에서는 문자열의 효율적인 검색에 알맞
은 데이터 구조를 소개하고, 텍스트 안에 있는 문자열을 효율성 있게 조회
하는 다양한 기술에 관해 설명한다. 끝으로 1.6절에서는 텍스트에 있는 모
든 단어 또는 문자열을 검색대상으로 하는 전문검색 기술에 관해 소개하고
자 한다.

1.1 문자처리

(a) 문자의 코드화

컴퓨터 내부의 데이터를 나타내는 최소단위를 비트(bit)라고 부르는데, 비트는 0 또는 1, 이 두 가지 중 어느 한쪽이 하나의 값을 갖는 데이터를 말한다. 그리고 8개의 비트가 모인 것을 바이트(byte)라는 단위로 부른다. 이와 같이 컴퓨터 내부에서는 모든 정보가 0 또는 1을 나열해 표현된다. 따라서 우리가 일상적으로 보고 있는 컴퓨터 화면의 화상이나, 프린터로 인쇄한 종이 위에 나타나는 〈ABC〉, 〈012〉, 〈あいう〉 등의 문자도 컴퓨터 내부에서는 0 또는 1이 나열되어 표시될 뿐이다.

예를 들어 〈A〉라는 문자에 관해 생각해 보자. 보통 이 문자는 컴퓨터 내부에서는 00100001이라는 1바이트의 0이나 1이 나열된 데이터로 표현되어 있다. 그리고 이 〈A〉라는 문자를 컴퓨터 화면에 표시하거나 프린터로 인쇄할 때는 〈A〉라는 문자에 대응하는 도형데이터가 호출되어 화면에 표시되고 종이 위에 인쇄된다.

이와 같이 컴퓨터 내부에서 각각의 문자에 대응하여 입력된 0 또는 1의 비트열 데이터를 문자코드(character code)라고 한다. 예를 들면 문자 〈A〉의 경우는 00100001이라는 1바이트의 데이터가 이 문자의 문자코드가 되는 것이다.

그렇다고 문자코드화 방법을 이해하는 것이 단순히 각 문자와 코드가 대응하는 형태만 파악해서 될 일은 아니다. 실제로 문자코드화의 구조를 이해하려면 문자코드집합, 또는 문자코드체계(encoding scheme)라는 2단계의 시스템을 먼저 이해해야 한다. **문자코드집합**이라고 하는 것은 특정한 언어에 속해 있는 문자집합, 또는 사용목적과 사용빈도 등에 따라 모아놓은 문자집합이나 코드집합을 말한다. 예를 들어 일본어의 경우를 보면, 로마자 · 숫자 · 기호에 대한 문자코드집합, 가타카나(片假名)에 대한 문자코드집합, 로마자 · 숫자 · 기호 · 히라가나(平假名) · 가타카나 · 한자 등을 모두 포함하는 문자코드집합이 있다. 그리고 **문자코드체계(문자코드화 계획)**라는 것은, 문자로 구성되는 일본어 텍스트를 실제로 컴퓨터 내부에 있는 바이트열로 부호화시키는 방식을 말한다.

일반적으로 실제의 텍스트를 부호화시킬 때에는 복수의 문자코드집합을 적절히 바꿔가면서 정확히 부호화할 필요가 있다. 일본어의 경우, 이런 방식으로 하는 몇 가지 종류가 있다. 다음은 문자코드집합 또는 문자코드체계에 관해 설명하고자 한다.

(1) 문자코드집합

여기서는 먼저, 지금까지 일본에서 표준으로 사용되어온 문자코드집합인 ASCII 코드집합, JIS 로마자, JIS 가타카나, JIS 한자, JIS 보조한자에 관해 설명한다. 이 중에서 ASCII 코드집합은 ISO(International Standardization Organization, 국제표준화기구) 규격이며, JIS 로마자, JIS 가타카나, JIS 한자, JIS 보조한자는 JIS(Japanese Industrial Standard, 일본공업규격)에서 정한 규격이다. 그리고 최근에 세계 각지의 언어를 포함시켜 단일 문자코드집합을 만드는 것을 목적으로 제작된 유니코드(Unicode)에 대해서도 설명한다.

ASCII 코드집합 : ASCII 코드집합은 다른 문자코드집합의 기본이 되는 것인데, 원래는 미국의 표준 문자코드집합이다.

ASCII 코드집합은 1개의 문자에 1바이트의 코드가 할당되고, 모든 문자집합은 128문자로 구성된다. 1바이트는 8비트, 즉 8개의 0 또는 1의 열로 구성된다. 그 중에 상위·하위 각각의 4비트를 16진수로 표현, 상위 4비트를 행(行)·열(列)의 열에, 하위 4비트를 행에 할당하는데, 그에 대응하는 문자를 행·열의 요소로 정렬하면 표 1.1과 같다. 상위 4비트와 하위 4비트를 정렬하면 두자릿수의 16진수 코드가 된다. 그 중에서 00~20, 또는 7F의 34문자는 공백문자(SP)·개행(改行, LF)·삭제문자(DEL)

ASCII(아스키)란 American Standard Code for Information Interchange(미국 정보교환 표준코드)의 약자이다.

표 1.1 ASCII 코드

		상위 4비트						
		0	1	2	3	4	5	6	7
	0	NUL	DLE	SP	0	@	P	`	p
	1	SOH	DC1	!	1	A	Q	a	q
	2	STX	DC2	"	2	B	R	b	r
	3	ETX	DC3	#	3	C	S	c	s
	4	EOT	DC4	$	4	D	T	d	t
하	5	ENQ	NAK	%	5	E	U	e	u
위	6	ACK	SYN	&	6	F	V	f	v
4	7	BEL	ETB	'	7	G	W	g	w
비	8	BS	CAN	(	8	H	X	h	x
트	9	HT	EM	)	9	I	Y	i	y
	A	LF	SUB	*	:	J	Z	j	z
	B	VT	ESC	+	;	K	〔	k	{
	C	FF	FS	,	<	L	\	l	|
	D	CR	GS	-	=	M	〕	m	}
	E	SO	RS	.	>	N	^	n	~
	F	SI	US	/	?	O	_	o	DEL

등으로서 문자부호로 찍을 수 없는 입력이 불가능한 제어
문자이고, 나머지 94문자만이 입력이 가능한 문자이다. 한
편, 모든 코드가 16진수에서는 7F보다 작은 값이기 때문
에 8비트 중에서 최상위 비트는 항상 0이 된다.

JIS 로마자 : JIS 로마자(JIS X 0201 로마자)는 ASCII
코드집합을 약간 변경한 일본판 ASCII 코드집합으로 불리
는데, 94문자의 입력가능 문자 가운데 아래 표에서 볼 수
있듯이 2문자만이 ASCII 코드집합과 다르다.

ASCII 코드	JIS 로마자
\(back slash)	¥(円기호)
~(물결모양 대시)	‾(over line)

JIS 가타카나(반각 가타카나) : 일본어 표기를 컴퓨터에
서 실현하기 위해 초창기에 시도된, 문자 종류가 적은 가
타카나만으로 한정해서 개발된 문자코드집합이 바로 JIS
가타카나(JIS X 0201 가타카나)이다. 이것은 기본 가타
카나 문자, 또는 최소한으로 필요한 구두점과 기호 63문자
로 구성되어, 각 문자에는 1바이트의 코드가 할당되어 있
다. 표시 너비도 ASCII 문자와 같기 때문에 반각 가타카
나라고도 불린다.

JIS 한자 : JIS 한자(JIS X 0208)는 히라가나, 가타카
나, 한자 등을 포함한 표준적인 일본어 문자표기에 대응하
기 위해 개발된 문자코드집합이다. 1개의 문자에는 2바이
트의 코드가 할당되고, 전체가 7천 문자 정도로 구성되어
있다. JIS 한자에서 정의하는 문자열을, 문자 종류별로 모
아놓은 것이 표 1.2이다. 이들 문자의 표시 너비는 ASCII
문자의 2배이기 때문에 전각(全角)문자라고도 불린다. 예
를 들어 숫자, 로마자 등도 전각문자이다. 또한 한자 중에
JIS 제1수준 한자는 상용한자(일본의 교육한자로, 모두

1,945자) 등을 포함하여 사용빈도가 높은 한자로 되어 있고, JIS 제2수준 한자는 JIS 제1수준 한자를 제외한 사용빈도가 낮은 한자로 구성된다. 또한 JIS 한자 문자코드는 바이트 양에 상관없이 16진수로 21~7E의 범위를 사용하고, ASCII 코드집합의 제어문자 영역은 사용하지 않는다.

JIS 보조한자 : JIS 보조한자(JIS X 0212)는 JIS 한자를 보완하고, 합치기도 하여 일본어 문자집합으로 부족하지 않은 집합을 구성하기 위해 만든 문자코드집합이다. 약 6천 문자로 이루어져 있다.

표 1.2 JIS 한자

각종 기호	(SP)	、	。	，	．	・	：	；	？	！	´	°	´	...
숫자	0	1	2	3	4	5	6	7	8	9				
로마자	A	B	C	D	E	F	G	...	a	b	c	d	e	f	g	...
히라가나	ぁ	あ	ぃ	い	ぅ	う	ぇ	え	ぉ	お	か	が	き	ぎ	く	...
가타카나	ァ	ア	ィ	イ	ゥ	ウ	ェ	エ	ォ	オ	カ	ガ	キ	ギ	ク	...
그리스 문자	Α	Β	Γ	Δ	Ε	Ζ	Η	...	α	β	γ	δ	ε	ζ	η	...
러시아 문자	А	Б	В	Г	Д	Е	Ё	...	а	б	в	г	д	е	ё	ж	...
괘선 약물	─	│	┌	┐	┘	└	├	┬	┤	┴	┼	━	┃	┏	┓	┛
JIS 제1수준 한자	亞	唖	娃	阿	哀	愛	挨	姶	逢	葵	茜	穐	悪	握	渥	旭	...
JIS 제2수준 한자	弌	丐	丕	个	丶	丼	ノ	乂	乖	乘	亂	亅	豫	亊	弍	于	...

Unicode : 유니코드(Unicode)는 세계 각지의 언어문자를 포함한 단일 문자코드집합의 제정을 목적으로, 세계적인 규모의 미국 컴퓨터 기업이 주축이 되어 만든 문자코드집합이다. 지금까지는 개인용 컴퓨터의 소프트웨어를 개발할 때, 소프트웨어를 각 나라의 다양한 언어에 대응시키는 데에 막대한 비용이 들었다. 유니코드는 그러한 부담을 조금이라도 줄여보려는 목적으로 개발된 것이다. 유니코드는 아직 보급 단계에 있지만, 개인용 컴퓨터에서 프로그래밍 언어나 응용 소프트웨어가 내부적으로 유니

코드를 이용하고 있는 예는 서서히 늘고 있는 추세이다. 그러나 세계적인 수준에서 합의가 된 표준 문자코드집합으로는 유니코드가 유일한 것이어서, 앞으로 더욱 널리 보급될 것으로 보인다.

유니코드에서는 1개의 문자에 기본적으로 2바이트의 코드가 할당되지만 세계 각지의 언어문자를 포함한 단일 문자코드집합을 2바이트로 만드는 일은 도저히 불가능하다. 따라서 부분적으로 4바이트로 1개의 코드를 표현하는 방식이 허용되는데, 이 방식을 서로게이트 페어(surrogate pair)라고 부른다. 표 1.3은 유니코드의 코드할당 내역을 대략적으로 나타낸 것이다.

0000~33FF의 코드범위에는 라틴문자, 발음기호, 그리스문자, 키릴문자, 아르메니아문자, 히브리문자, 아라비아문자, 인도 제(諸)문자, 타이문자, 라오스문자, 그루지아문자, 조합형 한글(1문자에 4바이트 또는 6바이트의 코드를 할당), 기호, 괘선, 가나(일본문자) 등의 각종 문자가 포함되어 있다. 또한 최초의 128문자(0000~007F)는 ASCII 코드집합과 호환이 가능하다.

4E00~9FFF의 코드범위에는 중국, 일본, 한국의 한자

표 1.3 Unicode

16진수 코드범위	문자 종류
0000~33FF	각종 문자(알파벳, 조합형 한글, 가나 등)·기호
3400~4DFF	비어 있는 영역
4E00~9FFF	한자
A000~ABFF	확장용 예약 영역
AC00~D7FF	완성형 한글
D800~DFFF	surrogate pair
E000~F8FF	사용 예약 영역
F900~FFFD	호환용 문자 등

를 통합한 약 21000자가 포함되어 있다. 다만, 이 3개국의 한자는 개념이나 기원이 같은 데에서 나왔어도 역사적 · 문화적 이유에 의해 미묘한 차이가 있는 것이 많기 때문에, 유니코드에서는 전부 같은 문자로 해석해서 단일 문자코드가 주어진다. 이것을 반(半)단일화(unification)의 문제라고 한다. AC00~D7FF의 코드범위에는 1문자에 2바이트의 코드를 할당하는 완성형 한글이 포함된다. 또한 F900~FFFD의 코드범위에는 기존의 문자코드집합 (예를 들면 JIS 가타카나)과의 호환성을 유지하기 위한 문자가 포함되어 있다.

(2) 문자코드체계

실제의 텍스트를 부호화시킬 경우, 복수의 문자코드집합을 능숙하게 바꿔가면서 적절한 부호화를 실행할 필요가 있다. 이런 부호화의 방식을 **문자코드체계**(또는 문자코드화 계획)라 한다.

예를 들면 JIS 한자 코드집합에서는 〈奈良(나라 – 일본의 지명)〉의 〈良〉이라는 한자 1문자에 대해 16진수로 4E49라는 코드가 할당되어 있는데, 이 문자코드를 ASCII 코드집합/JIS 로마자 코드집합으로 해석하면 〈NI〉라는 2문자로 대응한다. 따라서 ASCII 코드집합/JIS 로마자 코드집합의 문자와 JIS 한자 코드집합의 문자가 섞인 텍스트를 다룰 경우에는, 하나의 코드가 서로 다른 문자코드집합의 복수의 문자에 대응하는 문제가 발생한다. 그래서 여러 개의 문자코드집합을 능숙하게 바꾸면서 텍스트를 부호화시킬 필요가 있다.

일본어에서 일반적으로 사용되는 문자코드체계는 〈JIS, SHIFT JIS, 일본어 EUC〉 세 가지인데, 여기에서는 이 세 가지를 중심으로 다룰 것이다. 그리고 유니코드의 부호화 방법에 관해서도 간단히 설명한다.

JIS : JIS에서는 복수의 문자코드집합간의 상호교환을 위해서 확장문자열(escape sequence)이라는 특수한 바이트열을 이용한다. 구체적으로 말하자면, 아래의 각 문자코드집합에 대해서 각 문자코드집합의 시작을 지정하는 확장문자열이 각각 정해져 있다. 다만, 각 확장문자열은 어느 것이든 이스케이프문자(escape character −16진수에서는 1B, 문자표현으로 〈ESC〉)와 그 외의 문자 조합으로 구성된다.

문자코드집합	확장문자열	
	16진수 바이트열	문자표현
ASCII 코드집합	1B 28 42	〈ESC〉(B
JIS 로마자	1B 28 4A	〈ESC〉(J
JIS 가타카나	1B 28 49	〈ESC〉(I
JIS 한자	1B 24 42	〈ESC〉$ B
JIS 보조한자	1B 24 44	〈ESC〉$ D

예를 들어 〈柰 NA〉라는 문자열의 JIS 부호화 바이트열은 다음과 같다.

문자표현	柰		N A
확장문자열	〈ESC〉$ B	〈ESC〉(B	
16진수 부호화 바이트열	1B 24 42 46 60	1B 28 42	4E 41

먼저, JIS 한자의 문자 〈柰〉 앞에 문자코드집합으로 JIS 한자를 지정하는 확장문자열 〈ESC〉$ B가 사용된다. 그리고 ASCII 코드집합의 문자 〈N〉 앞에는 문자코드집합으로 ASCII 코드집합을 지정하는 확장문자열 〈ESC〉(B가 쓰인다.

JIS에는 확장문자열에 해당되는 데이터 용량이 여분으

로 필요하게 된다. 부호화된 바이트열의 앞부분에서 데이터를 읽지 않으면 문자와의 대응을 의도한 대로 결정할 수 없다는 문제가 있어, 컴퓨터 내부에 저장하거나 데이터처리를 하는 용도와는 거리가 멀다. 하지만 각 바이트의 최상위 비트가 사용되지 않기 때문에(항상 0), 네트워크를 경유하는 데이터통신(이를테면 전자메일) 등에서 최상위 비트가 삭제되어도 문제가 없는 데이터통신 등에서 많이 사용된다.

SHIFT JIS : 시프트 JIS는 마이크로소프트사가 개발한 문자코드체계로, 개인용 컴퓨터 내부의 문자부호화 방식으로 널리 쓰인다. 〈MS 한자〉, 또는 〈SJIS(SHIFT-JIS의 약자)〉로 부른다. 지금까지 JIS 로마자와 JIS 가타카나를 사용해온 컴퓨터 사용자가 새롭게 JIS 한자를 쓰기 시작하면서, JIS 한자의 2바이트 문자코드 위치와 JIS 로마자, JIS 가타카나의 1바이트 문자의 위치를 일치시키기 위해 JIS 한자의 코드위치를 이동하는 형태로 개발되었다.

아래의 표를 보면 각 문자코드집합에 부호화 바이트 위치가 할당되어 있다.

문자코드집합		16진수 부호화 바이트 범위
JIS 로마자		21~7E
JIS 가타카나		A1~DF
JIS 한자	제1 바이트	81~9F, E0~EF
	제2 바이트	40~7E, 80~FC

JIS 한자의 제1바이트는 81~9F, E0~EF의 위치로 자리가 이동되어 있기 때문에, 제2바이트 문자의 첫부분을 검출(檢出)하는 일이 가능하다.

예를 들어 〈奈 NA〉라는 문자열의 시프트 JIS 부호화 바이트열은 다음과 같다.

이렇게 시프트 JIS에서는 JIS와는 다른 확장문자열이

문자표현	奈	N	A
16진수 부호화 바이트열	93 DE	4E	41

필요하지 않기 때문에, 그만큼 부호화 바이트 길이가 짧아진다. 다만 JIS 보조한자 등을 다루기 위한 확장의 여지가 없다는 문제는 있다.

일본어 EUC : EUC(Extended Unix Code)는 원래 일본어의 부호화 전용 문자코드체계가 아닌, 일본어나 그 밖의 복수 문자코드집합을 같은 텍스트 안에서 처리하는 방법으로 개발된 것이다. UNIX용의 문자코드체계로 개발되었기 때문에 실제로 대부분의 일본어 대응 UNIX 워크스테이션에 사용되고 있다.

UNIX : 워크스테이션의 표준적인 운영체제(OS)

EUC는 4개의 코드집합 0~3으로 구성되어 코드집합 0은 항상 ASCII 코드집합(또는 ASCII 코드집합의 그 나라 독자적인 버전, 이를테면 일본어의 경우 JIS 로마자)에 할당되며, 그 밖의 코드집합에 관해서는 각 나라별로 선택한다. EUC는 이렇게 기본설계 단계에서부터 확장성을 고려하여 설계되었다. 일본어 EUC에서는 모든 코드집합에 대해 코드집합 0부터 순서대로 JIS 로마자, JIS 한자, JIS 가타카나, JIS 보조한자를 할당하고 있다. 아래 표는 일본어 EUC의 실제 부호화 바이트의 위치 할당을 나타낸 것이다.

문자코드집합		16진수 부호화 바이트 범위
JIS 로마자		21~7E
JIS 한자	제1 바이트	A1~FE
	제2 바이트	A1~FE
JIS 가타카나	제1 바이트	8E
	제2 바이트	A1~DF
JIS 보조한자	제1 바이트	8F
	제2 바이트	A1~FE
	제3 바이트	A1~FE

예를 들면, 「奈 NA」라는 문자열의 일본어 EUC 부호화 바이트열은 다음과 같다.

문자표현	奈	N	A
16진수 부호화 바이트열	C6 E0	4E	41

일본어 EUC의 경우도 JIS와는 다른 별도의 확장문자열이 필요하지 않기 때문에 그만큼 부호화 바이트 길이가 짧아진다.

유니코드의 문자코드화 계획 : 유니코드의 문자코드화 계획은 지금까지 몇 가지 제안이 있었지만, 그 중에서도 앞으로 중심이 될 것으로 전망되는 것은 UTF-8이라는 방법이다[12]. UTF-8에서는 ASCII 코드집합의 문자가 그대로 코드 자체로서 취급되기 때문에 ASCII 코드집합과의 호환이 가능하다. 바로 이 점이 UTF-8의 커다란 장점으로 꼽힌다. 또한 ASCII 코드집합 이외의 문자는 2바이트 이상의 길이를 지닌 가변(可變) 길이의 바이트열로 부호화된다. 예를 들어 한자의 경우는 3바이트의 바이트열로 부호화된다.

(b) 문자의 표시

여기에서는 컴퓨터 속에서 문자코드로써 표현된 문자를 화면상에 표시하거나 프린터로 인쇄하는 방법에 대해 설명한다.

보통 디스플레이나 프린터의 출력장치에서 문자는 그림 1.1에 나타난 것처럼 흰색과 검정색 두 가지 값의 격자점 형식으로 표시된다. 이렇게 격자점으로 이루어진 도형데이터의 형식을 **비트맵**(bitmap)이라 하고, 비트맵에 있는 흰색과 검정색 하나하나의 영역을 도트(dot)라고 한다.

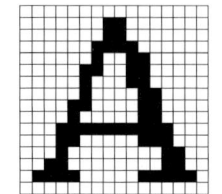

그림 1.1 비트맵에 의한
문자표시

일반적으로 그림이나 문자를 컴퓨터 화면이나 프린터 등의 출력장치에 표시하려고 할 때, 어느 정도의 세밀함까지 표시하는가 하는 정도를 해상도(resolution)라 한다. 문자 표시를 할 경우 단위로 쓰는 것은, 1인치(약 25.4 mm)에 표시되는 도트의 수를 나타낸 dpi(dots per inch, 인치당 도트수)이다. 디스플레이와 프린트에서는 일반적으로 디스플레이 쪽이 저해상도이므로 보통 70~100 dpi 정도, 그리고 일반 프린터에서는 300~1200 dpi 정도이다.

실제로 컴퓨터 내부의 문자를 디스플레이나 프린터 등의 출력장치에 표시할 때는 각각의 문자 종류에 대한 **폰트**(font)나 글자체를 지정한다. 폰트는 영어, 숫자나 가나, 한자 등 일련의 글자 종류에 대해 공통적이고 통일성 있게 정한 글자체의 집합을 말한다. 예를 들면 일본어의 경우에는 명조체, 고딕체 등의 폰트가 있다. 보통 폰트 크기의 단위는 1/72.27인치에 해당하는 **포인트**(point)가 쓰인다. 일반적으로 자주 사용되는 폰트 크기는 10포인트와 12포인트이다.

폰트는 크게 나누어 두 종류가 있다. 그 중 하나가 **비트맵 폰트**(bitmap font)인데, 이것은 각각의 문자가 그림 1.1에 나타난 것처럼 흰색과 검정색 두 가지 값의 도트 매트릭스로 표현되는 것을 말한다. 또 하나는 **아웃라인 폰트**(outline font)라는 좀 더 새로운 종류의 폰트인데, 문자의 윤곽을 나타내는 데이터 포인트를 부드러운 곡선 등으로 연결하여 표시하는 것을 말한다(그림 1.2).

비트맵 폰트의 경우, 문자 포인트 크기에 따라 서로 다른 비트맵 데이터를 준비할 필요가 있고, 또한 포인트 크기가 커질수록 많은 용량이 필요하게 된다. 따라서 포인트 크기가 작은 경우나 디스플레이 표시처럼 출력장치의 해상도가 낮은 경우에 주로 이용된다.

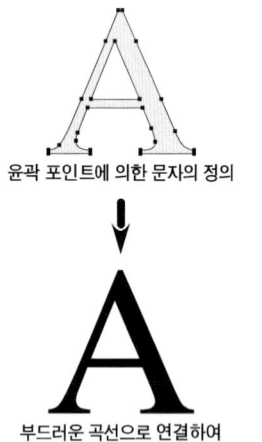

윤곽 포인트에 의한 문자의 정의

↓

부드러운 곡선으로 연결하여
표시된 문자

그림 1.2 아웃라인 폰트

반대로 아웃라인 폰트의 경우, 각 문자의 정의는 문자의 윤곽을 나타내는 데이터 포인트와 데이터 포인트를 연결하는 부드러운 곡선의 수학적 기술로 구성되기 때문에, 단일 정의로 여러 가지 크기와 해상도의 문자를 작성하는 것이 가능하다. 그림 1.2에 나타난 것처럼, 각 문자에 대한 문자의 윤곽 포인트가 정의되어 있다. 이 점을 스플라인 곡선(splined curve)이나 베지에 곡선(Bezier curves) 등의 수학식에 의거한 부드러운 곡선으로 연결하여 최종적으로 출력장치의 해상도에 맞춘 다음, 적절한 크기의 비트맵 형식으로 변환하여 두 번째 그림과 같이 부드러운 문자를 나타낸다. 아웃라인 폰트는 여러 가지 크기의 문자를 고해상도로 나타내는 것이 가능하다는 이점이 있어, 프린터로 문자를 인쇄할 경우 대부분 아웃라인 폰트를 사용한다.

1.2 언어통계

이 절에서는 텍스트 형식으로 쓰여진 언어를 통계적인 관점에서 분석한다. 특히, 텍스트 중에서도 문자·단어를 표현하는 경우의 통계적 성질에 대해 설명하고, 단어의 통계적 성질을 수량화하는 척도로 이용되는 엔트로피의 개념에 관해서도 알아본다.

(a) 문자·단어의 통계적 성질

(1) 문자·단어의 출현확률

영어처럼 알파벳 문자 종류가 그다지 많지 않은 언어에서, 문자나 단어의 사용빈도를 조사하는 일은 그리 어려운 일이 아니다. 그래서인지 문자나 단어의 사용빈도, 출현확률(出現確率) 등의 통계적 성질은 꽤 오래 전부터 조사가 진행돼왔다. 그리고 최근에는 전자화된 대규모의 텍스트 데이터(corpus라고 한다)가 축적되어 컴퓨터에서 이용이 가능해졌기 때문에, 언어 텍스트의 여러 가지 통계적 성질을 쉽게 조사해볼 수 있게 되었다. 예를 들면 코퍼스 중에서 다양한 분야의 영어 텍스트 데이터를 모아놓은 브라운(Brown) 코퍼스[15]가 있는데, 이 코퍼스의 100만 단어 텍스트에 대해 1문자, 2문자그룹, 3문자그룹, 4문자그룹의 출현확률을 조사한 결과가 표 1.4이다[27].

또한 단어에 있어서, 브라운 코퍼스의 1단어, 2단어그룹, 3단어그룹의 출현확률을 조사한 결과가 표1.5이다[27](표에 있는 엔트로피는 1.2절 (b)에서 설명하기로 한다).

표 1.4 Brown 코퍼스의 문자 출현확률〔27〕

	1문자	확률 (%)	2문자그룹	확률 (%)	3문자그룹	확률 (%)	4문자그룹	확률 (%)
	· (간격)	17.41	e ·	3.05	· th	1.62	· the	1.25
	e	9.76	· t	2.40	the	1.36	the ·	1.04
	t	7.01	th	2.03	he ·	1.32	· of ·	0.60
	a	6.15	he	1.97	· of	0.63	and ·	0.48
	o	5.90	· a	1.75	of ·	0.60	· and	0.46
	i	5.51	s ·	1.75	ed ·	0.60	· to ·	0.42
	n	5.50	d ·	1.56	· an	0.59	ing ·	0.40
	s	4.97	in	1.44	nd ·	0.57	· in ·	0.32
	r	4.74	t ·	1.38	and	0.55	tion	0.29
	h	4.15	n ·	1.28	· in	0.51	n · th	0.23
	...	...	...	...	...	...	...	...
문자그룹수	94		3410		30249		131517	
엔트로피 (비트/문자)	4.47		3.59		2.92		2.33	

표에 나온 통계적인 분석결과를 살펴보면, 영어 단어의 구성상의 특징, 단어나 구절의 사용 빈도수의 특징 등을 알 수 있다. 예를 들어 표 1.5에 있는 1단어의 출현확률에서는 명사나 동사 등의 자립어(自立語)가 아닌 the나 a와 같은 관사, of나 to, in과 같은 전치사 등 기능어의 사용빈도가 압도적으로 많다는 것을 알 수 있다. 그 밖에도 표 1.4에서 간격(스페이스)의 출현확률이 17.41%인 것을 보면, 평균해서 1/0.1741=5.74 문자당 1회의 간격이 있음을 알 수 있다. 따라서 브라운 코퍼스에서 한 개의 단어에 해당하는 평균 문자수는 약 4.7문자가 된다. 일반적으로 영어 한 단어의 평균 문자수는 약 4.5문자라고 알려져 있다.

표 1.5 브라운 코퍼스의 단어 출현확률[27]

	단어	확률 (%)	2단어그룹	확률 (%)	3단어그룹	확률 (%)
	the	6.15	of the	0.95	one of the	0.03
	of	3.54	in the	0.55	as well as	0.02
	and	2.70	to the	0.33	the United States	0.02
	to	2.51	on the	0.23	out of the	0.02
	a	2.14	and the	0.21	some of the	0.02
	in	1.90	for the	0.17	the end of	0.01
	that	0.97	to be	0.16	the fact that	0.01
	is	0.95	at the	0.15	part of the	0.01
	was	0.94	with the	0.14	to be a	0.01
	for	0.86	of a	0.14	of the United	0.01
	...	...	...	...	...	...
단어그룹수	100237		539929		884371	
엔트로피 (비트/단어)	11.47		6.06		2.01	
엔트로피 (비트/단어)	1.94		1.03		0.34	

(2) 단어의 출현빈도 분포

영어 단어의 출현빈도 분포에 대해서는 **지프의 법칙** (Zipf's law)이라는 경험법칙이 성립한다는 것이 알려져 있다. 이 경험법칙은 단어를 출현빈도순으로 늘어놓았을 때 순위와 출현빈도가 반비례관계가 성립한다는 법칙이 다. 지프의 법칙에 따르면, 순위가 n번째인 단어의 출현확 률을 P_n이라고 하면, C를 정수(定數)로 해서 다음과 같은 관계가 성립한다.

$$P_n = \frac{C}{n}$$

영어의 경우, 정수 C는 0.1 정도라고 여겨진다. 다만 지프의 법칙과 현실적인 빈도 분포 사이에는 어느 정도의 오차가 있기 때문에, 지프의 법칙을 개량한 방식이 제안되고 있다.

(3) 언어통계의 효율적인 분석 방법

일반적으로 임의의 숫자에 인접한 문자그룹이나 단어그룹의 동시발생을 **n그램**(n-gram)이라고 한다. 표 1.4나 1.5 같은 n그램 통계를 실제로 컴퓨터를 이용하여 얻는 방법을 알아보자. 언어데이터의 n그램 통계를 얻는 가장 간단한 방법은 가능한 모든 n그램(실제로는 n문자 또는 n단어)의 조합에 대한 표를 미리 준비해서, 출현빈도를 계산하는 것이다. 그러나 이런 방법으로는 필요한 표의 크기가 n에 대해 지수함수적(指數函數的, exponential function)으로 늘어나기 때문에 컴퓨터에서 취급하기에는 어려운 점이 많다.

그래서 실제로 대규모 언어데이터에 관한 n그램 통계를 얻으려 할 때 그만큼 큰 표를 준비하지 않고도 효율적으로 계산하는 방법이 있다[20]. 이 방법의 기본적인 의도는 표 1.6으로 설명할 수 있다. 표 1.6은 알파벳순으로 정렬된 사전 중에서 표제어를 골라 다른 표제어의 처음 스펠링에서 몇 문자까지가 공통되는가를 〈공통문자수〉라는 형태로 나타낸 것이다.

이 표를 살펴보면 임의의 n에 대한 표제어에서 접두문자(接頭文字)인 문자 n그램이 나타나는 횟수를 쉽게 구할 수 있다. 예를 들어 $n=5$의 경우, 〈공통문자수〉의 값이 5 이상이 되는지 주목해보자. 먼저 〈disregard〉의 〈공통문자수〉의 값이 5보다 작기 때문에, 앞의 5문자 〈disre〉의 출

표 1.6 사전식 순서로 정렬된 단어의
공통문자수

단어	공통문자수
⋮	⋮
disregard	3
distance	6
distant	7
distantly	4
distinct	8
distinction	6
distinguish	4
distract	5
distribute	6
district	4
disturb	2
dive	3
diverse	
⋮	⋮

현횟수는 1이 된다. 그 다음의 두 단어는 〈공통문자수〉의 값이 5 이상이므로 〈distance, distant, distantly〉 세 단어의 앞에 오는 5문자 〈dista〉의 빈도수가 3이 되는 것을 알 수 있다.

이러한 방식을 텍스트 속의 임의의 (문자 또는 단어) n그램의 빈도 계산에 이용할 경우, 1.6절 (b)에서 나오는 접미어 배열(suffix array)을 적용해보기로 한다. 그러면, 간단하게 문자 n그램의 경우에 관해 설명해보자. 접미어 배열은 텍스트에 있는 모든 문자 위치에서 텍스트 끝까지의 반무한 부분문자열(半無限部分文字列)을 사전순서 방식으로 정렬한 것이다. 이 접미어 배열을 사용해 임의의 n에 관한 n그램 통계를 계산하기 위해서는 표 1.6의 경우처럼, 인접한 각각의 반무한 부분문자열 사이에 있는 접두문자의 공통문자수를 기록해두고, 표 1.6과 같은 방식으로 계산하면 된다.

(b) 언어의 엔트로피

언어의 통계적 성질을 수량화하기 위한 도구로는 제2권 제1장[19]에 나오는 정보이론을 이용한다. 그리고 언어를 확률모델로 간주하는데, 언어의 복잡한 정도를 수량화하기 위해 확률모델의 복잡한 정도를 측정하는 척도인 엔트로피(entropy)가 쓰인다.

(1) 엔트로피

정보이론에 있어서 가장 기본이 되는 척도는 확률사상(確率事象)의 정보량(information)이라는 개념이다. 확률 p에서 생기는 사상(事象)이 갖는 정보량 $I(p)$는 아래와 같이 정의된다.

$$I(p) = \log_2 \frac{1}{p} = -\log_2 p \ (비트)$$

이 양은 확률 $p = 1/2$, 즉 발생하는지의 여부가 같은 확률로 예측되지 않을 경우 최대값을 구해, 확률 p가 0 또는 1에 가까워서 예측하기가 쉬워질수록 작은 값이 된다. 이 방법은 예측되지 않는 사상일수록 결과를 알게 되었을 때, 정보량이 크다고 하는 생각에 바탕을 두고 있다. 또한 정보량은 확률 $p = 1/2$의 경우, 그 값이 1이 된다. 이 양을 정보량의 단위로 취해, 비트(bit)라 부른다.

일반적으로 어떤 확률모델 또는 정보원의 확률분포는 확률의 총계가 1이 되는 사상의 집합에 따라 규정할 수 있다.

만일 확률값이 p_1, p_2, $\cdots$, p_k(단, $\sum_{i=1}^{k} p_i = 1$)인 k개의 사상에 따른 확률분포가 구성된다면, 이 확률분포의 정보량 H는 각 사상의 정보량 기대값에 의해 주어진다.

$$H = - \sum_{i=1}^{k} p_i \log_2 p_i$$

이 정보량은 k개의 사상에서 비롯되는 확률모델 또는 정보원(情報源)을 평균적으로 어느 정도 예측하기 쉬운가, 다시 말하면 어느 정도의 복잡성을 지니고 있는가를 나타낸다. 이 정보량을 확률모델, 또는 정보원의 엔트로피(entropy)라고 부른다. 확률모델이나 정보원의 엔트로피 크기가 H라는 것을 바꾸어 말하면 그 확률모델 또는 정보원에 대해서 일어날 수 있는 사상으로 2^H개를 고려할 필요가 있다는 말이다.

(2) 자연언어의 엔트로피

자연언어를 확률모델로 기술하면, 그 확률모델의 엔트로피를 가늠함으로써 자연언어의 복잡성의 정도를 추정할 수가 있다. 확률모델에서 설명한 바와 같이 보통은 문자나 단어를 기호로 간주해서, 언어의 각 기호에 해당하는 엔트로피를 측정해, 언어의 복잡성의 정도를 추정한다. 예를 들면 언어 L의 하나의 기호에 해당하는 엔트로피가 $H(L)$인 경우에, 어떤 기호(문자나 단어) 뒤에는 평균적으로 $2^{H(L)}$개의 기호(문자나 단어)가 연속적으로 올 수 있다.

일반적으로 자연언어를 확률모델로 간주하여 엔트로피를 구하는 경우에는, 확률모델로서 **마르코프 모델**(Markov model)이라는 것을 쓴다. 마르코프 모델은 임의의 시점에 있는 사상의 확률분포가, 그 바로 앞의 m개의 사상만으로 결정되는 확률모델을 말한다. (고려해야 할 과거의 사상 개수를 명시하는 경우 **m 중**(重) **마르코프 모델**이라 한다.) 확률모델로서 마르코프 모델을 가정한 경우 언어 L의 엔트로피는 다음과 같이 구한다.

먼저, 바로 앞의 m개 사상의 조합상태를 S_j라고 하고, 현재의 사상을 기호(문자 또는 단어) s_i로 하면 상태 S_j에 대해서 기호 s_i가 발생할 확률을 조건부 확률 $P(s_i \mid S_j)$이라고 한다. 그러면 상태 S_j에 관한 하나의 기호에 해당하는 엔트로피는 다음과 같이 된다.

$$\sum_{S_i} P(s_i|S_j) \log_2 P(s_i|S_j)$$

이것을 이용하면 확률모델로서 m 중 마르코프 모델로 가정한 경우의, 언어 L의 하나의 기호에 해당하는 엔트로피 $H_m(L)$은 무엇이든지 가능한 상태 S_j에 대한 엔트로피 기대값에 의해 구해진다.

$$H_m(L) = \sum_{S_j} P(S_j) - \sum_{S_i} P(s_i|S_j) \log_2 P(s_i|S_j)$$
$$= - \sum_{s_i, S_j} P(S_j, \ s_i) \log_2 P(s_i|S_j)$$

언어 L의 하나의 기호에 해당하는 엔트로피 $H(L)$은 m을 극한까지 늘렸을 경우 엔트로피 $H_m(L)$의 수렴(收斂)값으로 정의된다.

$$H(L) = \lim_{m \to \infty} H_m(L)$$

언어 L의 엔트로피 $H(L)$을 정확하게 구하기는 어렵겠지만, m의 값이 작은 경우의 엔트로피 $H_m(L)$은 비교적 쉽게 구할 수 있다. 예를 들면 영어의 경우, 26문자의 알파벳이 같은 확률로 발생했을 경우의 1 문자당 엔트로피는 다음과 같다.

$$-\sum_{i=1}^{26} \log_2 \frac{1}{26} = 4.7 \,(\text{비트}/\text{문자})$$

또한 C. E. 샤논(C. E. Shannon)은 영어 알파벳 26문자의 1문자, 2문자 그룹, 3문자 그룹의 출현확률을 이용해서 $H_0(L), H_1(L), H_2(L)$를 다음과 같이 계산하였다[25].

$$H_0(L) = 4.14 \,(\text{비트}/\text{문자})$$
$$H_1(L) = 3.56 \,(\text{비트}/\text{문자})$$
$$H_2(L) = 3.3 \;\,(\text{비트}/\text{문자})$$

표 1.4와 1.5에 나와 있는 브라운 코퍼스의 1문자/1단어에 해당하는 엔트로피는 표에 있는 확률값을 이용하여 같은 순서로 계산된 것이다. 이렇게 계산된 엔트로피는 m의 값으로서 적당히 작은 값을 이용한 경우의 근사치일 뿐이지만, m의 값을 크게 할수록 엔트로피가 작아져 실제로 우리가 느끼는 엔트로피값에 가깝다는 것을 알게 된다.

또 샤논은 지프의 법칙을 이용함으로써 출현빈도가 n번째인 단어의 출현확률을 $p_n = 0.1/n$으로 하고, 모든 단어의 확률 총계가 1을 넘지 않는 상위 12367단어에 대한 1단어당 엔트로피를 다음과 같이 구했다[25].

$$-\sum_{n=1}^{12367} \frac{0.1}{n} \log_2 \frac{0.1}{n} = 11.82 \,(\text{비트}/\text{단어})$$

위의 식에서 1단어의 평균 문자수를 4.5로 하면, 1문자당 엔트로피는 11.82/4.5=2.62비트가 된다. 또한 샤논은 알파벳 예측실험에서, 바로 앞의 100문자를 이용함으로써 1문자당 엔트로피가 약 0.6~1.3비트, 1단어당 엔트로피가 약 3.3~7.15비트가 된다는 사실을 알아냈다[25]. 이 엔트로피 추정값은 위에서 구한 다른 값에 비하면, 실제로 우리가 생각하는 엔트로피값에 가깝다고 할 수 있다.

1.3 형태소분석(形態素分析)

(a) 일본어 문장(文章)의 형태소분석

문자로 표기된 자연언어 문장에서, 의미를 담당하는 최소의 언어단위를 형태소(morpheme)라고 한다. 보통 형태소는 단어와 같거나 더 작은 단위로서, 한 개 또는 복수의 형태소가 단어를 구성한다. 또한 문자로 표기된 자연언어 문장에 대해, 그 문장을 구성하는 형태소간의 접속관계를 분석하는 것을 형태소분석(morphological analysis)이라 한다. 자연언어 문장에 관한 여러 가지 언어 분석을 함에 있어서, 형태소분석은 제일 먼저 이루어지는 처리방식이다.

형태소분석 처리가 담당하고 있는 역할을 넓은 의미에서 살펴보면 다음과 같다.

- 문장의 형태소열(列)에 대한 역할(띄어쓰기 처리)
- 형태소에 대한 품사 부여
- 형태소의 어형(語形) 변화의 분석

일본어의 경우, 문장 내에서 단어와 단어 사이에 간격을 두지 않기 위해, 문장을 먼저 형태소열(列)로 분할할 필요가 있다. 그리고 각 형태소에 대해 품사를 규정한다. 또한 동사, 형용사, 조동사와 같은 활용어의 경우에는 그 활용형(型), 활용형(形), 기본형을 규정할 필요가 있다. 다만, 영어처럼 단어와 단어 사이에 간격을 두는 언어의 경우는 좁은 의미의 형태소분석이라고 하면 주로 어형(語形) 변화의 분석을 일컫는다. 따라서 이러한 경우는 형태소에 대한 품사의 부여(part-of-speech tagging)와는 구별하는 경우가 많다.

예를 들면 〈明日は知らない(내일은 모른다)〉라는 일본어 문장을 형태소분석한 결과는 다음과 같다.

明日 時相名詞	は 副助詞	知ら 動詞 未然形 (知る)	ない 接尾辭 基本形 (ない)

위의 예를 보면 문장이 4개의 형태소로 분할되고, 각 형태소에는 품사가 주어진다는 것을 알 수 있다. 또한 동사·접미사 등 활용어에 대해서는 활용형과 기본형이 제시된다.

다음은 일본어 문(文)의 형태소분석에 관한 설명이다.

(b) 형태소분석으로 이용하는 언어지식

형태소분석을 하기 위해서는 어떤 언어지식이 필요한가에 대해 간단히 설명한다.

(1) 품사(品詞)체계

먼저, 일본어 단어의 집합에 관해서 어떤 품사를 설정할 것인가에 대해 정의를 내릴 필요가 있다. 일본어의 품사체계를 크게 분류한 것이 표 1.7이다. 이러한 분류는 문장을 구성할 때의 작용을 기준으로 일본어 어(語)를 분류한 것으로, 자립어와 부속어로 크게 나눈다. 그리고 다시 활용을 하는가의 여부에 따라 세분화시켜, 10가지 품사로 나눈다.

일반적으로 각 형태소분석 시스템이 지닌 품사체계는 각 시스템 개발자의 설계방침에 따라 설정되기 때문에, 시스템마다 다른 것이 보통이다. 그러나 크게 분류하면 표 1.7

표 1.7 일반적인 일본어의 품사체계

자립어(自立語)	활용이 있는 것 =단독으로 술어가 되는 것 (用言)		동사　(歩く, 立てる, 來る) 형용사 (美しい, 早い) 형용동사(穩やかだ, 上手だ)
	활용이 없는 것	주어가 되는 것 (體言)	명사　(學敎, 鳥, 私, それ)
		수식어가 되는 것	부사　(やがて, まさか) 연체사 (ある, ほんの)
		독립어가 되는 것	접속사 (しかし, つまり) 감동사 (ああ, さあ, へー)
부속어(附屬語)	활용을 하는 것		조동사 (れる, せる, らしい)
	활용을 하지 않는 것		조사　(が, に, を)

이 일반적인 것이라고 볼 수 있다. 다만, 실제로 처리할 때
는 더욱 세밀한 품사체계를 사용한다. 실제로는 적어도 수
십 종류, 또는 수백 가지 종류의 품사로 구별하고 있다.

(2) 활용형(型), 활용형(形) 일람(一覽)

동사, 형용사, 형용동사, 조동사 등의 활용어가 각각 어
떤 활용형(型)을 지니는가, 또한 각 활용형(型)이 어떤 활
용형(形) 또는 활용어미를 지니는가를 정의할 필요가 있

조동사의 활용형(型)
イ形容詞(イ형용사)
ナ形容詞(ナ형용사)
判定詞(판정사)
無活用型(활용을 하지 않는 형)
助動詞ぬ型(조동사 ぬ형)
助動詞だろう型(조동사 だろう형)
助動詞そうだ型(조동사 そうだ형)

다. 예를 들어 일본어 형태소분석 시스템〔18〕에서 사용되는 문법체계에서 〈기초 일본어문법〉〔17〕이라 부르는 문법의 조동사 활용형(型) 일람은 앞 페이지의 표와 같다.

모음동사(예 : いる)	
활용형	활용어미
語幹	*
基本形	る
未然形	*
意志形	よう
命令形	ろ
命令形	よ
基本條件形	れば
基本連用形	*
タ形	た
タ系 條件形	たら
タ系 連用テ形	て
タ系 連用タリ形	たり

또한, 같은 문법 체계에서도 모음동사(母音動詞)라고 부르는 활용형(동사 〈いる(있다)〉 등이 해당된다)을 지닌 활용형 일람은 위의 표와 같다. 일반적으로 활용어 어형 중에서 어형 변화를 하지 않는 부분을 활용어간, 어형 변화를 하는 부분을 활용어미라고 한다. 동사 〈いる〉의 경우 〈い〉가 활용어간이 되고, 기본형의 경우는 〈る〉가 활용어미가 된다. 또 활용형 일람에서 〈*〉는 활용어미가 붙지 않는, 활용어간만으로 구성된 것을 의미한다.

(3) 형태소 사전(辭典)

각각의 품사 분류에 속하는 각 형태소에 대해서 그 형태소를 표제어, 한자의 음독(音讀)·훈독(訓讀), 품사, 활용형 등으로 기술한 형태소 사전을 준비한다. 형태소 사전은 형태소의 표제어를 검색하는 키(key)로서 음독·훈독, 품사, 활용형 등의 형태소 정보를 빠른 속도로 검색할 수 있는 구조로 되어 있다.

(4) 접속표(接續表)

형태소분석에서는, 문장 안에서 형태소 다음에 어떤 형태소가 연속해서 나타나느냐에 관해서는 언어지식이 중요한 역할을 담당한다. 이러한 품사, 또는 단어 사이의 연접(連接) 가능성을 표의 형식으로 기술한 것이 **접속표(connectivity table)**이다. 예로서 2형태소의 연접 가능성을 기술한 접속표가 그림 1.3이다.

그림 1.3의 접속표는 행·열의 형식으로 쓰여진 것으로 각 행의 품사나 형태소가 좌측에 있는 경우에, 각 열의 품

右側　　　　左側	文末	助詞 格助詞	助詞 副助詞	…	助詞 終助詞 か	助詞 終助詞 ね	…	助詞 述語接續助詞 し	助詞 述語接續助詞 つつ	…	動詞性接尾辭 せる	動詞性接尾辭 させる	…
文頭	0	0	0		0	0		0	0		0	0	
名詞	1	1	1		0	0		0	0		0	0	
動詞 基本形	1	0	0		1	1		1	0		0	0	
動詞 連用形	0	1	1	…	0	0	…	0	1	…	0	0	…
動詞 未然形	0	0	0		0	0		0	0		1	1	
動詞 意志形	0	0	0		1	1		0	0		0	0	
…				…			…			…			…

그림 1.3 접속표의 예

사나 형태소가 우측에 접속 가능한지의 여부를 0 또는 1로
나타냈다. 보통은 위의 접속표처럼 2형태소의 연접 가능성
을 표시하는 경우가 많지만, 원리적으로는 3형태소 이상의
연접 가능성을 나타내는 일도 가능하다.

(c) 형태소분석의 처리 순서

(1) 기본 알고리즘

일본어 형태소분석의 기본 알고리즘은 아래와 같다. 우
선 입력 문장의 앞뒤에 문장의 처음과 끝을 나타내는 특수
한 문자를 첨가하여, 이들 문자 사이를 가리키는 포인터를
준비한다.

〔1〕 초기화 : 포인터를 문장의 첫머리 바로 뒤에 둔다.

〔2〕 사전(辭典) 검색 : 현재의 포인터 위치에서 시작되
　　 는 형태소를 사전 검색한다.

〔3〕 연속 확인 : 포인터 위치에서 끝나는 형태소와 포인
　　 터 위치에서 시작되는 형태소의 모든 조합에 대해,
　　 접속표를 참고하여 연접 가능한 조합 사이에 링크한
　　 다. 포인터 위치에서 끝나는 형태소 또는 포인터 위
　　 치에서 시작되는 형태소 중, 어떤 형태소라도 연접
　　 가능하지 않은 어(語)는 제외한다.

〔4〕 포인터 이동

　　 (a) 현재의 포인터 위치가 문장 끝 바로 앞이면 〔5〕로
　　　　 이동한다.

　　 (b) 그 밖의 경우는 현재의 포인터 위치의 우측에서
　　　　 적어도 1개의 어(語)가 끝나는 지점이 될 만한 위
　　　　 치를 찾아, 현재의 포인터 위치에 가장 가까운 곳
　　　　 으로 포인터를 이동하여 〔2〕로 간다.

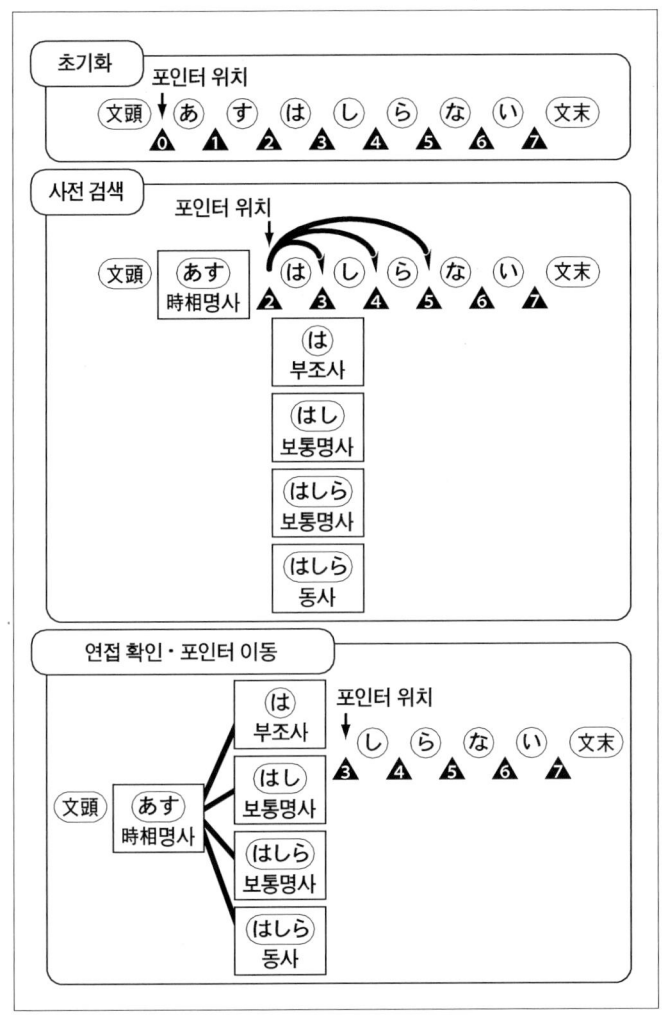

그림 1.4 형태소분석의
기본 알고리즘의 동작
예

〔5〕문장 처음에서 문장 끝까지의 형태소분석 과정이 그
    림처럼 격자 모양으로 나타난다.

그림 1.4는 이러한 알고리즘에 따라 〈あすはしらない〉
라는 문장의 형태소를 분석한 것이다. 먼저, 초기화 단계
는 포인터가 문장 처음의 바로 뒤에 위치하는 0에 놓여진
다. 그런 다음 이 위치 0에서 사전 검색을 실시해, 〈あす〉
(時相명사)가 검색되고, 포인터가 위치 2로 이동했다고 가

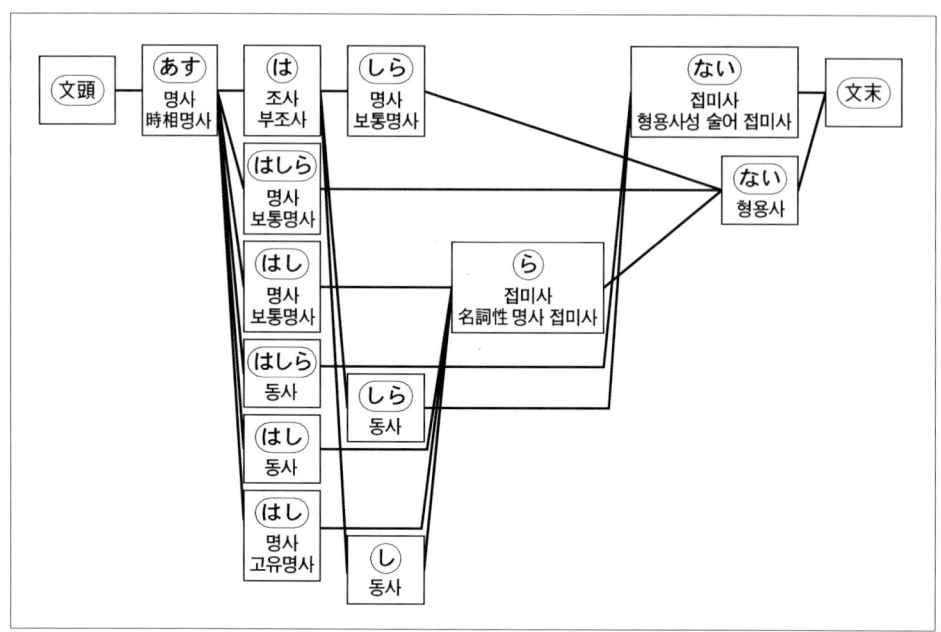

그림 1.5 형태소분석 결과의 예

정하자.

그 후에는 위치 2에서 시작되는 모든 형태소를 사전 검색하여, 〈あす〉와의 사이에 연접 가능성을 확인하고, 연접 가능한 형태소에 연결한다. 그리고 포인터를 위치 3으로 이동한다. 이런 식으로 사전 검색, 연접 확인, 포인터 이동을 되풀이함으로써 문장 끝까지 분석을 실시한다. 최종적으로 얻어진 격자 모양의 형태소분석 결과가 그림 1.5이다.

참고로, 이 알고리즘의 계산량은 입력문장의 문자수에 비례한다.

(2) 경험 우선(優先) 규칙

앞에서 설명한 기본 알고리즘은 가능한 분석 결과를 모두 구하기 위한 것이어서, 실제로는 경험 우선 규칙에 따른 여러 가지 해석을 한번에 압축할 필요가 있다. 지금까지 사용되어온 중요한 규칙을 살펴보자.

최장 일치법(最長一致法) : 현재의 포인터 위치에서 사전 검색할 수 있는 복수의 형태소 중 가장 긴 것을 우선시함과 동시에 가장 비중이 있는 것을 탐색하여 문장 전체의 형태소분석을 실시한다.

형태소 수 최소법(形態素數最小法) : 문장 전체의 형태소분석 결과에서 형태소 수가 가장 적은 분석 결과를 우선시한다. 일반적으로는 전체를 탐색하여 분석한다.

문절 수 최소법(文節數最小法) : 문장 전체의 형태소분석 결과에서 문절수가 가장 적은 분석 결과를 우선시한다. 일반적으로는 전체를 탐색하여 분석한다.

최소(最小) 비용법 : 형태소나 형태소 사이의 연접에 코스트를 적용하여, 낮은 코스트의 분석 결과를 우선한다.

위에서 말한 우선 규칙 중에서, 최소 비용법은 형태소나 형태소 사이의 연접에 따르는 코스트를 유연하게 조정함으로써, 다른 세 가지 규칙을 간단하게 실현시킬 수 있다. 따라서 최소 비용법이 가장 많이 이용된다. 최소 비용법에 따라 효율성 있게 코스트 분석을 하는 알고리즘은 흔히, 동적계획법(dynamic programming, DP)[11]을 적용한 것이 사용된다. 이 알고리즘은 음성인식이나 통계적 언어 모델에 기초한 형태소분석(1.3절 (d))에 이용되는 비터비 알고리즘(Viterbi algorithm)(제3장 참조)을 일반화시킨 것에 해당한다.

(3) 효율적인 사전 검색

형태소분석은, 형태소의 표제어를 검색키로 하여 음독·훈독, 품사, 활용형 등의 형태소 정보를 고속으로 검색할 수 있는 구조로 구성되어야 한다. 더욱이 기본 알고리즘에서 설명한 것처럼 형태소분석의 과정 중 형태소를 구분하는 작업이 확정되지 않은 단계에서, 어떤 포인터 위치에서 시작되는 단어를 단번에 효율적으로 검색하는 것이 바람직하다. 그러한 사전 구조로는 트라이(trie)와 패트리샤(patricia)가 효율적이다. 이 점에 대해서는 1.5절에서 다시 설명한다.

(4) 미정의어(未定義語) 처리

형태소분석에서는, 시스템 형태소 사전에 등록되지 않은 단어(미정의어)를 불가피하게 만날 수밖에 없다. 미정의어는 대부분 인명, 지명, 조직명 등의 고유명사이다. 보통은 어떤 포인터 위치에서 사전(辭典) 검색을 실시하고, 형태소를 검색할 수 없는 경우에는 가타카나열(列), 기호열, 알파벳열이나 히라가나열, 한자 1문자 등을 미정의어로서 취급한다. 그리고 그 문자나 문자열을 명사로 간주해서 분석을 진행하는 형태로, 미정의어 처리가 가동된다. 또한 최소 비용법의 형태소분석 시스템의 경우는, 미정의어에 높은 코스트를 부여함으로써 알고리즘을 수정할 필요없이 통일적으로 처리할 수 있다.

(d) 통계적 언어모델에 기초한 형태소분석

과거에는 최소 비용법에 따른 형태소분석 시스템에서 사람들의 경험에 기초한 연접 코스트나 형태소 코스트를 조정함으로써 시스템 성능을 최적화하는 일이 시도되어 왔다. 하지만 효율적인 형태소분석을 실현하기 위해서는 상당한 코스트를 설정할 필요가 있어, 인간의 경험에 기초하여 조정하기에는 다소 한계가 있었다. 이것에 비하면 통계적 언어모델에 기초를 둔 형태소분석 모델은, 어느 정도 양의 형태소분석 예에서 자동으로 최적의 코스트(통계적 언어모델의 경우는 매개변수라고 한다)를 학습하는 일이 가능하기 때문에, 최근 들어 연구가 활발해졌다. 또한 실험 결과에서도 성능이 높은 것으로 나타나고 있다.

예를 들어 매개변수를 추정하는 경우, 필요한 형태소분석 예를 아주 적게 하기 위해서 소량의 형태소분석 예와 형태소분석이 실시되지 않은 대규모 텍스트에서 매개변수를 추정하는 방법[26], 형태소분석에서 미정의어 문제에 대처하기 위해 코퍼스 안에 있는 미정의어를 추출하는 방법[21] 등이 있다. 또 접속 규칙을 기술하는 경우에는, 품사체계에서 어떤 단계의 품사나 낱말을 사용한 접속 규칙을 기술할 것인가를 결정할 필요가 있다. 게다가 3형태소 이상의 연접 가능성을 기술하는 경우에는, 각 규칙을 어느 정도 수(數)의 형태소로 기술할 것인가에 대해 결정해야 한다. 이 문제에 관해서는 구동형(驅動型)의 확률모델 학습을 기초로 해서, 자동으로 이러한 결정을 실행하는 방법도 제안되고 있다[9][13].

(e) 일본어 형태소분석 소프트웨어

형태소분석은 일본어 텍스트 처리 중에서도 가장 기본적인 것이기 때문에 대학이나 기업과 같은 다양한 조직에서 일본어 형태소분석 소프트웨어 개발이 활발히 진행되고 있다. 그러한 소프트웨어 가운데 사전 텍스트, 원시 프로그램(source program) 등을 포함한 전 시스템이 무료로 공개된 것으로는, 일본 나라(奈良) 첨단과학 기술대학원 대학의 차센(茶筌)[18]이나 교토대학이 공개한 JUMAN [14] 등이 있다.

1.4 키워드 추출

(a) 키워드 검색

일반적으로 많은 정보를 일정한 형태로 축적해놓고, 나중에 어떤 요구에 따라 필요한 부분을 찾아내는 것을 정보검색(information retrieval)이라 한다. 정보검색의 전형적인 예의 하나가 문서검색(document retrieval)인데 책, 잡지, 논문과 같은 여러 가지 형태의 문서(document) 중에서 필요한 문서를 검색하는 것을 가리킨다. 여기에서는 정보검색 중에서도 특히 문서검색의 경우에 한정하여 설명할 것이고, 또한 문서검색의 의미로서 〈정보검색〉이라는 용어를 쓰고자 한다.

그림 1.6은 정보검색의 과정을 도식적으로 나타낸 것이다. 오늘날에는 책, 잡지, 논문 등 다수의 문서군(群)이 어떠한 형태로든 정보로서 축적되어 있다. 검색자가 스스로의 검색 요구를 검색질문(retrieval query)이라는 형태로 주면, 검색질문과 문서군간에 유사점이 있는지의 계산이 행해진 다음 문서군 중에서 검색질문과 유사한 문서가 선택되어 검색결과로 제시된다.

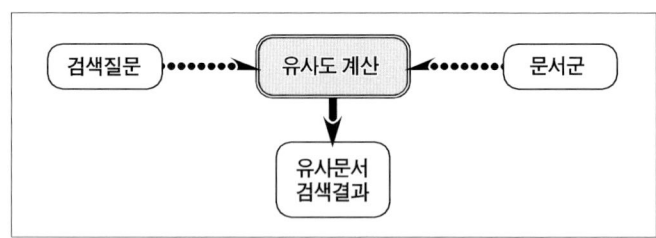

그림 1.6 정보검색의 개념도

정보검색의 과정은, 원리적으로는 그림 1.6처럼 되지만, 일반적으로는 검색질문이나 축적된 문서군을 전혀 가공하지 않고 둘 사이의 유사도(類似度)를 계산하는 것이 그리 쉽지만은 않다. 만약에 문서군이 문자열로 표현된 텍스트 형식으로 축적되어 있는 상태에서 검색자가 입력하는 검색질문도 문자열로 표현된 자연언어 문장으로 주어진다면, 문자열 그대로 둘의 유사도 계산을 한다는 것은 효율 면이나 효과면에서 문제가 생긴다. 그래서 보통은 그림 1.7에 나타난 것처럼, 축적된 문서군이나 검색질문을 유사도 계산에 적합한 중간 형식으로 변환하는 일이 실행된다.

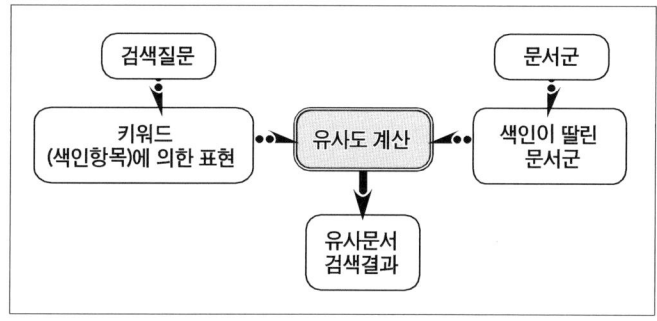

그림 1.7 키워드 검색

그림 1.7과 같은 경우, 각 문서 또는 검색질문은 그 내용을 적절히 표현하는 낱말 또는 복합어의 집합으로 변환된다. 특히 각 문서의 내용을 적절히 표현하는 낱말을 키워드(keyword) 또는 색인항목(index term)이라고 한다. 또한 그림 1.7처럼 키워드 또는 색인항목으로 표현된 문서군과 검색질문 사이에 유사도 계산을 실행하여 유사문서를 검색하는 방식을 키워드 검색이라고 한다.

일반적으로 키워드 검색을 효율적으로 하는 방법으로는 어떤 키워드가 어떤 문서에 포함되어 있는가를 표 형식으로 기록한 역파일(inverted index 또는 inverted file)을 작성해두고, 이 표를 참고로 하여 검색질문과 각 문서 사이의 유사도 계산을 고속으로 행하는 역파일 기법이 이용된다. 예를 들면, 지금 문서 1~4에 대해 키워드 1~4가

표 1.8처럼 할당되었다고 가정하자. (단, 문서에 대해 키워드가 할당되어 있는 경우를 1로 하고, 할당되어 있지 않은 경우를 0으로 표시한다.)

표 1.8 문서에 대한 키워드 할당

	키워드 1	키워드 2	키워드 3	키워드 4
문서 1	1	0	1	1
문서 2	0	1	1	1
문서 3	1	1	1	0
문서 4	0	1	1	0

이러한 키워드 할당에 대해서, 어떤 키워드가 어떤 문서에 포함되어 있는가를 기록한 역파일은 표 1.9와 같이 작성한다. 이러한 역파일을 사용하면 복수의 키워드를 논리(論理)곱 ∧, 논리합(論理合) ∨, 부정(否定) ¬의 논리연산자(論理演算子)로 결합한 형식의 검색질문을 만족시키는 문서검색은 각 키워드에 대응하는 행(行) 벡터(vector)의 논리연산에 따라 간단하게 실현할 수 있다. 예를 들어 키워드 1과 키워드 4 두 가지가 문서에 포함되어 있는 것을 나타낸 검색질문 〈키워드 1 ∧ 키워드 4〉를 만족시키는 문서는, 키워드 1의 행 벡터 1010과 키워드 4의 행 벡터 1100의 논리곱이 1000이 되기 때문에 문서 1이 됨을 알 수 있다.

표 1.9 역파일

	문서 1	문서 2	문서 3	문서 4
키워드 1	1	0	1	0
키워드 2	0	1	1	1
키워드 3	1	1	1	1
키워드 4	1	1	0	0

(b) 키워드 추출과 그 방법

앞에서 말한 키워드 검색은, 문서군이 적절한 키워드 집합으로 표현되고 있다는 것을 전제로 한다. 이전에는 문서군에 적절한 키워드를 부여하는 작업을 일일이 사람의 손으로 했는데, 수작업으로 하는 키워드 부여는 시간과 비용이 만만치 않았다. 또한 키워드 선택의 기준이 작업하는 사람에 따라 다르기 때문에 기준이 일정하지 않았고, 게다가 전문 분야별로 작업자를 교육시킬 필요가 있는 등 문제점이 많았다. 이러한 문제를 극복하기 위해서, 기계 처리에 의해 자동으로 키워드를 추출하여 각 문서에 부여하는 방법이 몇 가지 고안되었다. 이러한 방법을 키워드 추출(keyword extraction), 또는 자동 인덱싱(automatic indexing)이라고 한다.

일반적으로 어떤 키워드 추출 방법이든지 처음에는 수사(數詞), 접속사, 의문사, 조동사, 대명사나 관사, 전치사(영어의 경우), 조사(일본어의 경우) 등의 기능단어(function word)를 키워드의 후보군(候補群)에서 제외시킨다. 어떤 문서에나 기능단어는 전반적으로 자주 나타나는 고빈도어(高頻度語)이지만, 문서의 내용을 적절히 표현하는 단어는 아니다. 그런 의미에서 정지워드(stop word)라고도 한다. 또한 영어의 경우, 어미가 변화하는 단어의 접미사를 제거하여 어간으로 변환시키는 작업도 한다.

이처럼 미리 후보를 한정시킨 다음에 실제 키워드 추출 처리가 이루어지지만, 그 방식은 후보가 되는 키워드를 사전(辭典)으로 제어하는 통제 키워드 방식(authorized term method)과 모든 단어를 후보로 하는 프리 텀 방식(free term method)으로 나누어진다.

통제 키워드 방식은 키워드 용어를 미리 모아놓고 용어

간의 관계를 나타낸 시소러스(thesaurus)[22]를 준비한 다음, 문서에 나타나는 단어 중에서 시소러스에 포함되어 있는 것만을 키워드로서 추출한다. 추출 처리가 간단하기 때문에 신문이나 기술문헌, 특허 등의 데이터베이스 작성 (지원)에 실질적으로 쓰이기도 한다. 그러나 시소러스의 작성과 유지를 수작업으로 하기에는 한계가 있어서 최신 자료에서 키워드를 신속하게 처리하지 못하는 시간 지연 상의 문제나 시소러스 중의 용어선택 기준이 흔들리는 등의 문제점이 있다.

프리 텀 방식은 시소러스를 준비하지 않고, 문서에 있는 모든 단어 중에서 정지워드를 제외한 것을 키워드 후보로 한다. 다만, 일본어에서는 문서를 형태소분석해서 단어에 띄어쓰기를 할 필요가 있다. 또 키워드 후보 단어 모두를 키워드로 하는 것이 아니고, 다양한 방법에 의해 각 단어 가 문서의 내용을 어느 정도 적절히 표현하는가를 측정해, 일정한 기준을 만족시키는 단어만을 키워드로 추출한다. 이러한 몇 가지 방법의 공통적이고 기본적인 사고방식은, 복수의 문서로 된 문서집합이 주어졌을 때, 그 문서집합 중의 각 문서간 차이점에 주목하여 그것을 분명하게 식별 하는 단어를 키워드로 추출하는 것이다. 예를 들어 문서집 합으로 5개의 문서 1~5가 주어져서, 각 문서에 있어서 키워드 후보가 되는 단어의 빈도가 표 1.10과 같이 주어 졌다고 가정해보자(각 문서의 주제를 괄호 안에 나타낸 다).

이런 경우, 다섯 개의 문서 전부에 나타나는 〈효과〉나 〈방 법〉과 같은 단어는 서로 다른 문서를 식별하는 목적에는 적합하지 않기 때문에 키워드로 추출하지 않는다. 반면에, 〈화상(畵像)〉이라는 단어는 문서 2에만 5회나 나타나기 때문에, 문서 2와 그 밖의 문서를 식별하는 목적에 적합하다고 간주하여, 키워드로 추출한다. 다음으로는 이러한 방법의 대표적인 것으로, 단어의 빈도를 이용하는 tf·idf법을 설명하고자 한다.

표 1.10 문서집합에서의 키워드 후보 출현빈도 예

		문서집합				
		문서 1 (암호화)	문서 2 (화상처리)	문서 3 (컴파일러)	문서 4 (정보검색)	문서 5 (논리회로)
키워드 후보	암호	5	0	0	0	0
	해석	0	3	1	0	0
	회로	0	0	0	0	2
	화상	0	5	0	0	0
	언어	0	0	3	1	0
	효과	1	1	1	1	1
	질문	0	0	0	1	0
	정보	1	0	0	5	0
	추출	0	1	0	0	0
	방법	1	1	1	1	1
	논리곱	0	0	0	1	2

(c) tf·idf법

tf·idf법[23]은 각 문서에 나타나는 단어의 빈도를 이용하여, 각 단어가 문서간의 차이점을 식별하는 정도를 측정하는 방법이다. 이는 기본적으로 문서집합 중에서 소수의 문서에 편중되어 고빈도로 나타나는 단어를 키워드로 추출한다는 생각에 기초하고 있다. 이러한 사고방식을 수치적으로 표현하기 위해 tf·idf법에서는 단어빈도(單語頻度, term frequency), 또는 문서빈도(document frequency)라는 두 가지 수치를 쓴다.

단어빈도 tf_{ij}는 문서 D_i에서의 단어 T_j가 나타난 횟수를 가리킨다.

$$tf_{ij} = \text{문서 } D_i \text{에서의 단어 } T_j \text{의 출현횟수}$$

또한, 문서빈도 df_j는 어떤 단어 T_j가 나타난 문서수를 가리킨다.

$$df_j = \text{단어 } T_j \text{가 나타난 문서수(數)}$$

그리고, 어떤 단어 T_j가 문서집합 전체에서 어느 정도 편중되어 나타나는가를 측정하기 위해, 문서집합 중의 모든 문서 수를 N으로 하고, 문서빈도의 역수(—逆數, inverse document frequency, IDF)라고 하는 값 N/df_j를 쓴다. 또 단어빈도 tf_{ij} 또는 문서빈도의 역수 N/df_j에서 계산되는 아래의 지표 w_{ij}로, 문서 D_j의 단어 T_i가 키워드로서 적절한가를 측정한다.

$$w_{ij} = tf_{ij} \cdot \log \frac{N}{df_j}$$

이 지표 w_{ij}는 단어 T_i가 문서집합 중에서 소수의 문서에 편중되어 나타난다. 다시 말하면 N/df_j가 크고 또 그 문서 중에서 고빈도로 나타나는, 즉 tf_{ij}가 큰 경우에는 큰 값을 취한다.

예를 들어 표 1.10의 문서집합의 예에서, $T =$ 방법, $D =$ 문서 2라고 하면 다음과 같이 된다.

$$w(\text{방법, 문서 2}) = 1 \cdot \log \frac{5}{5} = 0$$

한편 $T =$ 화상, $D =$ 문서 2로 하면 아래와 같이 되는데, 키워드로서의 적절한 정도가 제대로 측정되고 있음을 알 수 있다.

$$w(\text{화상, 문서 2}) = 5 \cdot \log \frac{5}{1} = 11.6$$

1.5 문자열의 검색 · 조합(照合)

검색(search)이란 축적된 데이터 집합 중에서 지정된 데이터를 찾아내는 일이다. 문자열의 경우 다양한 검색 기술이 필요한 경우가 많은데, 전형적인 것으로는 대규모 사전에서 어떤 문자열을 표제어로 하는 엔트리 검색이 있다. 또 문자열의 **조합**(照合, matching)이라고 하는 것은 문자열의 **패턴**(pattern)과 다른 문자열이 어떤 기준을 근거로 일치하는지를 조사하는 것을 말한다. 문자열 조합의 기술이 어떤 면에서 필요한가는, 대규모 텍스트 데이터 중에서 특정 문자열이 포함되어 있는지의 여부를 조사해보면 알 수 있다. 다음은 이러한 측면에서 사용되는 문자열의 검색, 조합 방법에 대해서 설명하기로 한다.

(a) 사전 표제어의 효율적 검색

일반적으로 사전 표제어의 검색은, 축적된 데이터에 키(key)를 주어 데이터를 검색하는 것이기 때문에, 2진 검색트리(binary search tree)나 평형트리(balanced tree), B-트리(B-tree)와 같은 검색트리를 사용하는 방법, (동적 · 정적) 해시(hash) 기법 등, 임의의 데이터형(型)에 적용 가능한 검색방법을 사용할 수 있다. 그러나 일본어 문장 형태소분석에서의 사전 검색처럼, 입력문장 중에서 어떤 부분이 형태소로 등록되어 있는지를 모르는 경우에는, 입력문장 문자열의 모든 부분문자열을 표제어라고 가정한 후에 사전 검색을 실시할 필요가 있다(1.3절 (c) 참조). 이러한 경우 임의의 데이터형에 대해서 적용 가능한 검색방법은 효율적이지 않기 때문에, 문자열 검색에 맞는 방법이 사용된다. 이러한 방법은 문자열의 한 문자 단위로 대소(大小) 비교를 실시함으로써 입력문장 문자열의 모든 부분문자열을 효율적으로 검색하는 것이 가능하다. 다음은 이러한 효율적인 문자열 검색을 실현하는 데이터 구조인 트라이와 패트리샤에 관한 설명이다.

(1) 트라이

트라이(trie)는, 사전에 등록된 각 표제어의 공통 접두사를 병합함으로써 구성되는 트리구조(tree structure)를 말한다. 예를 들어 표제어 집합 H에 대응하는 트라이를 구성하는 모양을 알아보자. 각 표제어의 끝부분에는 트라이의 리프노드(leaf node)와 표제어를 일대일로 대응시키기 위해서 종료표시(endmarker) #을 추가했다.

$H = \{ baby\#, bachelor\#, badge\#, badger\#, jar\# \}$

그림 1.8은 표제어 집합 H에 대응하는 트라이를 나타낸 것이다. 트라이는 각 표제어의 첫 번째 문자를 트리의 루트노드(root node) 바로 밑의 분기점(分岐點)에 대응시키고, 두 번째 문자를 두 번째 단(段)의 분기점에 대응시킨다는 조작을 되풀이함으로써 구성된다. 그럴 경우 각 표제어의 공통 접두어를 병합하는 트리가 구성된다. 또한, 각 절

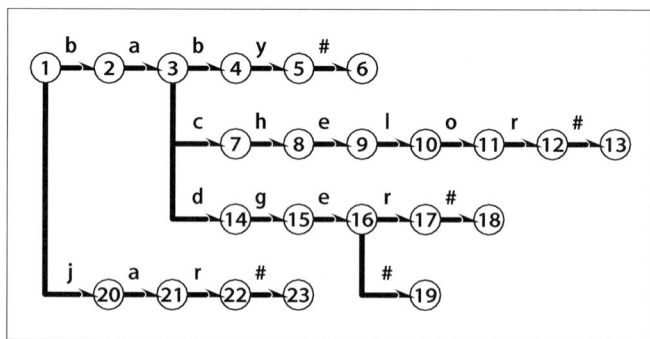

그림 1.8 표제어 집합 H에 대한 트라이

점(節點, node)에서 뻗어나가는 분기의 최대수는 표제어를 구성하는 문자 종류의 수(數)가 된다.

트라이를 문자열의 검색에 이용하는 경우, 트라이의 루트노드에서 리프노드 방향으로, 검색 문자열의 각 문자를 첫머리에서부터 1문자씩 더듬어 올라가면 된다. 예를 들어 그림 1.8의 트라이에서 〈baby#〉이라는 문자열을 검색하는 경우 절점 1(루트), 절점 2, 절점 3, 절점 4, 절점 5, 절점 6(리프)의 순서로 가지를 더듬어 올라가면, 최종적으로 리프노드에 도달하기 때문에 검색에 성공할 수 있다. 한편, 〈bag#〉라는 문자열을 검색할 때는 절점 3에서 〈g〉가 속한 단계의 가지를 더듬어 올라갈 수 없기 때문에 검색에 실패하게 된다.

또 트라이를 이용하면, 트라이의 트리구조를 한 번 더듬어보는 것만으로 입력 문자열의 첫머리에서 시작되는 모든 접두어를 검색할 수가 있다. 예를 들어 그림 1.8의 트라이에서 〈badgers#〉이라는 문자열을 검색하는 방법에 대해 생각해보자. 그러한 경우 이 문자열과 완전히 일치하는 문자열의 검색은 절점 17 밑으로 가는 일이 불가능해져 실패하지만, 종료표시 #의 불일치를 무시한다면 리프노드 18까지의 문자열 badger#과 리프노드 19까지의 문자열 badge#이, badgers#의 접두어로서 검색이 가능하다.

트라이는 검색의 계산 효율면에서도 뛰어나, 각 절점에서 다음 단계로 더듬어가야 할 가지를 선택할 때의 계산시간이 일정하다면, 트라이 전체에 포함되어 있는 표제어의 총수(總數)에 관계 없이, 검색대상이 되는 입력 문자열의 길이에 비례한 계산시간에 검색이 종료한다. 또, 일본어 문장 형태소분석의 사전검색에 이용하는 경우, 입력문장의 문자열 중에서 검색개시 위치에서 시작되는 가장 긴 형태소 문자열 길이에 비례하는 검색시간으로, 그 위치에서 시작되는 모든 접두어를 검색할 수 있다.

그러나 실제로 트라이를 구성하는 일은 트라이의 각 절점마다 문자 종류의 수에 비례한 크기의 기억용량이 필요하기 때문에, 일본어처럼 형태소를 구성하는 문자의 종류가 많은(보통, 6천 종류 이상) 언어에서는 기억용량의 문제가 발생한다. 그래서 기억용량을 고려한 트라이를 실제로 만드는 방법이 몇 가지 있다[3]. 그리고 그 밖의 트라이의 기억용량 문제를 해소하기 위한 방법으로는 다음에 설명하는 패트리샤가 널리 알려져 있다.

(2) 패트리샤

패트리샤(patricia)는 문자를 구성하는 각 비트(일본어의 경우, 1문자가 16비트로 구성된다) 단위로 트라이의 절점을 구성하고, 분기점이 없는 절점을 압축한 데이터구조이다. 그림 1.9는 5개의 비트열 0000, 0001, 1010, 1110, 1111에서 패트리샤를 구성하는 모양을 나타낸 것이다.

우선, 그림 1.9 (a)에 나타난 것처럼 비트 단위로 트라이가 구성되어 있다. 다음은, 그림 (b)처럼 분기점이 없는 절점을 압축함으로써 그림 (c)처럼 패트리샤가 구해진다. 이 패트리샤의 각 절점에는 입력 문자열의 몇 번째 비트를 검사하면 되는지에 대한 정보만 나타나기 때문에, 검사 비트 이외의 비트를 〈건너뛰어 읽기〉가 가능하여 효율적인 검색이 가능하다. 또한 트리의 도중에 있는 절점은 검사 비트 이외의 비트가 가진 몫의 기억용량이 절약된다. 다만, 트리의 검색이 리프노드까지 도달한 후에 건너뛰어 읽은 비트에 대해서는, 사전(辭典)에 있는 문자열과 입력 문자열이 실제로 일치하는지를 검사할 필요가 있다. 그렇기

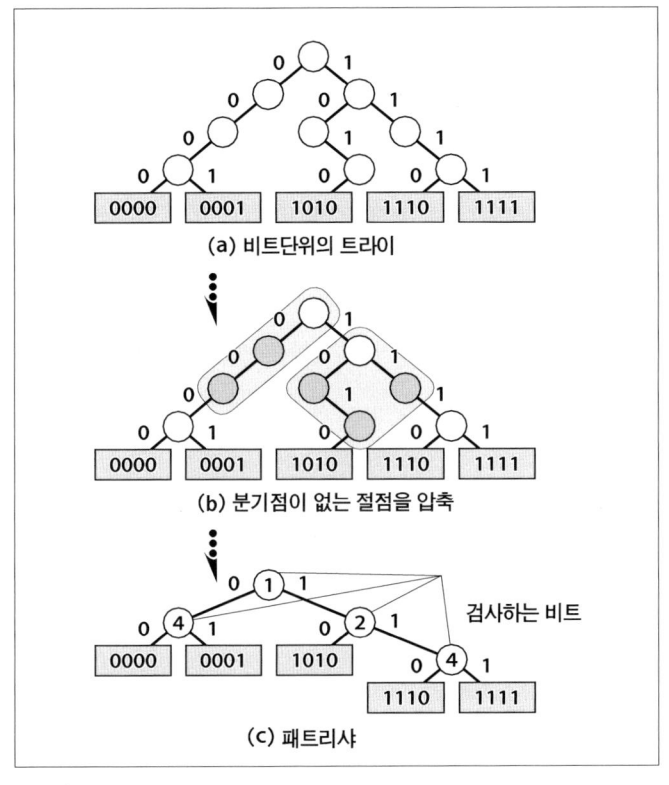

(a) 비트단위의 트라이

(b) 분기점이 없는 절점을 압축

검사하는 비트

(c) 패트리샤

그림 1.9 패트리샤를 구
성하는 과정

때문에 각 리프노드에는 사전의 표제어로서 넣어두어야
할 문자열(그림 1.9 (c)의 경우는 0000, 0001, 1010,
1110, 1111의 다섯 개의 비트열)을 기억해두어야 한다.

다음으로, 그림 1.9 (c)의 패트리샤를 이용해 문자열을
검색하는 방법을 알아보자. 예를 들어 입력 문자열로 비트
열 1110이 주어졌다고 가정해보자. 이런 경우 첫 번째 비
트, 두 번째 비트의 어느 한쪽이 1이기 때문에 루트노드에
서 순서대로 세 번째 단의 절점까지 오른쪽 분기점이 선택
된다. 다음은 세 번째 비트를 건너뛰어 읽어서 네 번째 비
트가 검사되고, 이것이 0이기 때문에 왼쪽 분기점이 선택
된다. 이 단계에서 리프노드에 도달, 리프노드에 들어 있
는 문자열 1110과 입력 문자열이 조합(照合)되고, 이 두

개의 문자열이 일치하기 때문에 검색에 성공한다.

한편 입력 문자열로 비트열 1000이 주어진 경우, 첫 번째 비트에서 오른쪽 분기점이, 두 번째 비트에서 왼쪽 분기점이 선택된다. 하지만 그 단계에서 리프노드에 도달해 버리기 때문에 리프노드에 들어 있는 문자열 1010과 입력 문자열 1000이 조합된다. 이런 경우에는 2개의 문자열이 일치하지 않기 때문에 검색에 실패한다.

또한 패트리샤에 의해 일본어의 형태소분석 시스템의 형태소 사전(辭典)을 실제로 응용한 예로는, 무료로 공개되어 있는 일본어 형태소분석 시스템 차센(茶筌)[18]의 사전검색 시스템이 있다.

(b) 문자열의 조합

이제 일정한 길이의 문자열로 구성된 텍스트 중에서, 주어진 문자열의 패턴과 조합하는 부분이 포함되어 있는지의 여부를 조사하는 방법에 대해 알아보자(단, 여기에서는 인덱스(색인)를 사용하지 않는 방법에 대해 설명하고, 인덱스를 사용하는 방법에 대해서는 전문(全文) 검색에 쓰는 방법으로 1.6절에서 설명한다). 이러한 문제를 설정하는 데에는 여러 각도로 생각해볼 수 있다. 지금부터 각 설정에 어떤 방법이 적용될 수 있는지를 순서대로 알아보자.

(1) 1개의 문자열과 텍스트의 조합

우선 문자열의 패턴으로 하나의 문자열이 주어지고, 이 문자열과 완전히 일치(exact match)하는 부분이 텍스트에 존재하는지의 여부를 조사하는 경우를 생각해보자. 이런 경우의 문제설정은 다음과 같다.

〔문제설정〕

  길이 n의 문자열로 이루어진 텍스트 $s_1, s_2, \cdots, s_n$에서, 길이 m의 한 개의 문자열로 이루어진 패턴 $p_1, p_2, \cdots, p_m$이 존재하는지의 여부를 조사한다.

계산량의 문제를 고려하지 않는다면, 이 문제는 다음과 같이 단순한 알고리즘으로 풀 수 있다. 이 알고리즘은 텍스트를 한 문자씩 조사해가면서, 그 때마다 한 문자씩 패턴과 조합하는 단순하고도 소박한 것이다.

〔소박한 알고리즘〕

  i를 패턴 $p_1, p_2, \cdots, p_m$의 각 문자를 나타내는 첨자(添字), j를 텍스트 $s_1, s_2, \cdots, s_n$의 각 문자를 나타내는 첨자로 한다.

〔1〕 (텍스트를 첫머리에서 끝부분을 향해 한 문자씩 차례로 조사)

  텍스트 중의 $j=1$의 위치에서 시작하여, $j=n-m+1$의 위치까지 다음과 같이 실시한다.

  〔1a〕 (텍스트 가운데 부분문자열과 패턴을 조합)

  $i=1$에서 $j=m$의 모든 i에 대해

  · $p_i = s_{j+i-1}$이면, 조합은 성공해 종료한다.

  · $p_i \neq s_{j+i-1}$이고 i가 있으면 $j=j+1$이 되어 〔1a〕를 실시한다.

〔2〕 텍스트 가운데 $j=n-m+1$의 위치까지 조합하지 않으면 조합은 실패한다.

이러한 알고리즘은, 텍스트가 aaaa … aaaa이고 패턴이 aa … aab 같은 경우에는 조합이 성공하지 않고 문자비교를 최대의 횟수($m(n-m+1)$회)로 행하게 된다. 따라서 최악의 경우의 계산량은 mn에 비례하는 양이 된다.

이러한 소박한 알고리즘은 패턴과 텍스트 사이의 부분문자열의 조합이 일치하지 않은 경우에는, 항상 텍스트를 한 문자씩 비켜가면서 패턴의 첫머리에서 조합을 다시 시작한다. 그러나 이와 같은 경우에는 그 일치하지 않은 정보를 이용해, 조합하지 않은 것이 확실한 문자비교를 피함으로써 알고리즘 전체의 효율을 향상시키는 방안도 검토되고 있다. 그 중에서도 〈Knuth-Morris-Pratt 알고리즘(KMP algorithm)〉과 〈Boyer-Moore 알고리즘(BM algorithm)〉[1][2][11]이 잘 알려져 있다. 이 두 알고리즘의 최악의 경우의 계산량은 어느 쪽이든 m에 의존하지 않고, n에만 비례하는 양이다. 하지만 BM 알고리즘의 경우는, n/m에 비례하는 양까지 계산시간을 단축할 수 있는 경우가 있다. 이러한 점에서 BM 알고리즘이 실질적으로는 가장 뛰어난 개량 알고리즘이라고 인정되고 있다. 그러면 BM 알고리즘에 대해 자세히 알아보자.

BM 알고리즘에서는 텍스트에서 부분문자열과 패턴을 비교할 때, 패턴의 끝부분에서 첫머리를 향해 한 문자씩 조합한다. 그리고 조합하는 도중에 일치하지 않는 문자 그룹이 나타났을 경우에는, 텍스트를 한 문자만 비켜가는 것이 아니라, 분명하게 조합되지 않은 문자비교를 하지 않도록 미리 결정해둔 문자 수(文字數)만큼 건너뛰어 텍스트상의 위치를 비켜간다. 따라서 텍스트상의 위치를 비켜간 문자 수는 주어진 패턴뿐이므로 미리 계산해둘 수 있다. 텍스트상의 위치를 비켜가는 경우는 다음과 같다.

(1) 패턴의 오른쪽 끝에서 일치하지 않은 경우

텍스트의 부분문자열과 패턴과의 비교에 있어, 최초의 문자비교에서 일치하지 않는 경우를 말한다. 예를 들어 패턴의 오른쪽 끝의 문자 p_m과 텍스트 안의 문자 s가 일치하지 않는다고 가정해보자. 이런 경우는 패턴 중에서 문자 s가 가장 뒤에 나타나는 위치까지, 텍스트상에서 패턴의 위치를 비켜간다. 만일 문자 s가 패턴에서 존재하지 않는 경우는, 패턴의 길이 m문자 만큼 한번에 비켜갈 수가 있다.

예를 들어 패턴 $p_1, p_2 \cdots p_5 =$ 'never'로 설명해보자. 먼저, 그림 1.10의 (a)처럼 $s =$ 'x'의 경우는 텍스트의 문자 x가 패턴에 존재하지 않기 때문에 패턴의 길이 다섯 문자 분량을 한번에 비켜가는 일이 가능하다. 한편, 그림 1.10의 (b)처럼 $s =$ 'e'의 경우는 패턴 never의 뒤에서 두 번째 위치에 문자 e가 존재하기 때문에 한 문자밖에 비켜갈 수 없다.

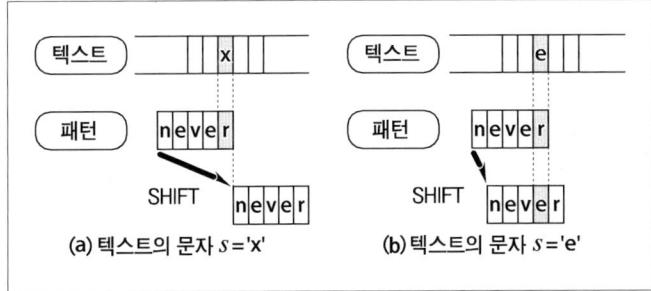

(a) 텍스트의 문자 $s =$ 'x' (b) 텍스트의 문자 $s =$ 'e'

그림 1.10 BM 알고리즘의 SHIFT. 패턴의 오른쪽 끝이 일치하지 않은 경우

텍스트 중의 문자 s와 텍스트상의 위치를 비켜나가는(shift하는) 문자 수의 관계는 주어진 패턴에서 미리 구해둘 수가 있어서, 패턴 never의 경우는 다음과 같다.

s	n	e	v	r	그 외의 문자
shift하는 문자 수	4	1	2	5	5

(2) 패턴의 오른쪽 끝 외의 부분에서 일치하지 않은 경우

이런 경우는, 패턴 안에서 일치하지 않는 문자보다 뒤에 있는 부분이 텍스트의 부분문자열과 일치하게 된다. 따라서 패턴과 텍스트 사이에서 일치된 부분의 정보를 이용함으로써 비켜나가는 문자수를 정해둘 수가 있다. 이런 경우의 기본적인 생각은 패턴에

있는 다른 부분 중에서 일치하는 부분과 같은 부분 문자열을 찾아서 그 부분문자열과 텍스트의 일치 부분을 겹치듯이 비켜나가면 되는 것이다.

마지막으로, BM 알고리즘의 개요를 정리해보면 다음과 같다.

〔Boyer - Moore 알고리즘(개요)〕

i를 패턴 $p_1, p_2, \cdots, p_m$ 의 각 문자를 나타내는 첨자(添字),

j를 텍스트 $s_1, s_2, \cdots, s_n$ 의 각 문자를 나타내는 첨자로 한다.

〔1〕 (텍스트를 첫머리에서 끝부분을 향해 차례로 조사)

텍스트에서 $j=1$의 위치에서 시작해, $j=n-m+1$의 위치까지 아래와 같이 한다.

〔1a〕 (텍스트의 부분문자열과 패턴을 조합)

패턴의 끝부분 $i=m$ 에서 시작해, 패턴의 첫머리 $i=1$까지 다음과 같이 한다.

· $p_i = s_{j+i-1}$이면 $i=i-1$으로서 계속.

· $p_i \neq s_{j+i-1}$이면,

$j=j+$(미리 정해놓은 shift 만큼)으로
〔1a〕에서 다시 시작.

텍스트의 위치 j에서의 조합이 성공하면, 종료.

〔2〕 텍스트에서 $j=n-m+1$의 위치까지 조합하지 않으면, 조합은 실패.

또한, 이들 알고리즘은 텍스트에서 패턴의 문자열과 일치하는 부분을 전부 찾아내는 경우에도 쉽게 대응할 수 있다.

(2) 정규표현(正規表現)과 문자열의 조합(照合)

이번에는 문자열의 패턴이 정규표현(regular expression)[10]이라는 형식의 패턴에서 주어지는 경우, 텍스트가 주어진 정규표현과 조합하는지, 또는 텍스트에 주어진 정규표현과 조합하는 부분이 존재하는지를 조사하는 방법에 관해 설명한다. 먼저, 정규표현의 형식적 정의는 다음 표와 같이 주어진다.

정규표현	대응하는 문자열
ε	공백문자열(null string)
문자	그 문자 자체
'문자'	문자
(P)	P
PQ	P와 Q를 연결시키는 것(연결, concatenation)
$P\|Q$	P 또는 Q(선택, union)
$P*$	P의 0회(回) 이상의 반복(폐쇄, closure)

위에서 보면 각 표현 사이의 결합력의 강도는 폐쇄(閉鎖), 연결(連結), 선택의 우선순위에 있다. 명시적으로 결합력의 우선순위를 표현하고 싶은 경우에는, 괄호 ( )를 이용한다. 다음은 정규표현의 예를 든 것이다.

· (hot | cold) (apple | blueberry | cherry) (pie | tart) hot apple pie에서 cold cherry tart까지의 12종류의 디저트에 대응한다.

· the (very,) * very hot cherry pie : the very hot cherry pie ; the very, very hot cherry pie ; the very, very, very hot cherry pie … 등에 대응한다.

· (0 | 1 | 2 | 3 | 4 | 5 | 6 | 7 | 8 | 9)(0 | 1 | 2 | 3 | 4 | 5 | 6 | 8 | 9) *
모든 수의 표기에 대응한다.

정규표현과의 문자열 조합에 있어서 유한(有限) 오토머턴(finite automaton, 이하 오토머턴이라고 부른다)[10]

이라는 모델이 사용된다. 오토머턴의 동작은 유향(有向) 그래프(directed graph) 형식으로 표현된 상태천이도(狀態遷移圖, state transition diagram)에 의해 정의된다. 상태천이도를 참조하면서 주어진 문자열의 한 문자씩에 대해, 그 내부의 상태(state)를 천이(transition)시켜서, 입력 문자열이 주어진 정규표현과 조합하는가를 판정한다.

예를 들어, ⟨ab＊c | d⟩라는 정규표현에 대응하는 오토머턴은 그림 1.11의 유향 그래프로 표현된다.

이 유향 그래프의 각 절점(節點)이 오토머턴의 상태에 대응, 각 절점의 숫자는 각 상태를 식별하는 번호를 나타낸다. 또한 유향지(有向枝)에는, 입력 문자열의 각 문자에 대한 상태의 천이된 곳을 구별하기 위해 대응하는 문자가 주어진다. 오토머턴의 각 상태 가운데 동작을 시작할 때의 상태에 해당하는 것(그림 1.11의 경우는 상태 1)을 **초기상태**(initial state)라고 한다. 또한 동작의 종료를 나타내는 상태를 **최종상태**(final state)라고 하며, 이 상태에 해당하는 절점을 이중의 원으로 나타낸다(그림 1.11의 경우는 상태 3).

오토머턴을 입력 문자열에 대해서 동작시킨 결과, 입력 문자열을 첫머리에서 끝부분까지 다 읽은 단계에서 최종상태에 도달한다면, 오토머턴이 표현하는 정규표현이 입력 문자열과 조합한 결과를 의미한다. 이것을 오토머턴이 입력 문자열을 수리한다(受理, accept)고 말한다. 그 외의 경우는, 입력 문자열을 거부한다(reject)고 한다. 오토머턴이 입력 문자열을 거부하는 경우로는 입력 문자열의 문자에 대응해 천이시킨 곳이 존재하지 않는 경우와, 입력 문자열을 첫머리에서 끝부분까지 다 읽은 단계에서 최종상태에 도달하지 않은 경우가 있다.

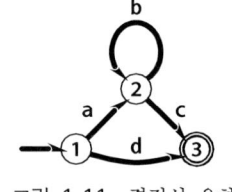

그림 1.11　결정성 유한 오토머턴

그림 1.11의 오토머턴에서는, 각 입력문자에 대응해 천이시킨 곳의 상태가 1과 같이 정해졌다. 이러한 오토머턴을 결정성(決定性) 유한 오토머턴(deterministic finite automaton, DFA)이라고 한다. 한편, 그림 1.12에 나타난 오토머턴은 〈a * ab〉라는 정규표현에 대응하는 오토머턴이지만, 이 경우에는 입력문자 a에 대응하여 천이시킨 곳이 상태 1과 상태 2의 2처럼 되기 때문에 한번에 천이할 수 없다.

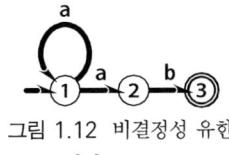

그림 1.12 비결정성 유한 오토머턴

이러한 오토머턴을 비결정성(非決定性) 유한 오토머턴(nondeterministic finite automaton, NFA)이라고 한다. 또한, 비결정성 유한 오토머턴은 여러 가지 가능한 천이 중에서 어느 것 하나라도 최종상태에 도달할 수 있으면 입력 문자열을 수리한다고 정의한다.

오토머턴을 이용하면, 텍스트가 주어진 정규표현과 조합하거나 텍스트에 주어진 정규표현과 조합하는 부분이 존재하는가의 여부를 조사하는 일이 쉽게 실현될 수 있다. 먼저, 정규표현은 쉽게 비결정성 유한 오토머턴으로 번역하는 일이 가능하다[10]. 또한 임의의 비결정성 유한 오토머턴을, 그것과 같은 값의(같은 문자열을 수리한다) 결정성 유한 오토머턴으로 변환하는 방법이 알려져 있다[10]. 따라서 텍스트와 정규표현과의 조합은 다음과 같은 두 가지 방법으로 실현하는 일이 가능하다.

방법 1 : 정규표현을 비결정성 오토머턴으로 번역해, 이 비결정성 유한 오토머턴을 텍스트에 대해 동작시킨 다음, 수리 · 거부를 판정한다.

방법 2 : 정규표현을 비결정성 오토머턴으로 번역하고, 이 비결정성 유한 오토머턴을 결정성 유한 오토머턴으로 변환시킨 다음, 결정성 유한 오토머턴을 텍스트에 대해 동작시켜, 수리 · 거부를 판정한다.

이 두 가지 방법을 계산시간과 기억용량의 측면에서 비교해보면 다음과 같다[1][2][11]. 하나의 상태에 대해 하나의 입력문자를 부여했을 때, 천이시킨 곳의 상태가 일정 시간 내에 구해지는 경우에는 결정성 유한 오토머턴을 이용한 경우의 텍스트 전체 조합의 계산시간이 텍스트 길이(여기서는 n이라고 한다)에 비례하는 양이 된다. 또한, 그런 경우 필요한 기억영역의 크기는 텍스트나 정규표현에 관계 없이 거의 일정한 크기이다. 다만, 비결정성 유한 오토머턴(그 상태수를 m이라고 한다)을 결정성 유한 오토머턴으로 변환할 때는 최악의 경우 2^m에 비례하는 계산시간과 기억영역을 필요로 한다.

한편, 비결정성 오토머턴의 경우에는, 각 시점에서 그 시점에 가능한 모든 상태로부터 천이시킨 곳을 구하기 위해, 상태의 수를 m(이것은 정규표현의 길이와 거의 같다)이라고 하면, 한 문자를 읽어낼 때의 상태천이의 계산시간은 최대로, m에 비례하는 양이 된다. 따라서 텍스트 전체의 조합 계산시간은 mn에 비례하는 양이 된다. 또한 그때 필요한 기억영역의 크기는 상태의 수 m에 비례하는 크기가 된다. 단지, 위의 것은 어디까지나 최악의 경우를 산정한 것으로, 실제로는 계산시간과 기억용량이 그렇게 많이 필요하지 않다.

이상의 논의를 보면, 방법 1과 방법 2를 다음과 같이 구별하여 사용할 수 있다. 다시 말하면 대량의 입력 문자열과의 조합을 행하는 오토머턴을 설계하는 경우, 결정성 유한 오토머턴을 사용하는 것이 바람직하다. 한편 소규모의 조합처리를 할 경우에는, 결정성 유한 오토머턴으로 변환할 경우의 복잡성이나 변환처리의 계산시간을 무시할 수 없기 때문에 비결정성 유한 오토머턴을 그대로 사용하는 것이 좋다. 또한 유한 오토머턴은, 음성인식에서 사용되는 경우도 있어 제3장에서는 유한 상태천이의 모델로서 소개한다.

(3) 여러 가지 문자열과 텍스트의 조합

문자열의 패턴에는 복수의 문자열이 주어져, 이 가운데서 어떤 문자열과 일치하는 부분이 텍스트에 존재하는가의 여부를 조사하는 문제가 있다. 이것은 위에서 언급한 정규표현과 문자열과의 조합 문제가 가진 특수한 경우라고 생각해볼 수 있다. 이러한 설정의 경우에는 하나의 문자열과 텍스트의 조합을 효율적으로 행하는 KMP 알고리즘이, 복수의 문자열을 대상으로 할 수 있도록 일반화한 Aho - Corasick 알고리즘(AC algorithm)[1][2]이 유명하다.

(4) 근사적(近似的) 문자열 조합

앞에서 설명한 문제설정은 미리 결정된 문자열이나 정규표현에 정밀하게 조합하는 부분을 텍스트에서 찾아내는 일이었다. 반대로 주어진 문자열과 완전히 일치하지는 않지만, 어떤 기준을 근거로 하여 주어진 문자열과 유사한 부분을 찾아내는 문제설정도 생각해볼 수 있다. 이러한 문자열 조합의 문제는 일반적으로 근사적 문자열 조합(approximate string matching)이라고 하는데, 이러한 문제가 일어날 수 있는 경우를 보면 다음과 같다.

(ⅰ) chair와 chairs, study와 studies 등의 어미 변화를 흡수한 후에 문자열 조합을 한다.

(ⅱ) neighbor와 neighbour 등의 서로 다른 표기를 흡수한 후에 문자열 조합을 한다.

(iii) 텍스트 검색에서 부정확한 철자를 흡수한 후에 문
자열 조합을 한다.

(iv) 입력 오류나 OCR 판독 오류 등, 검색 대상의 텍스
트상의 오류를 흡수한 후에 문자열 조합을 한다.

보통 근사적 문자열 조합에서는, 두 개의 문자열 사이에 적당한 거리를 정의해놓고, 텍스트에서 이 거리가 너무 크지 않은 부분을 근사적 조합의 결과로서 도출해내는 방법이 이용된다. 그런 경우 사용되는 문자열 사이의 거리를 **편집거리**(edit distance)라고 부른다. 이것은 문자의 삽입, 삭제, 바꿔놓기 등 기본적인 조작만이 허용되어 한쪽의 문자열을 다른 쪽의 문자열로 바꿔쓰기를 할 경우, 필요로 하는 최소한의 조작횟수에 의해 정의된다.

또한, 실제로 조합을 행하는 알고리즘으로는 **동적계획법**(動的計劃法, dynamic programming, DP)에 기초한 것이 많이 이용된다[1][2][7].

1.6 전문(全文)검색

1.4절 (a)에서 설명한 키워드 검색은, 문서군(群)이 적절한 키워드 집합으로 표현된다는 것을 전제로 하기 때문에, 어떤 방법으로든 문서에서 키워드를 추출할 필요가 있었다. 키워드를 추출할 때는 수작업으로 인한 수고와 컴퓨터 처리상 어느 정도 계산코스트가 들기 때문에, 검색 대상이 되는 문서가 많을 경우나 문서의 추가, 삭제, 내용 변경 등이 빈번히 일어날 경우에는 적절한 키워드를 유지하는 일이 어렵다. 또한 적절한 키워드의 절대적 기준이 없기 때문에 수작업이든 컴퓨터를 이용하든 문서내용을 정확히 표현하는 완벽한 키워드를 반드시 추출한다는 보장을 할 수 없다.

그래서 이번에는 키워드 검색과는 다른 차원의 문서검색 방식을 소개하고자 한다. 이것은 문서에 대해서 미리 그 문서의 내용을 정확히 표현하는 키워드를 추출해놓는 것이 아니라, 문서 안에 있는 모든 문자열이나 단어를 키워드로 간주하고 검색하는 문서검색 방식이다. 이러한 방식의 문서검색을 **전문검색**(全文檢索, full text search)이라고 한다. 보통 전문검색은 문자열이나 단어 등 키워드에 준하는 것이 입력이라는 형태로 주어져서, 검색대상이 되는 문서 안에서 이들 문자열이나 단어가 나타나는 모든 위치를 검색 결과로서 출력한다. 입력 키워드를 대상 문서 안에서 탐색하는 것이 전문검색이 하는 중요한 처리이다. 이것을 위해서 여러 가지 방법이 고안되었다. 그 방법들은 입력 키워드를 탐색할 때, 검색대상이 되는 텍스트 데이터 이외에 색인 또는 인덱스라고 하는 부가적인 정보를 이용할 것인가 말 것인가에 따라 크게 두 가지 종류로 나눌 수 있다.

인덱스를 이용하지 않는 방법은 1.5절 (b)에서 설명한 문자열 조합이라는 방법으로, 검색 대상인 텍스트를 처음부터 끝까지 차례로 조사해서 입력 키워드와의 조합을 실행한다. 이 방법은 검색대상인 텍스트에 대해서 미리 인덱스를 작성해둘 필요가 없기 때문에 임의의 문서를 손쉽게 검색할 수 있는 반면, 검색대상인 텍스트 길이에 비례하는 검색 시간을 필요로 하기 때문에, 대규모 텍스트의 전문검색에는 적합하지 않다.

반면에 인덱스를 이용하는 방법은 비록 필요로 하는 양만큼의 기억용량은 증가하지만, 검색시간을 압도적으로 짧게 하는 일이 가능하다. 그래서 검색대상인 텍스트의 길이에 의존하지 않는 일정한 검색시간, 또는 검색대상인 텍스트의 길이에 비례하는 시간에 검색을 실행하는 일이 가능하다. 인덱스를 이용하는 방법에는, 어떠한 단위정보를 인덱스로 등록하는가에 따라 여러 가지 방법이 있다. 그러면 그 방법들 중에서 대표적인 것을 알아보자.

(a) 부분문자열/단어 인덱스를 이용한 전문검색

첫 번째 방법은, 고정된 길이의 문자열(한 문자에서 3~4문자 정도까지)이나 단어 등, 유한(有限) 길이 단위로 인덱스를 구성하는 경우이다. 이것은 부분문자열 인덱스, 또는 단어 인덱스를 이용하는 방법이다. 이 방법은 보통 키워드 검색에 필요한 정보 전체를 인덱스에 포함시키기 때문에, 키워드를 검색할 때 전문(全文) 텍스트를 참고할 필요가 없다. 다만, 그만큼 인덱스의 기억용량이 증가하게 된다.

부분문자열 인덱스, 또는 단어 인덱스를 이용한 전문검

색은 한 문자에서 3~4문자 정도의 부분문자열이나 단어
가 어떤 문서의 몇 번째 문자의 위치에 놓이는가를 기록해
놓고, 이 정보를 이용해 전문검색을 실행한다. 예를 들어
그림 1.13은, 세 개의 문서에 대해서 한 문자 인덱스, 두
문자 인덱스, 단어 인덱스를 각각 작성하는 모습을 나타낸
것이다.

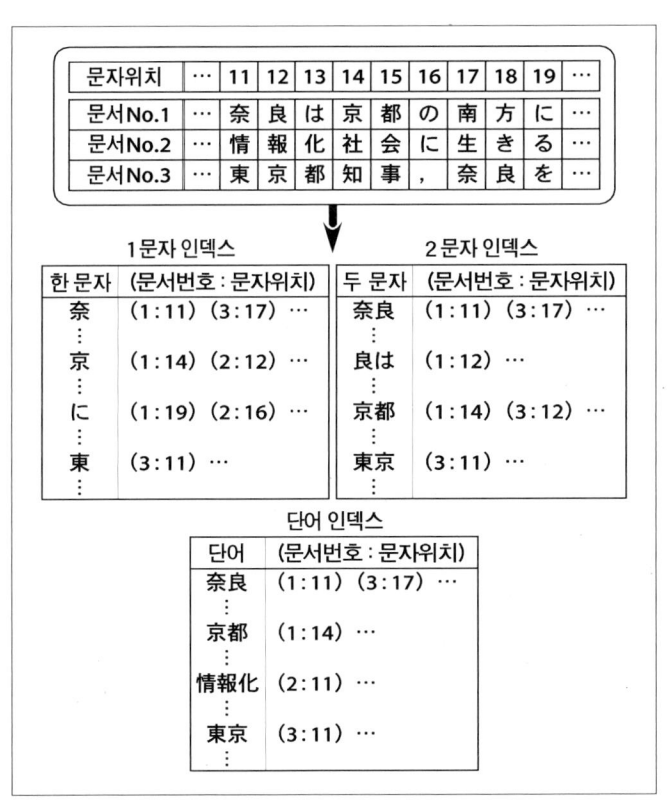

그림 1.13 전문 텍스트의
부분문자열/단어 인덱스
의 작성

그림 1.13과 같이, 모든 문자 또는 두 문자의 문자열이
나 단어에 대해, 이들이 포함된 문서번호와 문서 안의 문
자위치를 표 형식으로 기록한 것이 한 문자 인덱스, 두 문
자 인덱스, 단어 인덱스이다. 이들 인덱스 작성법은 기본
적으로 1.4절 (a)에서 설명한 역파일 방식에 따른 것이다.

그러나 키워드 검색의 경우처럼 적당한 키워드를 할당하는 것이 아니라 문서 안의 모든 문자, 문자열, 단어 등에 대해 인덱스를 작성한다는 점이 다르다.

이들 인덱스를 이용해 입력키워드 검색을 실행하는 경우는, 입력 키워드를 한 문자나 두 문자 또는 단어별로 나누어, 각각의 요소가 포함된 문서를 검색한 다음, 문자위치를 이용함으로써 각각의 요소가 연속해서 나타나는 문서만을 출력한다. 예를 들면, 한 문자 인덱스를 이용해 〈東京〉을 검색해보자. 먼저 〈東京〉이 〈東〉과 〈京〉으로 한 문자씩 나뉘어, 각각의 문자에 따라 한 문자 인덱스가 검색된다. 그 결과, 〈東〉에 대해서는 문서 3이, 〈京〉에 대해서는 문서 1과 문서 3이 검색된다. 동일한 문서 안에서 이 두 문자가 〈東〉, 〈京〉의 순서로 연속되는 것은 문서 3뿐이기 때문에 문서 3이 검색결과로 출력된다.

또한 그림 1.13에 나타난 것처럼 표 형식의 인덱스에 대해 입력키워드 검색을 실행할 경우에는, 2진 검색트리 방법, 해시(hash)법 등[11], 일반 데이터에 적용할 수 있는 효율적인 탐색방법을 이용할 수가 있어, 보통 검색대상인 텍스트에 의존하지 않고 일정한 검색 시간에 검색을 할 수 있다.

(b) 접미어 배열을 이용한 전문검색

또 하나의 방법은 검색대상인 텍스트 안에 있는 모든 위치에서 텍스트 마지막 부분까지 반무한 부분문자열(半無限部分文字列, semi-infinite string)을 인덱스 단위로 하는 것이다. 이러한 인덱스를 접미어 배열(接尾語配列, suffix array)[16]이라고 부른다. 이 방법은 검색시간보다 인덱스의 기억용량을 중시한 방법이다. 따라서 키워드 검색을 할 때 인덱스뿐만 아니라 전문 텍스트도 참조하면서 탐색을 실행함으로써 인덱스의 기억용량을 절감해준다. 다만, 키워드 탐색을 할 때 전문 텍스트를 참조하기 때문에 인터넷상에 분산되어 있는 임의의 텍스트를 전문검색하는 검색엔진[4][5][8][24] 등의 용도에는 적합하지 않다.

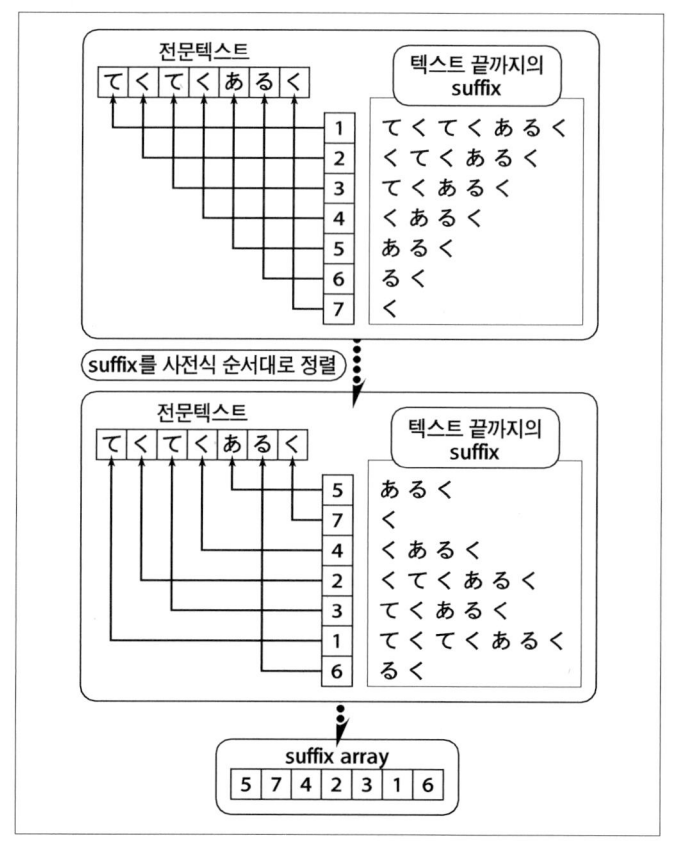

그림 1.14 전문 텍스트를 이용한 접미어 배열 작성

그림 1.14는, 〈てくてくあるく(터벅터벅 걷다)〉라는 전문 텍스트로 접미어 배열을 작성한 것이다. 먼저, 전문 텍스트 안의 모든 위치에서 텍스트 끝까지의 접미어를 구한다. 그리고 전문 텍스트 안의 각 접미어의 시작 위치를 기

억해둔다. 그러면 각 접미어는 반무한 부분문자열이 된다. 그 다음에는 이 모든 접미어를 사전식 순서대로 정렬한다. 그러면 전문 텍스트의 각 접미어 시작 위치도 정렬된 순서에 맞추어 다시 정렬할 수 있게 된다. 그리고 마지막으로 각 접미어의 전문 텍스트 안에서 시작 위치가 다시 정렬된 것을 인덱스로 기록한다. 이러한 인덱스를 접미어 배열이라고 한다. 접미어 배열은 전문 텍스트 안에 있는 모든 위치정보를 다시 정렬하기만 한 데이터이기 때문에, 다른 방법에 비해 인덱스의 기억용량이 적은 작업이다.

실제로 접미어 배열을 이용해 입력키워드 검색을 실행할 때는, 접미어 배열을 전문 텍스트와 비교해가면서 사전식 순서대로 정렬된 접미어에 대해서 2진트리 검색을 실행한다.

이 검색은 전문 텍스트 길이의 로그(log)에 비례하는 시간에 실행이 가능하다. 예를 들어 〈てく〉를 키워드로 해서 그림 1.14의 접미어 배열을 검색해보면, 전문 텍스트 안의 문자위치 1 또는 3이 검색된다. 이와 같이 접미어 배열을 이용하면 입력 키워드를 접두사(prefix)로 갖는 모든 접미어가 검색된다. 그 결과 전문 텍스트 안에 입력 키워드가 나타나는 모든 위치가 검색되는 것이다. 이러한 접미어 배열의 데이터 구조는 언어에 의존하지 않는 구조이기 때문에 어떤 언어에도 적용할 수 있다.

한편, 인덱스의 기억용량보다 검색시간을 중시하는 경우에는 접미어 배열에 저장된 위치정보를 1.5절 (a)에서 설명한 패트리샤에 저장하는 일도 있다. 패트리샤를 이용하면 인덱스의 기억용량은 늘어나지만 검색시간이 빨라진다. 이처럼 접미어 배열은 다양한 용도로 쓰인다. 예를 들어 컴퓨터를 이용해 〈Oxford English Dictionary〉를 편집하거나 검색할 때도, 패트리샤나 접미어 배열과 비슷한 기술이 쓰인다[6]. 또한 일본어 텍스트의 문자 통계를 효율적으로 계산하려는 목적으로 사용되기도 한다(1.2절 (a)). 한편, 접미어 배열을 이용해 전문(全文) 검색을 실행하는 패키지가 무료로 공개된 것도 있다[28].

제1장의 요약 정리

1.1 컴퓨터 내부의 문자코드화는 문자코드집합, 문자코드체계를 이용한다. 문자를 표시할 때는 폰트를 지정한다.

1.2 언어로 쓰여진 텍스트를 통계적으로 분석함으로써 언어 사용에 관한 다양한 특성을 알 수 있다.

1.3 일본어 문장의 형태소분석 처리는 품사체계, 활용형(活用型)·활용형(形) 일람(一覽), 형태소 사전, 접속표 등의 언어지식을 이용해 문장을 형태소로 띄어쓰고, 각 형태소에 대해 품사, (활용어의 경우) 활용형, 활용형(活用形), 기본형 등의 정보를 부여한다.

1.4 문서의 키워드 검색은 키워드 추출이나 자동색인이 딸린 기술을 이용해 자동적으로 키워드 집합을 추출함으로써, 검색 시스템 구축에 드는 비용을 절감시킨다.

1.5 문자열의 효율적인 검색에 알맞은 데이터 구조에는 트라이와 패트리샤가 있다. 한편, 문자열을 효율적으로 조합하는 방법에는 Boyer-Moore 알고리즘이 있다. 정규표현과 문자열의 조합에는 유한 오토머턴이 이용된다.

1.6 대규모 텍스트의 전문(全文)검색은 부분문자열, 단어, 반무한 부분문자열의 단위로 인덱스를 작성해 효율적인 검색을 실현한다.

2

문장의 해석과 이해

    사람들은 언어로 자신을 표현하고 다른 사람들과 정보를 교환한다. 경험, 지식, 사상 등을 언어로 표현하고, 다른 사람 또는 후세에 전하기도 한다. 컴퓨터의 등장으로 인해 문장이 전자화되고, 많은 문장의 축적이 가능해짐에 따라 네트워크를 매개로 한 다양한 정보에 접할 수 있는 시대로 접어들었다. 이는 컴퓨터에 의한 문장의 정보처리 기술이 발전한 결과라고 볼 수 있다. 앞으로 더욱 발전한 문서처리나 정보 액세스, 음성이나 화상이 첨가된 정보전달이 실현될 것이다.

    컴퓨터에 의한 문장의 정보처리 기술은, 컴퓨터가 등장한 이후에 자연언어 처리기술이라는 측면에서 연구되었다. 2장에서는 자연언어 처리기술의 중요한 주제인 문장의 해석과 이해에 관해 다루려고 한다. 먼저 문장의 해석과 이해에 대한 개념을 설명하고, 해석과 이해의 중요한 기술인 구문해석 기술을 소개한다. 그리고 자연언어 처리의 응용기술인 기계번역, 대화 시스템, 요약에 관해 설명하고자 한다. 끝부분에서는 정보가 어떻게 언어로 표현되는가를 설명한다.

2.1 해석·이해의 과정

자연언어 처리[1][21][39]는 문자열 또는 음성에 의한 언어표현에서 정보를 추출하는 처리(이해)나, 그 반대로 정보를 언어화시켜 문자열이나 음성에 의해 표현하는 처리(생성), 처리에 관련된 추론[3][30] 등을 내용으로 한다 (그림 2.1). 이와 같은 처리는 형태소분석, 구문해석, 의미해석, 문맥해석, 문장생성, 추론, 사전, 문법, 지식 등의 각 요소(要素)에 의한 기술로 표현된다. 또한 각 요소의 기술을 이용하여 자연언어 처리 응용시스템이 만들어진다. 전형적인 응용시스템으로는 다음과 같은 것이 있다.

· 기계번역 : 일본어 문장을 영어 문장으로 번역하는 등, 어떤 언어의 문장을 다른 언어의 문장으로 변환하는 시스템.
· 대화 : 정보검색, 비행기 좌석의 예약 등 사용자와 언어로 대화하는 시스템.
· 요약 : 문장의 중요한 내용만을 요약해서 제시하는 시스템.

그러면 이와 같은 응용시스템을 염두에 두고, 그 기본이 되는 문장의 해석과 이해에 대해 알아보자.

(a) 문장의 해석

기계번역, 대화, 요약 등의 응용시스템을 실현하기 위해서는, 문자열 또는 음성에 의한 언어표현의 구문이나 의미를 해석하여 응용 목적에 필요한 정보를 얻어내는 처리가 필요하다. 이러한 처리를 해석(analysis, parsing)이라고 하는데, 구체적으로는 다음과 같은 것을 조사한다.

- 대상으로 하는 언어표현이 어떤 어(語), 구(句), 절(節), 문(文)으로 형성되었는가.
- 어떤 어(語)와 어떤 어가 합쳐져 구(句)가 되었으며, 어떤 구와 어떤 구가 합쳐져 절(節)이 되었는가. 또 어떤 절과 어떤 절이 합쳐져 문(文)이 되었으며, 어떤 문과 어떤 문이 합쳐져 문장이 되었는가.
- 어(語), 구(句), 절(節), 문(文), 문장은 어떤 식으로 합쳐지는가.
- 어(語), 구(句), 절(節), 문(文), 단락(段落)은 어떤 의미를 나타내는가.
- 무엇이 주제인가.
- 무엇에 초점이 맞추어져 있는가.
- 어떤 어구(語句)가 생략되었으며, 대명사는 어떤 어(語)를 가리키는가.
- 무엇이 전제 조건이며, 읽는 쪽(듣는 쪽)은 어떤 것을 알고 있다는 가정 아래 문장을 표현하는가.
- 쓰는 쪽(말하는 쪽)은 무엇을 전하려고 하는가.

이상의 해석 결과를 통해 구문구조나 의미구조를 내부표현(internal representation)으로 추출할 수 있다[25](그림 2.1).

먼저, **구문구조**(構文構造, syntactic structure)의 예를 〈机の上に本がある(책상의 위에 책이 있다)〉라는 문(文)

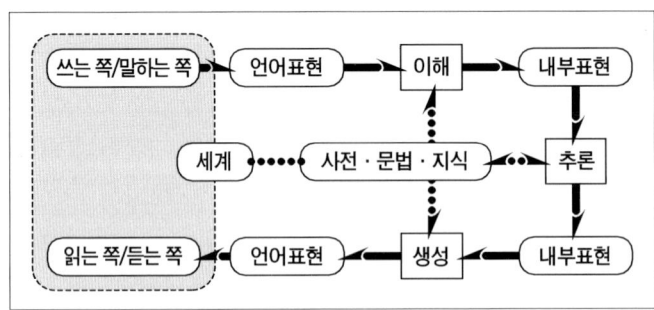

그림 2.1 자연언어 처리 시스템의 처리

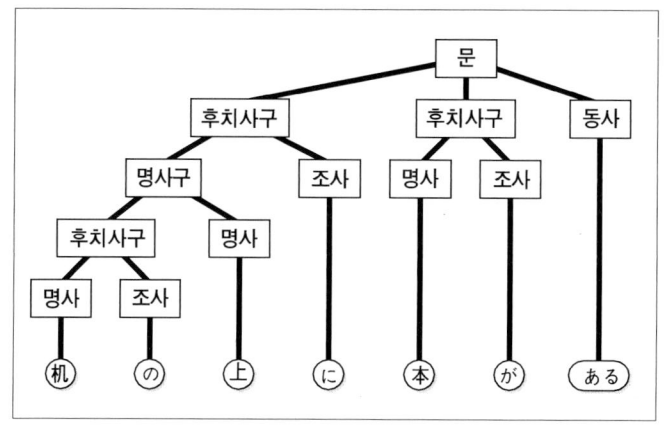

그림 2.2 나무 모양으로
표현한 구문구조의 예

으로 살펴보자. 이 문(文)의 구문구조는 그림 2.2와 같이
표현된다. 이와 같은 표현을 구문트리(syntactic tree)라
고 부른다. 이 문(文)은 〈机〉〈の〉〈上〉〈に〉〈本〉〈が〉〈あ
る〉라는 어(語)로 구성되어 있다. 이는 각각 명사, 조사,
명사, 조사, 명사, 조사, 동사라는 구문범주(품사)이다. 명
사 〈机〉는 조사 〈の〉와 결합해서 뒤에 위치하는 후치사구
(後置詞句)로 묶인다. 후치사구 〈机の〉와 명사 〈上〉가 결
합하여 명사구 〈机の上〉로 정리된다. 그리고 명사구 〈机の
上〉와 조사 〈に〉가 결합하여 후치사구 〈机の上に〉가 된다.
〈机の〉와 마찬가지로, 명사 〈本〉과 조사 〈が〉가 결합해 후
치사구 〈本が〉로 묶인다. 최종적으로 후치사구와 동사, 즉
〈机の上に〉와 〈本が〉가 〈ある〉와 결합해 문(文)이 된다.

　이러한 연속적인 결합이 이 문(文)의 구문구조이다. 그
리고 이 문(文)의 의미는 〈机の上〉에 대한 개념과 〈本〉에
대한 개념이, 각각 장소와 대상의 관계이기 때문에 〈ある〉
의 개념에 결합된 상태로 표현된다. 그림 2.3은 의미(意
味) 네트워크[21]에 의한 표현의 예를 든 것이다. 이러한
표현은 개념구조(概念構造, conceptual structure) 또는
의미구조(意味構造, semantic structure)라고 한다.

구문트리는 실제 나무와는
다르게 위아래가 거꾸로
표현되어 있다. 윗부분이
나무의 뿌리에 해당되고,
아랫부분은 잎에 해당된
다.

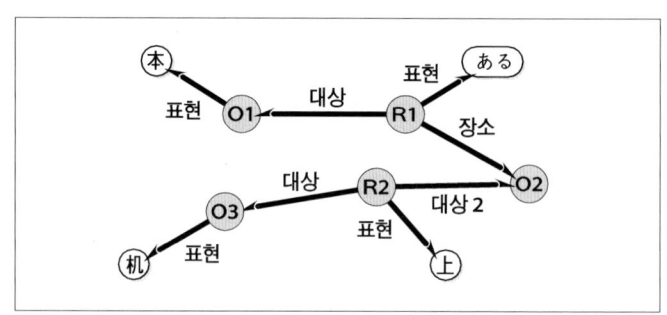

그림 2.3 의미 네트워크 표현에 의한 의미구조의 예

그림 2.3의 O1, O2, O3는 대상을 나타내고, R1, R2는 대상 사이의 관계를 표시한다. 예를 들면 O1은 말하는 쪽이 표현하는 「本」이라는 대상을 나타내고, 그것을 표현링크에 의해 더욱 언어적인 「本」으로 표현되는 것을 가리킨다. O2는 「本」이 있는 장소를 나타내고, O1과 O2가 「ある」라는 관계 R1에서 결합된다는 것을 나타낸다.

제2장에서는 해석과 이해를 중심으로 설명하지만, 해석과 이해의 역방향 처리에 관해서도 함께 설명해나갈 것이다. 해석과 이해는 문(文)이나 문장에서 구문구조나 의미구조를 구하는 처리이다. 이와는 반대로 구문구조나 의미구조에서 문(文)이나 문장을 구하는 처리를 생성(生成, generation)이라고 부른다(그림 2.1 참조). 생성은 주로 다음과 같은 처리를 실행한다.

· 무엇을 전달할 것인지 그 내용을 정한다.
· 내용을 표현하는 적절한 문(文) 또는 문장구조를 정한다.
· 적절한 어(語)를 선택한다.
· 문맥상 불필요한 어(語)를 생략하여 읽기 쉽고 일관성 있는 문장을 만든다.

해석이란 어떤 것인가에 대해 대략 설명했는데, 문장에서 의미구조를 파악하는 해석 과정은 자세히 분류하면 몇 가지 처리로 나눌 수 있다. 형태소분석, 구문해석, 의미해석, 문맥해석, 문장해석이 바로 그것이다.

(1) 형태소분석(morphological analysis) : 제1장에서 언급한 바와 같이 문자열을 형태소로 분할, 형태소에 품사를 부여하는 처리를 말한다.

(2) 구문해석(syntactic analysis) : 어(語)가 어떤 어(語)와 결합해 구(句), 절(節) 등의 구성요소를 형성

하는가를 조사해, 그 구조를 파악하는 처리를 말한
다. 여기서 얻어지는 구문구조가 바로 해석결과이다
(그림 2.2).

〔ある (대상 : 本) (장소 : 上(机))〕
(a) 격구조에 의한 표현

$\exists x, y, l$〔ある $(x, l) \land$ 本 $(x) \land$ 机 $(y) \land$ 上(l, y)〕
(b) 논리식에 의한 표현

그림 2.4 의미구조의 표
현

(3) 의미해석(semantic analysis) : 어(語)가 어떤 의미
   (개념)로 사용되며, 또 어와 어가 어떤 관계로 결합
   하는가를 조사하여, 그 구조를 파악하는 처리를 말
   한다. 그림 2.3은 의미 네트워크에 의한 표현 예
   (例)이다. 그림 2.3에 대응하는 내용을 격구조(格構
   造)로 표현한 예가 그림 2.4 (a)이고, 논리식으로 표
   현한 것이 그림 2.4 (b)이다. 격구조(case struc-
   ture)는 동사와, 그것을 수식하는 명사에 의해 만들
   어지는 구조이다.

(4) 문맥해석(contextual analysis) : 지시사(指示詞)
   가 어떤 어(語)를 지칭하는가, 또 어떤 표현이 생략
   되었는가를 조사하여 생략된 표현을 보완하는 처리
   를 말한다. 예를 들어 〈机の上に本があります. そ
   れを持ってきてください.(책상의 위에 책이 있습
   니다. 그것을 가져다 주세요.)〉라는 두 문(文)이 있
   다면, 두 번째 문(文)의 지시사 〈それ〉와 첫 번째 문
   (文)의 〈本〉은 같은 대상을 가리킨다. 이러한 관계
   를 조응(照應, conference)이라고 한다. 두 번째 문
   (文)에서는 〈持ってくる(가져오다)〉의 주체(主體)
   가 생략되었다. 두 번째 문(文)에서, 책을 가져온다

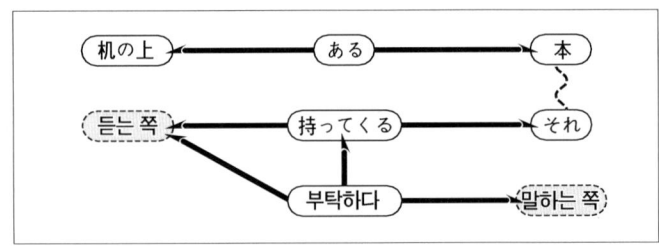

그림 2.5 문맥해석의 예

는 사실을 말하는 쪽이 듣는 쪽에게 부탁하고 있다. 그러나 말하는 쪽이나 듣는 쪽 그 자체에 대해서는 명확히 표현되어 있지 않다. 이러한 해석이 실행된 결과를 의미 네트워크로 간단히 나타낸 것이 그림 2.5이다.

(5) 문장해석(text analysis)：문(文)이 어느 문(文)과 어떤 관계로 결합되어 있는가 하는 구조를 조사하는 처리를 말한다. 그림 2.6은 문(文) 사이의 의미 관계를 나타내는 예이다[4]. 〈거기에서 버스를 탑니다〉, 〈다나시(田無)행 버스가 있습니다〉의 두 문(文)에서, 뒤의 문(文)은 앞의 문(文)을 구체화한다. 이 두 문(文)은 마지막 문(文)인 〈그 버스를 타세요〉에 대한 상황을 나타낸다. 이 세 개의 문(文)은 최초의 문(文)인 〈미타카(三鷹)역까지 오세요〉에 연결된 행위를 나타낸다.

형태소분석은 인접한 형태소를 조사해야만 해석이 진전된다는 점에서 국소적(局所的)이라고 볼 수 있다. 반대로

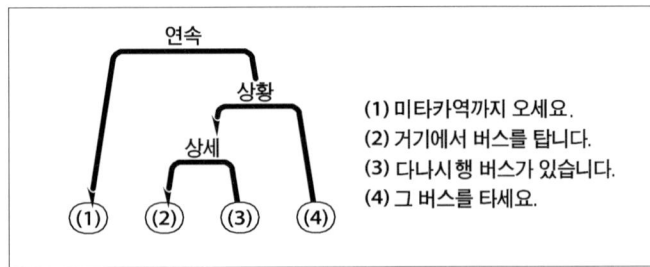

그림 2.6 문(文) 사이의 의미 관계[4]

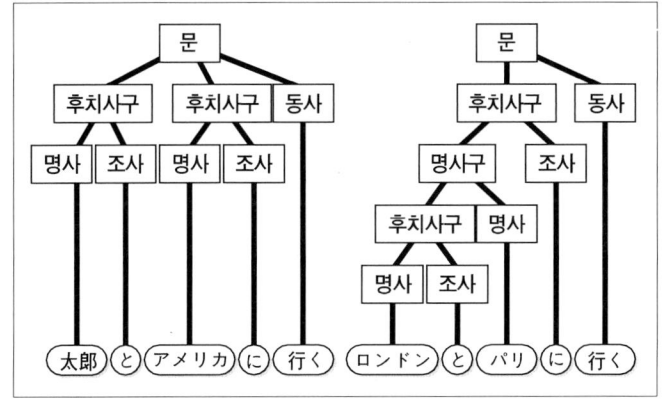

그림 2.7 같은 품사열에
대한 두 가지 구문구조

문맥해석은 문(文)을 초월하여 해석이 진전된다는 점에서
대국적(大局的)이다. 해석은 어느 범위를 조사하는가라는
점에서 문(文)의 모호성을 해소하는 데 관련이 있다. 해석
은 문장의 성질을 조사하여 구조를 파악하지만, 그 결과는
일반적으로 모호하다. 다시 말하면 문(文)의 구문구조 또
는 의미구조는 뜻이 반드시 일치한다고는 볼 수 없다. 예
를 들면 아래의 두 문(文)은 같은 품사열이지만, 그림 2.7
에 나타난 구문구조와는 다르다.

(1) 太郎   と   アメリカ   に   行く
    명사   조사   명사   조사   동사

(2) ロンドン   と   パリ   に   行く
    명사   조사   명사   조사   동사

해석 과정을 형태소, 구문, 의미 등의 해석으로 나누어
설명했는데, 각각의 해석결과의 모호함은 그 상위의 해석
에 의해 해소된다. 예를 들어, 형태소분석의 모호함은 구
문해석이나 의미해석으로 해소되고, 구문해석의 모호함은
의미해석이나 문맥해석으로 해소된다. 위의 (1)과 (2)에
나타난 모호함은 의미해석에 의해 해소되고 둘 중 적절한
것이 선택된다.

(b) 문장의 이해

일반적으로 자연언어 처리시스템은 문자열이나 음성의 입력을 적당한 내부표현으로 변환시켜, 거기에서 다른 내부표현을 추론한 다음, 입력에 대응한 출력을 생성한다(그림 2.1). 예를 들면, 영일(英日) 기계번역에서는 영어 문장을 해석하여 구문구조나 의미구조를 구한다. 그리고 그에 대응하는 일본어 구문구조나 의미구조를 찾아 일본어 문(文)을 생성한다. 데이터베이스에 대해 자연언어로 하는 질문은, 질문문(文)을 해석하여 내부표현을 구하여 데이터베이스에 조합한다. 그리고 질문에 대한 답(내부표현)을 구해 회답(回答)을 생성한다. 이러한 처리 과정을 사람의 행위에 대응시켜보자. 그러면 입력에서 내부표현을 얻는 부분이 문장(언어)의 이해에 해당하고, 추론한 결과에 의한 내부표현에서 문장을 생성하는 부분은 발화(發話) 또는 문장(언어)의 생성에 해당한다.

이렇게 보면, 이해라는 문제는 어느 입력문을 해석하여 어떤 내부표현을 추출하는가의 문제이다. 적절한 내부표현을 얻었다고 해서 이해했다고 하는 것은 논의의 여지가 있지만, 어쨌든 적어도 적절한 내부표현을 얻을 수 있다는 관점에서 이해할 수 있을 것이다.

이와 같이 문장의 이해는 내부표현을 어떤 관점에서 보는가에 따라 특징지어진다. 내부표현의 위치 지정에 관해서는 몇 가지 주장이 있다[10]. 그 중에서 기본적인 관점은 언어적·비언어적인 지식을 이용해서 문장의 내부표현을 구성하는 것에 대해 이해한다는 것이다. 대부분의 자연언어 처리 시스템은 이러한 처리를 한다. 한편 좀더 형식적인 관점은 내부표현을 논리적인 것으로 간주하는 것이다. 다시 말하면 문(文)의 의미를 아는 것과, 문(文)이 참이 되는 세계의 조건(진리 조건이라 한다)을 아는 것이다. 이런 관점을 형식의미론(形式意味論, formal semantics)[8]이라고 하는데, 주로 이론적인 면에서 연구가 진행되고 있다. 내부표현의 생성을 통해 이해하는 시스템에서도 지식에 비중을 둔 시스템의 경우, 대상영역의 지식을 활용하여 언어표현을 해석한 다음 적절한 내부표현을 구한다. 시스템의 지식은 부분적으로는 불완전하지만 그래도 세계모델로 간주된다. 그러한 점에서 지식에 비중을 둔 시스템은 처리면에서는 한 걸음 앞서 있다.

언어의 의미는 언어표현(기호)과 세상과의 대응을 생각하는 것만으로는 충분하지 않다. 언어 기호를 다루는 사람과의 관계도 고려해야 한다. 이와 같은 이론을 어용론(語用論, pragmatics)[15]이라 하며, 연구가 진행중이다. 어용론의 입장에서 보면, 언어의 의미는 언어를 말한 화자(話者)의 의도에 따라 정해지고, 그 의도를 인식하는 일이 바로 〈이해〉이다. 그리고 말을 한다는 것은 행위의 일종으로 간주된다[10][33]. 화자의 의도를 포착하는 관점에 대해서는 대화시스템 연구에서 다루고 있다[3].

지금까지 설명한 해석이나 이해는, 입력 문자열이나 음성을 내부표현으로 변환해보는 일이 가능하다는 점을 좀 더 보충하려는 것이다. 형태소분석은 문자열이 형태소열로 변환된 것이고, 구문해석은 형태소열이 구문구조로 변환된 것이다. 기계번역은 원문의 원언어(原言語, source language) 구조가 목적언어의 구조로 변환된 것이다. 이와 같은 변환은 구조 X에서 구조 Y로 단순히 변한 것으로 보이지만, 실제로는 그렇지 않다.

예를 들어 구문해석은 어(語)의 품사열에 대한 구조를 파악하는 것이지만, 그림 2.7처럼 같은 입력(품사열)에 대해서 일반적으로 복수의 구문구조를 얻는다. 의미적인 면에서도 자연언어의 모호함으로 인해 같은 입력에 대해서 복수의 구조가 대응할 수 있다. 말하는 쪽(쓰는 쪽)은 어떠한 의도, 문맥, 상황 속에서 한번에 문(文)을 생성했다고 해도, 듣는 쪽(읽는 쪽)의 입장에서는 말하는 쪽(쓰는 쪽)과 모든 지식을 공유한다고 볼 수 없기 때문이다. 그래서 말하는 쪽이나 쓰는 쪽의 의도를 추측하는 것을 비롯하여 복수의 해석이 가능해진다. 문장을 보내는 쪽과 받는 쪽의 지식이나 경험이 서로 다르다는 점에 언어에 의한 커뮤니케이션의 본질이 있다고 할 수 있다. 그런 관점에서 보면, 자연언어 처리에 있어서 모호함을 얼마나 줄일 수 있을 것인가, 또 모호함을 줄이기 위해서는 어떤 정보가 단서가 될 것인가 하는 과제가 남아 있다.

2.2 구문해석

(a) 구문해석의 목적

구문해석은 앞에서 설명한 것처럼 문(文)이 어떤 어(語), 구(句), 절(節)로 이루어졌는가를 조사하는 처리를 말한다. 여기에서 어, 구, 절 등을 **구성소**(構成素, constituent)라고 한다. 구성소가 적절히 결합하여 문(文)의 구문구조가 형성된다.

(b) 구문해석의 입력

구문해석은 일반적으로 어(語)의 열에 적용한다. 단어 순서는 형태소분석으로 얻어지는 것이다. 어(語) 레벨의 해석은 형태소분석으로 실행하고, 문(文) 레벨의 해석은 구문해석으로 나누어 처리하는 것에는 그만한 이유가 있다. 형태소의 구조는 구문구조만큼 복잡한 것이 아니기 때문에 국소적(局所的)으로 해석할 수 있어 좀더 효율적인 처리로 실행하는 것이 바람직하다는 것이다. 형식언어 연구에 의하면, 문법의 표현형식이 다르면 문법을 취급하는 대상 언어도 다르다고 알려져 있다[21]. 일반적으로 형태소 구조는 정규 문법에 따르기 때문에, 자연언어의 구문구조를 파악하기 위해서는 적어도 문맥자유문법 이상의 능력이 요구된다. 정규 문법은 유한 오토머턴에 의해 파악되어 효율적인 해석이 가능하다. 더욱 능력이 뛰어난 문법형식에 의해 하위 레벨을 표현하는 일이 가능하기 때문에, 형태소에 대한 규칙을 구문규칙으로 하면 형태소의 분석도 구문해석으로 실행할 수 있다.

(c) 문법

구문해석에 이용되는 문법은 일반적으로 문맥자유문법 또는 문맥자유문법을 확장한 것이다. 문맥자유문법(文脈自由文法, context free grammar)은 아래와 같은 형식의 규칙을 모아놓은 유한집합이다.

$$X_0 \rightarrow X_1 \cdots X_n$$

이것을 재기록 규칙(rewriting rule)이라고 부른다. X_0는 비종단기호(非終端記號, nonterminal symbol), X_i(i=1, $\cdots$, n)는 비종단기호 또는 종단기호(終端記號, terminal symbol)이다. 비종단기호는 문(文), 절(節), 동사구, 명사구 등 구문범주에 대응하여 몇 개 단어가 나열되어 만들어진 구조를 나타내고, 종단기호는 개별적인 단어를 나타낸다. 규칙 중에서 우변(右邊)이 단어인 것은 사전(辭典) 정보에 해당한다. 그림 2.8은 재기록 규칙의 예이다.

文 → 후치사구 후치사구 동사	동사 → 行く	명사 → ロンドン
文 → 후치사구 동사	명사 → 机	명사 → パリ
후치사구 → 명사 조사	명사 → 上	조사 → が
후치사구 → 명사구 조사	명사 → 本	조사 → に
명사구 → 후치사구 명사	명사 → 太郎	조사 → と
동사 → ある	명사 → アメリカ	조사 → の

그림 2.8 재기록 규칙의 예

재기록 규칙은 비종단기호인 문(文)에서 시작하여 우변의 비종단기호를 차례로 바꿈으로써 종단 기호열(記號列), 즉 단어열(單語列)을 얻을 수 있다. 이와 같은 과정을 도출(導出, derivation)이라고 한다. 그림 2.8의 규칙에 의한 도출의 예를 그림 2.9에 나타냈다. 그림 2.9에서는 비종단기호가 바뀐 부분에 밑줄을 쳐놓았다. 바꾸기가 가능한 비종단기호 중에서 가장 왼쪽에 있는 것을 바꿔놓았는데, 이것을 **최좌측 도출**(最左側導出, leftmost derivation)이라고 한다. 도출 과정에 의해 구문구조가 얻어진다고 볼 수 있는데, 최좌측 도출을 통해 다른 구문구조가 얻어졌을 때는 문(文)이 모호해진다. 2.1절에 있는 그림 2.7이 그 대표적인 예이다.

文 ⇒ <u>후치사구</u> 후치사구 동사 ⇒ <u>명사구</u> 조사 후치사구 동사

  ⇒ <u>후치사구</u> 명사 조사 후치사구 동사 ⇒ <u>명사</u> 조사 명사 조사 후치사구 동사

  ⇒ 机 <u>조사</u> 명사 조사 후치사구 동사 ⇒ 机 の <u>명사</u> 조사 후치사구 동사

  ⇒ 机 の 上 <u>조사</u> 후치사구 동사 ⇒ 机 の 上 に <u>후치사구</u> 동사

  ⇒ 机 の 上 に <u>명사</u> 조사 동사 ⇒ 机 の 上 に 本 <u>조사</u> 동사

  ⇒ 机 の 上 に 本 が <u>동사</u> ⇒ 机 の 上 に 本 が ある

그림 2.9 도출(導出)의 예

(d) 차트 해석법

구문해석에는 하강형(下降型)과 상승형(上昇型)이 있다. 하강형은 개시기호(記號)의 문(文)에서부터 입력 단어열을 도출하여 문(文)의 구조를 구하는 방법이다. 반대로 상승형은 도출 과정의 규칙을 거꾸로 적용하여 단어열에서부터 개시기호의 문(文)을 얻음으로써 문(文)의 구조를 구하는 방법이다. 구문해석의 알고리즘에는 여러 가지가 있다[38]. 그 중에서도 자연언어 처리에 자주 사용되는 차트 해석법을 설명한다. **차트 해석법**(chart parsing method)에는 상승형과 하강형이 있으나, 여기에서는 상승형에 대해서만 언급하기로 한다. 차트해석은 자연언어 처리 연구에 광범위하게 이용되고 있으며, 기본적인 프로그램은 자연언어 처리나 인공지능에 쓰인다[7][30].

차트 해석은 부분적인 구문트리를 항목(item)이라는 형식으로 표현하며, 한 개의 항목에 두 개의 해석순서를 적용해 새로운 항목을 생성하는 작업을 반복해서 실행한다.

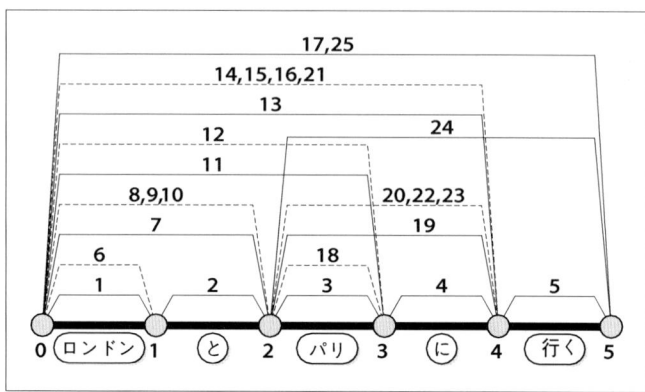

그림 2.10 차트의 그래프
표현

단어열 전체가 문(文) 범주의 항목에서 파악이 되면 해석은
성공한다. 차트(chart)는 항목이 모인 것으로, 해석의 부분
결과를 중복하여 표현하지 않기 때문에 효율적인 해석을 할
수 있다. 차트는 그래프로 표현하여 해석 상태를 알기 쉽게
볼 수 있다. 그림 2.10에서 에지(edge) 위에 있는 번호는
표 2.1에 나타낸 항목의 번호이다. 어(語) 사이의 숫자는
단어의 위치를 나타내는 번호이다. 그림에서 같은 어열(語
列)에 겹치는 같은 종류의 에지는 한 개만 표시되어 있다.

(1) 입력

입력문은 단어열로 이루어진다. 문(文)이 n단어로 구성
되어 있을 때 단어의 위치 번호를 대응시켜 i번째의 단어
를 w_i라고 하면 입력은 다음과 같이 표현된다(그림 2.10).

$$0 \ W_1 \quad W_2 \ _2 \ \cdots \ _{n-1} \ W_n \ _n$$

(2) 항목

부분적인 구문트리는 문법규칙에 대응하고, 항목은 문법
규칙을 형식적으로 표현한다. 문법규칙 $X_0 \rightarrow X_1 X_2 \ \cdots \ X_n$

표 2.1 해석에 의해 만들어지는 항목

번호	항목	절차
1	[0, 1, 명사 → パリ・]	
2	[1, 2, 조사 → と・]	
3	[2, 3, 명사 → パリ・]	
4	[3, 4, 조사 → に・]	
5	[4, 5, 동사 → 行く・]	
6	[0, 1, 후치사구 → 명사・조사]	예측 (1)
7	[0, 2, 후치사구 → 명사 조사・]	결합 (2, 6)
8	[0, 2, 명사구 → 후치사구・명사]	예측 (7)
9	[0, 2, 문 → 후치사구・동사]	예측 (7)
10	[0, 2, 문 → 후치사구・후치사구 동사]	예측 (7)
11	[0, 3, 명사구 → 후치사구 명사・]	결합 (3, 8)
12	[0, 3, 후치사구 → 명사구・조사]	예측 (11)
13	[0, 4, 후치사구 → 명사구 조사・]	결합 (4, 12)
14	[0, 4, 명사구 → 후치사구・명사]	예측 (13)
15	[0, 4, 문 → 후치사구・동사]	예측 (13)
16	[0, 4, 문 → 후치사구・후치사구 동사]	예측 (13)
17	[0, 5, 문 → 후치사구 동사・]	결합 (5, 15)
18	[2, 3, 후치사구 → 명사・조사]	예측 (3)
19	[2, 4, 후치사구 → 명사 조사・]	결합 (4, 18)
20	[2, 4, 명사구 → 후치사구・명사]	예측 (19)
21	[0, 4, 문 → 후치사구 후치사구・동사]	예측 (10, 19)
22	[2, 4, 문 → 후치사구・동사]	예측 (19)
23	[2, 4, 문 → 후치사구・후치사구 동사]	예측 (19)
24	[2, 5, 문 → 후치사구 동사・]	결합 (5, 22)
25	[0, 5, 문 → 후치사구 후치사구 동사・]	결합 (5, 21)

에 대해 활성 에지(active edge)와 불활성 에지(passive edge)라는 두 종류의 항목이 정의된다. 그림 2.10에서는 활성 에지는 점선, 불활성 에지는 실선으로 나타냈다.

활성 에지

$$[i, \ j, \ X_0 \rightarrow X_1 \ X_2 \ \cdots \ X_k \cdot X_{k+1} \ \cdots \ X_n]$$

불활성 에지

$$[i, \ j, \ X_0 \ \rightarrow \ X_1 \ X_2 \ \cdots \ X_l \ \cdot \ ]$$

활성 에지는, 단어열 w_{i+1}에서 w_j까지의 구조가 구문범주열 $X_1 X_2 \cdots X_k$로 해석되면 단어위치 j 이하의 구문범주열이 $X_{k+1} \ \cdots \ X_n$의 형식으로 예측되고, 그에 따라 해석되면 구문범주 X_0의 구조가 구해진다는 것을 나타낸다. 불활성 에지는 단어열 w_{i+1}부터 w_j까지의 구조가 구문범주열 $X_1 X_2 \cdots X_l$로 해석되고, 그것이 구문범주 X_0로 모아질 수 있다는 것을 나타낸다.

(3) 해석 절차

해석 절차에는 예측과 결합의 두 가지가 있다.

예측 : 불활성 에지 $[i, j, X_0 \rightarrow X_1 \cdots X_k \cdot]$에 대해 문법규칙 $Y_0 \rightarrow Y_1 \cdots Y_m$에서 $X_0 = Y_1$이 되는 모든 것에서 $[i, j, Y_0 \rightarrow Y_1 \cdot Y_2 \cdots Y_m]$ 항목을 만든다. 이 문법규칙의 우변이 하나($m = 1$)이면 이 항목은 불활성 에지이다.

결합 : 활성 에지 $[i, k, X_0 \rightarrow X_1 \cdots X_l \cdot X_{l+1} \cdots X_n]$과 불활성 에지 $[k, j, Y_0 \rightarrow Y_1 \cdots Y_m \cdot]$이 있을 때 $X_{l+1} = Y_0$이면, $[i, j, X_0 \rightarrow X_1 \cdots X_{l+1} \cdot X_{l+2} \cdots X_n]$ 항목을 만든다. X_{l+2} 이하가 비어 있으면, 이 항목은 불활성 에지이다.

예측 절차는, 어열(語列) w_{i+1}에서 w_j가 구문범주 X_0로 해석되어 $X_0 = Y_1$이면 단어위치 j 이하의 어열에 대해 구문범주열 $Y_2, \ \cdots, \ Y_m$이 예측된다는 것을 의미한다. 결합 절차는, 어열 w_{i+1}에서 w_k 다음이 구문범주 X_{l+1}으로 예측되어, 어열 w_{k+1}에서 w_j가 구문범주 Y_0로 해석되었을 경우 $X_{l+1} = Y_0$이라면, 어열 w_{i+1}에서 w_j가 구문범주열 $X_1, \ \cdots,$

X_{i+1}이 된다는 것을 의미한다.

(4) 차트 해석

처음에는 차트를 비워두고 어(語)에 대한 항목(불활성 에지)을 **아젠더**(agenda)라는 리스트에 넣어둔 다음 아래와 같은 절차를 반복한다.

〔1〕 아젠더에 항목이 없으면 해석이 끝난다.

〔2〕 아젠더에서 항목을 하나 꺼내어, 그 항목을 차트에 추가시킨다.

〔3〕 〔2〕의 아젠더에서 꺼낸 항목에 해석 절차를 적용한 새로운 항목을 만들어, 그것과 같은 항목이 아젠더와 차트에 없으면 아젠더에 추가시킨다. 결합형 절차에서 또 하나의 항목을 차트에서 꺼내온다.

〔4〕 새롭게 만들어진 항목이 문(文)에 대한 것이면, 그 항목은 하나의 해석이 된다.

아젠더가 비워질 때까지 위에서 설명한 조작을 되풀이하면 입력문의 전체 구문트리를 얻을 수 있다. 만일 입력이 비문법적인 문(文)이라면, 문(文)에 대한 항목은 얻어지지 않는다. 비문법적이라는 것은, 주어진 문법규칙에 따라 도출을 해도 입력 단어열이 얻어지지 않는 것을 뜻한다. 문(文)의 구문트리는 문(文)에 대한 항목을 이끌어낸 항목을 순서대로 더듬어가면 얻을 수 있다. 이 계산은 원래대로 된 항목정보를 항목표현에 포함시키면 간단하게 할 수 있다.

(5) 해석의 예

그림 2.8의 규칙을 이용해 〈ロンドンとパリに行く(런던

과 파리에 간다)〉를 해석할 수 있다. 그리고 해석으로 얻어진 항목을 표 2.1과 같이 나타낼 수 있는데, 이것을 그래프로 표현한 것이 그림 2.10이다. 예측 또는 결합 절차의 괄호 안 번호는, 사용한 항목의 번호이다. 표 2.1의 1에서 5까지 번호의 항목(불활성 에지)이 처음에 아젠더에 추가되어 해석이 시작된다. 이 해석에서는 문(文)에 대한 두 개의 항목(표 2.1의 17과 25)이 얻어지고, 다음과 같은 두 개의 구조가 얻어진다. 이것은 그림 2.7의 두 개의 구문트리에 대응한다.

[[[[[ロンドン]名詞 [と]助詞]後置詞 [パリ]名詞]名詞句 [に]助詞]後置詞 [行く]動詞]文
[[[ロンドン]名詞 [と]助詞]後置詞 [[パリ]名詞 [に]助詞]後置詞 [行く]動詞]文

(e) 문법의 확장

지금까지 설명해온 문법은 단문 또는 간단한 명사구(名詞句) 규칙이었지만, 실제로 문(文)을 취급하려면 격관계

$$
\begin{bmatrix}
cat: & S \\
head: & \begin{bmatrix} form: & finite \\ subject: & \begin{bmatrix} agreement: & \begin{bmatrix} number: & singular \\ person: & third \end{bmatrix} \end{bmatrix} \end{bmatrix}
\end{bmatrix}
$$
(a) Tom sleeps

$$
\begin{bmatrix}
cat: & NP \\
head: & \begin{bmatrix} agreement: & \begin{bmatrix} number: & singular \\ person: & third \end{bmatrix} \end{bmatrix}
\end{bmatrix}
$$
(b) Tom

$$
\begin{bmatrix}
cat: & VP \\
head: & \begin{bmatrix} form: & finite \\ subject: & \begin{bmatrix} agreement: & \begin{bmatrix} number: & singular \\ person: & third \end{bmatrix} \end{bmatrix} \end{bmatrix}
\end{bmatrix}
$$
(c) sleeps

그림 2.11 특징구조의 예
〔34〕

(格關係—동사와 명사의 관계), 관계절(關係節), 병렬(竝列), 수동(受動), 사역(使役), 부정(否定), 주제화(主題化) 등 다양한 언어 현상을 다루어야 한다. 또 관계절이나 주제화에서는 거리가 먼 구성소간의 의존관계를 표현하지 않으면 안 된다. 그런데 문맥자유문법에서는 그것을 표현하기가 어렵기 때문에 문맥자유문법을 확장해서 적용하는 방안이 검토되고 있다. 과거에는 확장이 절차(프로그램)에 의해 실행되었지만, 최근에는 **단일화문법**(單一化文法, unification grammar) 방식에 대한 연구가 진행되고 있다[20].

특징구조(feature structure)라는 표현형식은 문법과 사전을 기술해 놓고 단일화(unification)라는 연산(演算)에 의해 해석된다. 그림 2.11은 특징구조의 예를 나타낸다[34]. 세 개의 특징구조는 각각 Tom sleeps, Tom, sleeps에 대응하는 구조를 나타낸다. 특징구조는 특징(feature)이라고 하는 속성과 그 값에 대한 집합을 말한다. 또한 값은 특징구조를 받아들이는 재귀적(再歸的)인 구조이다. 그림 2.11 (a)를 설명하면 Tom sleeps의 특징구조는 구문 범주 특징(*cat*)의 값이 S(文), 주사특징(主辭特徵, *head*)의 값이 특징구조이다. 특징구조의 내용은 어형특징(語形特徵, *form*)의 값이 정형(定形, *finite*), 주격특징(主格特徵, *subject*)의 일치특징(一致特徵, *agreement*)의 값이 3인칭 단수라는 것을 나타낸다.

단일화문법의 예로서, 그림 2.12는 PATR 형식에 의한 표현을 나타낸 것이다[34]. (1)의 규칙은 다음과 같이 해석된다. NP(명사구)와 VP(동사구)에서 S(文)가 구성되고, S의 주사특징의 값은 VP의 주사특징의 값과 같다. S의 주사특징의 주격특징의 값은 NP의 주사특징의 값과 같다. (2)의 규칙은 V(동사)가 VP가 되어 VP의 주사특징의 값이

그림 2.12 단일화문법의
예[34]

$$(1)\ S \rightarrow NP\,VP$$
$$\langle S\,head \rangle = \langle VP\,head \rangle$$
$$\langle S\,head\,subject \rangle = \langle NP\,head \rangle$$
$$(2)\ VP \rightarrow V$$
$$\langle VP\,head \rangle = \langle V\,head \rangle$$

V의 주사특징의 값과 같음을 나타낸다. 이러한 형식으로
영어 문장의 인칭과 수(數)를 다룰 수 있다.

그림 2.11 (a)는 이러한 표현형식에 의해 문(文)을 해석
한 예이다. 현재 Tom과 sleeps에 대해 그림 2.11 (b)와
(c) 두 개의 특징구조가 사전(辭典)정보로 주어져, 규칙으
로는 그림 2.12가 있다고 가정해보자. 이런 경우, 규칙의
특징에 관한 제약에 따라 단일화 연산을 실행함으로써
Tom sleeps의 구조가 (a)와 같이 얻어진다. 상세한 사항
은 참고문헌을 참조하기 바란다[20][34].

단일화문법에서는 다른 어(語)와의 관계에 대한 정보를
어(語)의 사전항목에 기술해놓는 방법을 많이 쓴다. 동사
와 명사 사이의 격관계에 관한 제약이 그러한 예이다. 즉
⟨太郎が公園を歩く(다로가 공원을 걷는다)⟩, ⟨太郎が子
供にお菓子をあげる(다로가 아이에게 과자를 준다)⟩에서
⟨歩く(걷다)⟩는 ガ격·ヲ격을, ⟨あげる(주다)⟩는 ガ격·
ニ격·ヲ격을 취하는 것과 같이 동사에 따라 격이 달라진
다. 또 어(語)에 의존하는 성질은 각각의 어(語)의 사전항
목에 기입하고, 어(語)에 의존하지 않는 일반적인 것은 문
맥자유문법 등의 규칙레벨로 기술된다.

(f) 의존구조

지금까지 다루어온 규칙은 구구조(句構造, phrase

structure)라는 사고방식을 토대로 한 것이었다. 구(句)구조를 파악하는 방법으로 명사구 또는 동사구 등 어(語)보다 큰 구조에 대한 추상적인 단계를 두었지만, 추상적인 단계를 염두에 두지 않고 문(文)과 어(語)의 수식·피수식 관계로 파악하는 방법이 **의존구조**(依存構造, dependency structure)이다. 예를 들어, 〈昨日の朝きれいな女の人に會ったよ(어제 아침 예쁜 여자아이를 만났어)〉의 의존구조는 그림 2.13과 같이 나타낼 수 있다.

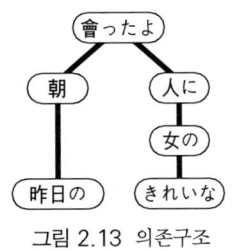

그림 2.13 의존구조

이와 같은 표현은, 주어나 목적어가 생략되거나 주어·목적어의 어순에 어느 정도 자유도(自由度, degree of freedom)가 있는 일본어에서 자주 이용된다.

(g) 확률문법

문(文)의 구문구조는 보통 모호하기 때문에 모호함을 해소하려면 의미해석, 문맥해석이 필요하다. 그런데 의미해석이나 문맥해석 기술은 구문해석에 비하면 아직 불완전하다. 그래서 구문해석 단계에서 통계정보를 이용해 확률이 높은 구조를 구하는 방법이 연구되고 있다[17][21].

구문규칙에 그 규칙이 적용되는 확률을 갖게 하고, 구문트리 전체의 확률은 구문트리를 구하기 위해 적용된 규칙의 확률의 제곱으로 구한다. 또 각 규칙의 확률은 대량의 코퍼스(문장데이터)를 이용하여 계산한다. 각각의 문(文)의 정확한 구문구조를 구한 다음 각 규칙에 적용되는 확률을 계산한다. 더 세밀한 방법으로는 규칙이 어떤 구문범주 또는 어(語)에 관련해서 적용되는가를 고려하여 계산하는 방법이다. 영어로 된 경제기사를 구문해석한 결과 80% 이상의 정답이 얻어졌다는 보고가 있다.

(h) 구문해석의 과제

구문해석이 자연언어 처리시스템의 핵심이 되기 위해서는 기술적인 면에서 아직 과제가 남아 있다. 그 내용을 정리하면 다음과 같다.

(1) 문법과 사전의 개발

언어표현이 다양하기 때문에 각각을 규정하는 규칙을 개발하기는 쉽지 않다. 영어는 대규모의 문법이 몇 가지 개발되어 있지만, 전부 사람에 의해 만들어진 것이다. 격구조(格構造)는 어(語)에 의존한 성질이지만, 이러한 언어지식도 아직까지 수작업에 의존하고 있다. 언어지식은 워낙 방대할 뿐만 아니라 그 다양성으로 인해 수작업에 의한 문법 또는 사전 개발에 많은 어려움을 겪고 있다. 코퍼스를 이용해 문법이나 사전을 만들려는 시도의 중요성이 바로 여기에 있다.

(2) 문법규칙에 의존하지 않는 해석

다양한 표현에 두루 적용되는 문법규칙의 개발이 쉽지 않다는 전제 아래, 2.3절에서도 설명하겠지만 유사한 용례(用例)를 기초로 해석하는 방법이 있다. 또 일반적인 문(文)은 길어서 명사구, 동사구 등 병렬구조가 가끔은 인정되지만, 그러한 구조에 대해 부분구조간의 유사성을 시소러스를 이용해 계산한 다음 구문해석을 하는 방법도 있다. 이들 방법을 발전시켜 문법규칙에 의한 방법을 조합하여 해석하는 방법도 생각해볼 수 있다. 앞으로 여러 가지 방법을 구사한 해석 능력의 향상이 기대된다.

(3) 충실한 해석

실제의 문장은 표현방식이 다양하기 때문에, 모든 문장이 반드시 문법적이라고 볼 수는 없으며 시스템 문법지식이 모든 문장을 포용한다는 것도 사실상 어렵다. 그래서 다양한 언어표현을 해석하기 위해서 가급적 엄밀한 해석은 하지 않는 대신, 어(語) 사이의 의존관계 정도를 파악하는 구문해석 시스템 개발이 진행되고 있다. 경우에 따라서는 부분해석 결과만을 얻으려는 발상도 있다. 따라서 통계정보나 용례를 이용해 종합적인 해석능력을 향상시키는 방법도 앞으로 기대해볼 만하다.

(4) 응용시스템의 구문해석

응용시스템에 따라서 대상이 되는 어(語)가 적어지고, 구문도 제한되는 경우가 있다. 그러한 경우, 반드시 일반적인 구문규칙에 따라 명사구나 동사구 등을 해석할 필요는 없다. 시스템의 목적은 구문트리를 얻는 것이 아니기 때문에, 어구의 패턴과 의미정보와의 관계를 규칙화해서 어열(語列)에서 직접 의미표현을 구하는 방법도 개발되고 있다. 앞으로 응용대상 영역을 한정한다고 해도, 개별적으로 하나하나 만드는 것이 아니라 계통적으로 시스템을 개발해나가는 기술이 바람직하다.

(5) 의미해석과의 관련

고도의 언어처리를 하기 위해서는 의미를 되도록 많이 다루는 것이 좋겠지만, 그러기 위해서는 구문해석의 결과가 의미해석에 제대로 연결되어야 한다. 같은 내용이라도 언어표현은 무척 다양하다. 이때 어떤 말투를 쓰든 의미적으로는 같다는 것을 인식할 필요가 있다. 그래서 동사 표현의 다양성을 포괄하는 격구조 연구가 진행되고 있는데, 앞으로 차차 해결해야 할 과제라고 할 수 있다.

(6) 일반적으로 이용 가능한 소프트웨어 개발

지금까지 여러 가지 방법으로 많은 프로그램이 개발되었는데, 언어의 다양성과 양을 생각하면 자연언어 처리시스템을 개발할 때마다 구문해석 프로그램을 만드는 것은 번거로운 일이다. 그래서 일반적으로 사용할 수 있는 KNP라는 일본어 문장해석 시스템, 확률일반화 LR법이라는 구문해석 시스템 등이 개발되어 있는데, 해당 인터넷 홈페이지〔14〕〔29〕에서 구할 수 있다.

KNP 해석 시스템은 일본어 장문(長文)에 대처할 수 있는 일반성을 지니고 있다. 다시 말하면 일본어 장문에는 명사나 동사의 병렬구조가 많기 때문에 이러한 구조를 동적(動的) 계획법을 이용해 효율적으로 해석한다. 확률일반화 LR 구문해석 시스템은 LR법이라는 효율적 해석법을 자연언어에 대처하기 위해 일반화시킨 다음 확률을 도입하여 모호함에 대처한다. 앞으로 이러한 해석 시스템의 해석능력이 더욱 향상되어 잘 정비된 대규모 문법이나 사전처럼 이용이 가능해지면 표준기술로 사용될 것으로 기대된다.

2.3 기계번역

기계번역(機械飜譯, machine translation)에 대한 연구는 오래 전부터 거듭돼왔지만 상당히 어려운 과제라고 할 수 있다. 번역은 인간에게는 대단히 지적인 작업이기 때문에 번역의 기계화를 위해서는 많은 노력이 필요한데 일기예보, 논문 요약, 기계 매뉴얼, 경제뉴스 속보 등 적용 가능한 대상에 실제로 응용되고 있다. 기계번역 시스템은 해석, 생성, 사전 등의 기술을 종합한 것이므로 그러한 기초기술이 발전하면 기계번역도 더불어 발전할 것으로 기대된다.

기계번역과 관련된 기술은 다양하다. 예를 들어 번역방식, 해석·생성·변환 같은 언어처리법이나 사전, 전·후 편집, 시스템 작성·유지, 평가 등이 바로 그것이다. 시스템 작성·유지의 간편성, 전·후 편집의 필요성, 번역의 품질은 번역방식과 언어처리법에 의존하기 때문에, 이 두 가지는 기계번역의 핵심기술이다. 다만, 기계번역 시스템은 실제로 이용되고 나서야 의미를 갖기 때문에 전·후 편집의 필요성, 시스템 사용과 작성의 간편성, 유지비용, 품질평가 등의 요소가 중요하다. 예를 들면 국제회의의 동시통역사는 미리 전문용어를 조사해놓지만, 번역 시스템은 구입하자마자 그 성능을 발휘할 수 있는 것이 아니기 때문에 적용영역에 맞추어 조정한 다음에 사용하기 시작하는 것이다. 또한 사용하고 난 후에도 지속적으로 사전 등을 수정해나갈 필요가 있다. 따라서 기계번역은 핵심기술을 토대로 해서 시스템 작성과 유지, 간편한 조작 등의 기술과 합쳐져 종합적인 시스템으로 발전해나가야 한다.

여기에서는 주로 기계번역 기술의 기본이 되는 번역방식에 대해 알아보고자 한다. 그에 앞서 기계번역 시스템이 극복해야 하는, 타언어(他言語) 사이에 발견되는 대응관계의 특징을 살펴보자.

(a) 타언어 사이에 발견되는 대응

번역작가는 문장의 의미를 해석하는 것은 물론 경우에 따라서는 배경이 되는 문화나 역사 등을 참고하여, 읽는 사람을 염두에 둔 번역문장을 만들어낸다. 그러나 기계번역 시스템으로 번역을 시도할 때는 우선 타언어간 언어구조의 기본적인 차이점을 고려하는 것이 급선무이다 [21][41]. 예를 들어 일본어와 영어의 기본적인 차이점은 다음과 같다.

(1) 일반적으로 어순이 다르다.

알다시피 일본어는 SOV(주어＋목적어＋동사)형이고, 영어는 SVO형이다. 일반적으로 타언어간의 어순은 다르다.

(2) 대응하는 어(語)의 품사가 다른 경우가 있다.

일본어의 ⟨3冊の本(3권의 책)⟩은 영어의 ⟨three books⟩에 대응하지만, 일본어 구(句)의 구조는 ⟨수사＋の＋명사⟩이고, 대응하는 영어 구(句)는 ⟨형용사＋명사⟩이다.

(3) 어(語)가 항상 일대일로 대응하는 것은 아니다.

영어의 ⟨play the piano⟩, ⟨play the flute⟩, ⟨play baseball⟩은 각각 일본어로는 ⟨ピアノを引く(피아노를 치다)⟩ ⟨フルートを吹く(플루트를 불다)⟩, ⟨ベースボールをする(야구를 하다)⟩에 대응하지만, 영어의 ⟨play⟩는 일본어로는 ⟨引く⟩ ⟨吹く⟩ ⟨する⟩ 등으로 번역이 나누어진다. 하나의 어(語)에 복수의 어(語)가 대응하는 셈이다.

(4) 하나의 어(語)가 두 개의 어(語)에 대응하는 경우가 있다.

일본어 〈湯〉은 영어 〈hot water〉에 대응한다. 반대로 영어 〈beef〉에는 일본어 〈牛肉〉가 대응하여 영어로는 한 단어인데 일본어는 〈牛〉와 〈肉〉의 복합어가 된다. 〈He wears a T-shirt〉는 〈彼はTシャツを着ている〉가 대응, 〈wear〉에 〈着る(입다)〉+〈ている(~고 있다)〉가 대응한다. 이 예의 경우 일본어는 동사에 부속어 〈ている〉가 추가되어 있다.

(5) 하나의 어(語)가 절에 대응하는 경우가 있다.

영어 〈efficient〉는 일본어로는 〈效率が良い(효율이 좋다)〉가 된다.

(b) 기계번역 시스템의 방식

기계번역 시스템의 처리는 다시 말하면, 원언어(原言語)의 문장을 조사하는 과정과 조사한 결과를 토대로 번역을 생성하는 과정을 포함한다. 번역 시스템이 조사하는 정보는 형태소, 구문, 의미, 문맥으로 나눌 수 있다(그림 2.14). 그리고 번역 대상의 표현은 어, 구, 절, 문, 문장,

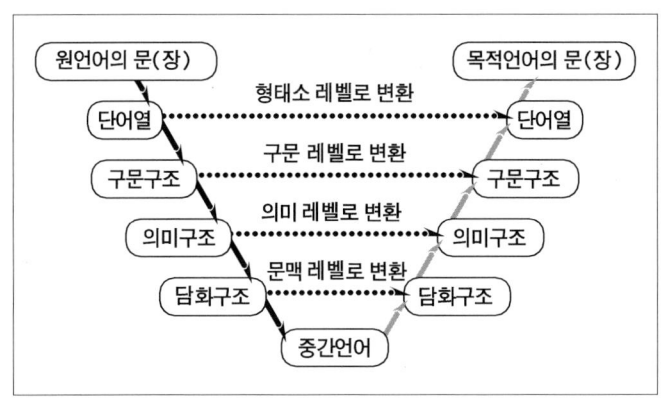

그림 2.14 기계번역의 처리 레벨[21]

단락으로 나누어진다. 대표적인 방식으로는 전송 기계번역 방식, 중간언어(中間言語) 방식, 지식베이스 방식, 번역예(例) 베이스 방식이 있다. 이들의 명칭은 처리과정과 조사하는 정보에서 유래된 것이다.

(c) 전송 기계번역 방식

전송 기계번역 방식(transfer method)은 전통적인 방법으로 해석, 변환, 생성의 세 과정으로 처리가 실행된다. 우선 원언어(原言語)의 문(文)을 해석하여 문구조(文構造)를 구한다. 다음에는 원언어의 문구조를 목적언어의 문구조로 변환한다. 마지막으로 목적언어의 문구조에서 번역을 생성한다. 특히 조사하는 정보가 구문 레벨인 경우를 구문전송 기계번역 방식이라고 한다. 대부분의 시스템은 구문해석을 기초로 하고 격(格)구조 등의 의미적인 관계를 부가적으로 다룬다. 그림 2.15는 전송 기계번역 방식의 처리 과정을 개략적으로 나타낸 것이다.

전송 기계번역 방식으로 다(多)언어간의 기계번역 시스

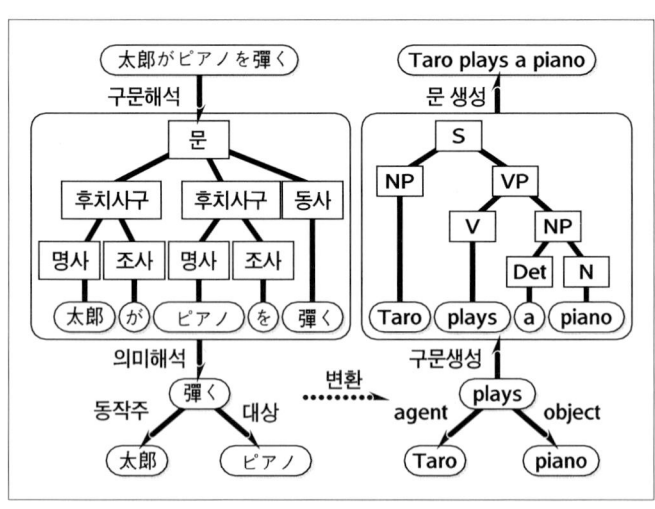

그림 2.15 전송 기계번역
방식[32]

템 개발에 들이는 노력을 크게 줄일 수 있다. 예를 들어 n개국어 사이의 임의의 두 언어에 대응해 각각의 번역 시스템을 만들 경우, $n(n-1)$개의 시스템을 만들어야 한다. 전송 기계번역 방식은, 해석과 생성을 개별 번역 시스템과는 다르게 언어마다 각각 n개 준비하고, 변환부분을 $n(n-1)$개 만드는 것이다. 이런 식으로 새로운 언어간의 기계번역 시스템을 만들려고 하는 경우, 이미 대상 언어의 해석과 생성모듈이 있으면 기본적으로 변환부분만 만들면 되는 것이다. 여기에서는 전송 기계번역 방식의 처리과정인 해석 · 변환 · 생성에 대해서 간단히 설명하고자 한다.

(1) 해석

해석과정에서는 먼저, 형태소분석이 실행되고 난 다음 구문해석이 실행된다. 형태소 레벨의 모호함은 구문해석에서 조합(組合)의 증대를 초래하기 때문에, 형태소분석에 의해 어(語)의 품사와 분할의 모호함을 최대한 감소시켜야 한다. 형태소분석에서는 복합어의 취급도 중요하므로 복합어와 관련된 전문용어는 하나의 어(語)로서 사전에 등록된다. 의미해석을 하는 시스템은 절(節) 사이의 의미 관계, 동사의 격구조, 명사 사이의 의미 관계, 조동사나 부사에 의한 형태정보 등을 취급한다.

(2) 변환

전송 기계번역 방식을 특징짓는 변환은, 원언어의 문구조(文構造)의 부분구조를 재귀적(再歸的)으로 변환함으로써 실행한다. 다음은 부분구조의 변환을 문(文), 절(격구조), 명사구로 나누어 개략적으로 살펴본 것이다.

(ⅰ) 문의 변환 : 문이 주절이나 종속절로 되어 있는 경우, 그 부분구조를 변환하여 각 결과와 부분구조의 관계로 인해 문 전체의 변환이 실행된다.

"He likes mathematics but she doesn't like it."

〈그는 수학을 좋아하지만 그녀는 좋아하지 않는다〉

절의 변환은 동사가 중심이 되지만, 번역될 목적언어에서는 원언어의 동사가 항상 동사로 번역되는 것은 아니다.

(ⅱ) 절(격구조)의 변환 : 절의 변환은 격구조 변환이 기본이 된다. 격구조는 격프레임(case frame)을 이용하여 파악할 수 있다. 격프레임은 동사가 어떤 명사에 수식되는가를 나타낸다. 격프레임에 의해 동사와 명사의 의미(말뜻)가 구별되고, 번역어 선택이 가능하게 된다. 또한 이것은 절(節) 단계에서 이루어지는데, 일반적으로 동사나 명사의 번역어를 선택할 때는 문맥을 고려하지 않으면 안 된다. 이 밖에도 절의 변환에서는 조동사로 표현되는 시제, 태(態), 상태표현도 변환된다. 격구조 변환은 다음과 같이 취급된다.

· 동사와 명사를 나누어서 번역

"take a walk" 〈산책하다〉

"take a cold" 〈감기가 들다〉

· 표층격(表層格) 대응

"take a picture" 〈사진을 찍다〉

"take a bus" 〈버스를 타다〉

· 격요소를 포함한 구조 대응

"lock the door" 〈문에 <u>자물쇠를</u> 잠그다〉

(ⅲ) 명사구 변환 : 명사구의 구성요소인 수식부(修飾部)와 주요부(主要部) 구조를 변환시켜 전체를 변환한다. 주로 다음과 같은 경우가 있다.

· 수식부가 관계절인 경우

"picture that Mary painted"〈메리가 그린 그림〉

· 수식부가 전치사구(후치사구)인 경우

"girl with blond hair"〈금발의 소녀〉

(3) 생성

생성은 변환결과의 구조인 의미구조나 구문구조를 단어열과 문자열로 변환하는 과정을 말한다. 구문 레벨에서는 어순과 태(態) 등이 처리되고, 형태소 레벨에서는 일본어의 경우 동사의 활용형, 영어의 경우는 주어와 술어의 인칭·수의 일치, 관사 등이 처리된다.

(d) 중간언어 방식

중간언어 방식(中間言語方式, interlingua method)은 언어에 의존하지 않는 내부표현을 가정하여 해석과 생성만으로 번역을 실행한다. 따라서 타언어간의 변환을 실행할 필요가 없어, 다언어간 번역에 있어서도 각 언어의 해석과 생성모듈만 준비하면 된다. 언어에 의존하지 않는 내부표현을 중간언어(interlingua)라고 한다. 예를 들어 그림 2.15의 전송 기계번역 방식의 예를 보면, 격구조 표현으로 중립적인 것이 설정된다면 이 예는 중간언어 표현을 매개로 하는 번역이 된다. 그러나 중간언어의 설정이라는 것이 실제로 가능한가에 대해서는 논란의 여지가 있다.

적어도 문화와 습관에 관련된 개념은 모든 지역이나 사회에 공통된 것이 아니기 때문에 중간언어라는 것이 존재한다고 해도 문제는 있다. 어떤 언어에 있는 개념이, 번역될 언어에는 존재하지 않는 경우, 그 개념을 설명하는 표현을 번역에 추가해야 할 필요성이 대두된다.

(e) 지식베이스 방식

지식베이스 방식(knowledge-based method)은 대상 분야에 관한 지식을 이용하여 해석, 변환, 생성을 실행한다. 범용성은 없지만 분야를 한정시켜 의미를 깊게 다루기 때문에 해석, 변환, 생성과정에서 발생하는 모호함을 해소하여 번역의 질을 높이려는 데 목적이 있다. 대상 분야는 컴퓨터 매뉴얼 등이다. 인공지능의 지식표현 언어를 이용하여 대상 분야의 개념을 정의하고 해석, 변환, 생성의 각 처리에 이용한다[21]. 대상 분야를 한정하기 때문에 문장의 해석결과 표현은 중간언어에 가까운 것이 얻어진다. 지식베이스 방식은 대상 분야의 지식을 이용함으로써 번역의 정밀도를 높일 수 있지만 대상이 제한된다는 점, 지식표현 기술이 확립되어 있지 않다는 문제점이 남아 있다.

(f) 번역예(飜譯例) 베이스 방식

번역예 베이스 방식(example-based method)은 입력문과 유사한 예문을 찾아, 그 번역문을 참고로 입력문의 번역을 생성하는 방법이다[32]. 예를 들어 영문을 쓸 때 기출(旣出) 영문을 참고로 하는 경우가 있다. 그러한 방식을 기계번역에 도입시킨 것이 바로 번역예 베이스 방식이다. 예를 들어보자.

(1) I play tennis.

번역예(원문과 번역)로 다음의 두 가지가 있다고 하자.

(2) The children plays baseball. — 아이들이 야구를 한다.

(3) Mary plays the flute. — 메리가 플루트를 분다.

(1)은 구문레벨에서는 (2) 또는 (3)과 같은 구조를 취하

지만, 목적격에서는 tennis는 flute보다 baseball과 비슷하기 때문에 (1)은 (3)보다 (2)에 가깝다고 판단하여 (2)의 번역을 참고로 한 다음과 같은 번역이 얻어진다.

〈나는 테니스를 친다.〉

유사한 예를 이용하는 방식은 규칙기반(rule base)에 대한 의문에서 비롯되었다[32]. 일반적으로 전송 기계번역 방식은 해석, 변환, 생성을 위해 많은 규칙과 대규모 사전을 필요로 하기 때문에 작성하는 데 사람의 수고가 많이 필요하다. 자연언어는 어(語)의 개별성과 표현의 다양성이라는 특징을 갖고 있지만, 이 특징을 추상적인 규칙으로 정하는 것은 그리 간단하지 않다. 번역예 베이스 방식은 그러한 규칙과 사전에 의존하지 않고 구체적인 번역예를 이용해보자는 취지에서 개발되었다. 규칙기반의 경우 나중에 규칙을 추가하거나 변경할 때 기존 규칙과의 조정이 필요하지만, 번역예 베이스 방식은 번역예만 모으면 되고 나중에 추가만 시키면 된다.

번역예 베이스 방식은 지금까지 여러 가지 시스템이 개발되었다[32]. 일본어 문장에 대해 형태소분석된 예문 데이터베이스에서 유사 예를 검색하는 〈日·英 번역지원시스템〉, 문자열 데이터베이스에서 유사 예를 검색하는 〈日·英 번역지원시스템〉, 일본어에서 흔한 「AのB」라는 표현에 대한 유사 예에서 영역(英譯)을 구하는 시스템 등이 있다. 번역예 베이스 방식은 가능성이 많은 새로운 시도이기 때문에 앞으로 많은 연구가 기대된다.

번역예 베이스 방식은 수많은 번역예를 지니고 있어야 한다는 전제가 뒤따르는데, 어느 정도 준비해야 적절한지 아직 밝혀진 바는 없다. 또한 인간은 날마다 새로운 문(文)을 만들어내기 때문에 가장 적당한 유사 예를 찾아내지 못할 수도 있다. 한편, 인간은 대부분의 경우 경험에 의존하지만, 미지개념에 관한 문장에는 구문(構文)에 의존하여 대처한다고 여겨진다. 그래서 경우에 따라서는 구문해석을 고려하는 것이 좋을 수도 있다. 또한 유사 예를 형태소, 구문, 의미 등과 같은 성질에 의해 찾으려고 한다면, 그 성질은 언어해석에 의해 구하는 것이 된다. 결론적으로 말하면, 번역예 베이스와 규칙기반이 상호 보완된 종합적인 시스템이 가장 타당할 것으로 생각된다.

(g) 전편집(前編輯)·후편집(後編輯)

현재의 기계번역 시스템의 성능은 결코 만족할 만한 것이 아니다. 요소(要素) 기술의 해석 하나를 보더라도 완전히 해결되는 것이 아니다. 따라서 원문 해석에 실패하여 번역이 안 된다든지, 잘못된 해석 때문에 정확한 번역문을 얻지 못한다든지, 부자연스러운 번역문이 되기도 한다. 이러한 문제에 대처하기 위해서 원래의 문장을 수정하여 번역을 쉽게 할 수 있게 하거나 번역 결과를 수정하는 작업이 실행되고 있다. 번역하기 전에 문장을 수정하는 것을 전편집(pre-editing), 번역한 결과를 수정하는 것을 후편집(post-editing)이라고 부른다.

전편집의 목적은 원문의 모호함을 없애고 시스템이 해석할 수 있는 표현으로 만들어줌으로써 정확한 번역문을 얻는 데 있다. 전편집 과정에서는 원문의 구문이나 의미구조를 명확히 하기 위하여 사람이 직접 원문을 간단명료하게 만들거나 정보를 보충하기도 한다. 또한 구체적으로는 원문의 구문이나 의미구조를 명확히 하기 위해 다음과 같은 과정을 거친다.

· 장문(長文)을 단문으로 분할한다.
· 구두점이나 괄호 등을 사용하여 수식·피수식 관계를

명시한다.

· 다품사어(多品詞語)의 품사를 명시한다.

· 생략을 보완한다.

· 지시어가 가리키는 것을 명시한다.

후편집의 목적은 정확하고 자연스러운 번역문을 얻기 위한 것이다. 그러기 위해서는 구체적으로 다음과 같은 과정을 거친다.

· 시스템이 문형(文型)이나 번역어의 후보를 명시하면 사용자가 선택한다.

· 워드프로세서나 문서 편집기(text editor)로 부적절한 번역문 표현을 수정한다.

(h) 평가

기계번역 시스템에 있어서 기술 발전을 꾀하기 위해서는 기술의 좋고 나쁨을 판단하는 평가가 상당히 중요하다 [21][22]. 번역기술 시스템의 평가항목으로는 번역의 성공률, 번역문의 질, 처리 성능, 사용의 편리성, 신어(新語)의 추가나 유지 · 개량의 편리성 등이 있다. 그 중에서 번역의 성공률, 번역문의 질이 기본적으로 중요하다. 번역문의 질은 정확성이나 충실성, 그리고 이해하기 쉬운가 등의 관점에서 사람이 직접 등급을 정하는 채점을 하고 있다. 또한 표준 문장, 다양한 문장을 어느 정도 번역할 수 있는가 하는 기준점(benchmark) 테스트도 시도되고 있다.

(i) 실용(實用) 시스템

기계번역 시스템의 연구 개발은 그 역사가 길어[18], 수많은 시스템이 만들어졌으며 그 중에서 실용화된 시스템도 아주 많다. 유럽 공동체(EC)에서는 몇 개의 공용어가 존재하기 때문에 번역이 중요한 과제로 여겨지고 있다. 그래서 유럽공동체위원회(ECC)는 SYSTRAN이라는 시스템을 이용하고 있는데, 이 시스템은 냉전 시대에 영어·러시아어 번역을 위해 미국에서 개발한 것을 다시 발전시킨 것이다. 캐나다에서는 영어와 프랑스어가 공용어이기 때문에 영문으로 된 일기예보를 프랑스어로 번역하는 TAUM METRO가 1970년대 후반부터 활발하게 이용되고 있다.

일본에서는 1980년대에 과학기술 논문의 요약을 번역하는 시스템 연구 개발이 교토대학을 중심으로 시작되었고, 후에 이 시스템을 발전시켜 일본 과학기술정보 사업본부(JICST)의 번역 서비스에 이용하게 되었다. 최근에는 ALTFLASH라고 불리는 시스템을 이용하여 기업의 결산 속보기사를 영어로 번역하여, 영어권 나라에 배포하고 있다[28]. 이 밖에도 컴퓨터 통신의 번역서비스, 매뉴얼 번역지원 서비스 등에 이용되고 있으며, 시중에는 많은 번역 소프트웨어 프로그램도 나와 있다[2].

이상으로 기계번역 시스템의 기본적인 기술에 관해 설명하였다. 기계번역 시스템을 살펴보면, 실용 시스템은 증가했지만 그 용도가 개별적인 것이 많아서 각종 문서를 번역할 수 있을 정도의 일반적인 것은 아니다. 그런 점에서 기계번역은 역사는 길지만, 끊임없이 연구 개발되어야 할 영역이라고 할 수 있다. 따라서 기계번역 시스템의 발전을 위해서는 종합 시스템이 구축되어야 하는 것은 물론, 각각의 요소(要素) 기술의 발전도 무시할 수 없을 것이다.

2.4 대화 시스템

기계가 인간과 자연을 상대로 대화하는 일이 가능해진다면, 또는 기계가 누구나 알 수 있는 언어로 자기표현을 할 수 있다면, 기계는 우리 일상생활에서 매우 사용하기 편리한 도구가 될 것이다. 기계와 인간 사이의 커뮤니케이션은, 대부분 인간이 기계의 버튼을 눌러 의도를 전달하면 그에 대한 대답으로 기계 쪽에서 램프를 점멸시키는 형태 정도로 행해지고 있을 것이다. 기계를 다루는 방법을 잘 모르거나 또는 기계가 작동하지 않을 때 누구나 아는 자연언어나 음성언어로 커뮤니케이션이 가능하다면, 기계와 인간 사이의 거리도 많이 가까워질 것이다.

인간과 언어로 대화하는 기계의 예는 공상과학 영화에서 자주 볼 수 있다. 컴퓨터가 등장한 이후, 자연언어로 인간과 컴퓨터가 대화하는 시스템 연구가 계속되고 있다. 공상과학 영화에나 나올 법한 컴퓨터는 아직 없지만, 화제를 한정시키면 어느 정도의 대화는 가능한 컴퓨터가 지금도 세계 각국의 연구실에서 만들어지고 있다.

대화 시스템의 본질은 다음과 같다.

· 어느 정도 다양한 표현을 구사하며 대화를 하는가.
· 어느 정도 자연스럽게 대화를 하는가.

〈어느 정도 다양한 표현을 구사하며 대화를 하는가〉라는 것은 사용자가 미리 정한 형식을 외울 필요가 없다는 것을 뜻한다. 또 〈어느 정도 자연스럽게 대화를 하는가〉라는 것은 대화의 어느 시점에서 말을 꺼내야 하는가를 미리 정해 놓은 것이 아니기 때문에 사용자는 필요에 따라 말을 꺼낼 수 있고, 또 대화의 주도권이 사용자나 시스템 어느 한쪽에 고정되어 있지 않다는 것을 뜻한다.

대화 시스템 연구의 역사는 오래되었지만, 위에 열거한 점을 고려해보면 기존의 시스템에서는 문어체에 의한 대화로 진행되어, 사용자와 컴퓨터가 원활한 대화를 나눌 수 없었다. 1990년대에 이르러 음성언어를 이용한 대화 시스템 연구가 시작됨으로써 구어체 대화, 양쪽 모두가 대화의 주체가 되는 권한의 문제, 대화 도중에 끼어드는 것을 허용하는 기술에 관한 연구 등이 활발해졌다.

(a) 대화 시스템의 대화 내용

대화 시스템과의 대화는 사용자 발화(發話─시스템에 입력)와 시스템 발화(시스템으로부터의 출력)가 교대로 진행된다. 대화 시스템이 다루는 대화는 정보 문의에 관한 것이 많다. 대화 시스템은 문의정보를 데이터베이스에서 검색하여, 그 결과를 토대로 사용자에게 대답한다.

이러한 사용자의 질문과 시스템의 대답이 대화의 기본이며, 좀더 발전한 시스템은 사용자의 목적 달성에 부합할 때까지 몇 번이고 질문과 대답을 주고받는다. 여기서는 전자를 질문응답 대화, 후자를 목적지향 대화라고 부르기로 하고 그 특징을 살펴보도록 하자.

(1) 질문응답 대화

질문응답 대화는 사용자의 질문과 시스템의 대답이 교대로 나열되는 구성 형태를 취하고 있으며(그림 2.16), 대화의 주도권은 주로 사용자에게 있다. 사용자의 발화는 질문문(質問文)이 중심이 된다. 질문문에는 〈무엇〉 등의 미지(未知)의 요소가 있는 의문문(WH 의문문)과 진위를 묻는 의문문(Yes/No 의문문)이 있다. 예를 들어 〈철의 원소기호는 무엇입니까?〉는 WH 의문문이고, 〈철의 원소기호는 Fe입니까?〉는 Yes/No 의문문이다. 대상이 데이터베이스 검색일 경우, 입력이 〈매출액이 100만원 이상인 날을 찾아라〉라는 명령문이나 〈매출액이 100만원 이상인 날(은)〉이라는 명사구(후치사구)라도, 시스템 입장에서는 〈매출액이 100만원 이상인 날은 언제인가?〉라는 질문과 같다. 어떤 문형의 질문을 받은 시스템은 질문내용인 〈매출액이 100만원 이상인 날〉에 들어맞는 정보를 데이터베이스에서 구한다. 또한, 앞의 질문을 재이용해 질문문의 일부를 생략할 수도 있다(그림 2.16).

> 사용자 : 매출액이 2조원을 넘는 자동차회사는 어디인가?
> 시스템 : A사, B사, C사입니다.
> 사용자 : 통신회사는?
> 시스템 : N사입니다.

그림 2.16 데이터베이스에 대한 문의(질문응답)

(2) 목적지향 대화

사용자가 알고 싶은 것이 단순히 항공편의 도착시각이라 할지라도 항공기편명을 모른다거나 실제 도착시각이 시각표와 다른 경우에는 반드시 1회의 질문응답으로 목적이 달성된다고 볼 수 없다(그림 2.17). 그런 경우에는 앞서 말한 질문응답의 결과를 문맥정보로 이용하는 대화가 필요하다. 항공편을 예약하는 경우에도 출발시각, 도착시각, 항공회사 등 선택사항의 정보를 사용자가 미리 알고 있다고는 볼 수 없다. 그렇기 때문에 예약이라는 목적을 달성하기 위해 시스템과 몇 번이고 대화를 거듭해야 할 필요성이 대두된다.

항공편이나 기차표 예약, 고장 진단 등의 목적지향 대화에서는 연속적인 대화로 목적 달성에 필요한 정보를 주고

USER : ARE THERE ANY FLIGHTS FROM CHCAGO TO BOSTON ARRIVING AROUND NOON?

SYSTEM : There are 2 flights from Chicago arriving in Boston at 12 o'clock p.m. local time, United flight 506 scheduled to arrive at 11 : 53 a.m. and American flight 744 scheduled to arrive at 11 : 59 a.m. Please select one.

USER : WILL THE SECOND ONE BE ON TIME?

SYSTEM : American flight 744 from O'Hare landed in Boston at 11 : 42 a.m. local time, 17 minutes ahead of schedule.

그림 2.17 항공편 정보의 문의(음성언어)[43]

받는다. 대화는 목적 달성에 필요한 정보를 시스템이 획득 해나가는 과정이기 때문에, 대화의 주도권은 주로 시스템 쪽에 있다. 한편 사용자 쪽은 의뢰문(依賴文)이나 질문문, 동의나 반대 등에 대한 발화를 할 수 있다. 질문문은 대상 의 정보에 관한 문의이다. 의뢰문은 항공편 예약 등의 의 뢰를 말한다. 의뢰문에는 〈… 해주세요〉라는 직접 의뢰문 과 〈… 해주셨으면 하는데요〉 같은 간접 의뢰문이 있다. 동 의나 반대에 대한 것은 시스템이 질문해오는 확인에 대해 〈예〉 또는 〈아니오〉로 대답한다. 사용자의 발화 내용이 충

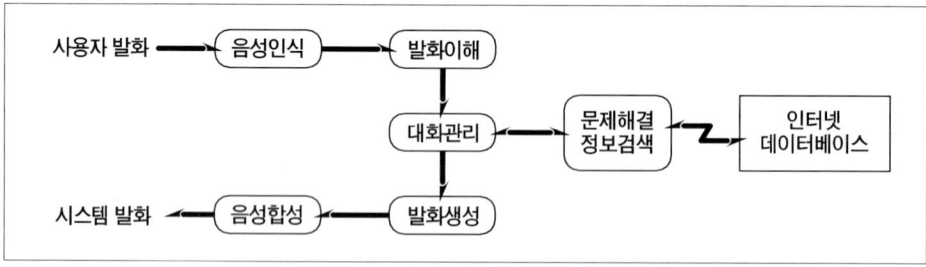

그림 2.18 대화 시스템의 구성

분하지 않거나 시스템이 이해하지 못하는 경우에는, 시스템 쪽에서 사용자에게 질문을 보낸다. 그때 원래의 대화는 일시적으로 보류되고 부분적인 대화로 바뀐다.

(b) 대화 시스템의 구성

대화 시스템은 사용자 발화(입력문)의 이해부(理解部), 시스템 발화(응답문)의 생성부, 대화 관리부의 세 부분으로 구성되어 있다(그림 2.18).

발화의 이해부와 생성부는 언어지식 수단으로 사전이나 문법을 이용하고, 언어 이외의 지식으로는 대상영역에 관한 지식을 이용한다. 고도의 시스템은 사용자와 시스템이 대화를 통해 공유하는 정보(이를 **공유신념**(共有信念, mutual belief)이라 한다)와 사용자에 걸맞은 이해나 생성을 위한 사용자모델을 갖는다.

대화 시스템은 사용자로부터 정보문의나 문제해결에 대한 의뢰를 받으면, 그것을 처리하기 위해 문제해결이나 정보검색 등을 하는 시스템 쪽에 다시 의뢰나 문의를 한다. 문제해결 시스템 등을 중심으로 보면, 대화 시스템은 문제해결 시스템과 사용자 사이에 기능하는 인터페이스가 된다. 사용자와 음성언어로 입출력을 실행할 경우에는, 음성인식부, 음성 합성부가 시스템의 구성요소에 추가된다.

(c) 대화 시스템의 처리 과정

대화처리는 기본적으로 사용자 발화의 이해, 시스템 행동목표의 결정, 시스템 발화의 생성이라는 세 가지 과정이 반복된다.

(1) 사용자 발화의 이해

발화 이해부는 사용자 발화(입력문)를 해석하여 의미구조를 구한다. 음성 입력의 경우에는 음성인식이 실행된다. 의미구조는 사용자 발화의 유형(類型), 또는 검색 질문이나 의뢰 내용을 표현한다. 발화의 유형은 의뢰, 질문, 확인 등 사용자의 발화 의도[1][3]를 나타낸다. 발화 의도는 단순히 문형(文型)과 대응한다고는 볼 수 없다. 예를 들어 〈내일 날씨를 알 수 있습니까?〉라는 질문문은 문형이 Yes/No 의문문이라도 대부분 〈내일 날씨는 어떻습니까?〉라고 질문하는 것이다. 이러한 발화를 간접발화 행위(indirect speech act)라고 한다.

자연스러운 대화를 실행하기 위해서는 탁월한 해석능력이 요구된다. 사용자 발화 가운데 생략 부분이나 대명사가 있다면 문맥해석에 의한 생략의 보완, 대명사에 대한 보완적 개념을 정해야 한다. 사용자 발화가 반드시 문법적으로 정확하다고는 볼 수 없어, 비문법적인 입력도 해석할 수 있어야 한다. 음성 시스템의 경우, 음성인식의 입력 결과에 오류가 있을 수 있기 때문에 더욱 고도의 능력이 요구되는 것이다.

(2) 시스템 행동목표의 결정

대화 관리부는 사용자 발화를 받아 시스템으로서 어떤 행동을 취해야 할지에 대한 목표를 정한다[1][3]. 행동에는 시스템 발화, 정보검색, 데이터베이스 갱신, 문제해결, 또는 각각의 복합(複合)이 있다. 예를 들어 사용자 발화가 정보 문의인 경우, 입력문을 해석하여 얻은 의미구조를 데이터베이스 검색식으로 변환한 다음 정보검색 시스템에

징보검색을 의뢰하고, 그 결과를 받아 사용자에게 응답해 주는 것이 시스템이 취해야 할 행동이다.

사용자 발화에 대해 시스템이 어떤 발화를 보내느냐 하는 발화목표는 사용자 발화의 유형, 정보검색 등의 결과에 따라 결정되어 발화 생성부에 주어진다. 발화목표는 사용자에게 무엇을 전달하는가를 나타내는 의미적인 것이기 때문에 의미구조로서 표현된다. 사용자 발화가 단순히 진위를 묻는 Yes/No 의문문일 때, 검색 결과의 진위에 따라 〈예〉 또는 〈아니오〉가 발화목표가 된다. WH 의문문이면 미지요소 (未知要素)에 대한 정보를 보내는 것이 발화목표가 된다.

일반적으로 시스템은 사용자의 의도에 따라 행동목표를 세우는 것이 바람직하다. 위의 사용자 발화의 이해항목에서 설명했듯이, 문형이 Yes/No 의문문이라도 사용자가 미지의 정보를 얻고자 하면, 응답은 〈예〉만으로 부적절하다. 따라서 협조적인 시스템이라면 사용자에게 구체적인 정보를 제공하는 것을 목표로 삼는다. 시스템은 사용자의 의도가 실현될 수 있게 목표를 설정하지만, 사용자의 요청에 직접 응답하는 것이 항상 바람직한 것은 아니다. 예를 들어 〈이 열차는 오사카에 갑니까?〉라는 질문이 입력되었는데 그 다음에 출발하는 고속열차가 먼저 오사카에 도착한다면, 응답은 〈예〉뿐만 아니라 정보에 대한 부차적인 설명까지 곁들여야 한다.

(3) 시스템 발화의 생성

발화 생성부는 발화 관리부에서 발화목표인 발화내용 (what)을 보내오면, 발화내용의 언어표현(how)을 구한다 〔40〕. 음성으로 출력하는 경우는 언어표현이 음성으로 변환된다.

시스템 발화에 의한 정보가 사용자에게 전달되면 사용자의 심리상태가 변화한다. 이와 같이 발화목표는 사용자의 심리상태를 어떻게 변화시키느냐 하는 목표를 부여한다. 오사카행 열차의 예에서 볼 수 있듯이, 발화목표는 다음 번 열차의 존재와 그 열차가 먼저 도착한다는 정보를 상대방에게 인식시키는 것이다.

발화 생성부는 발화목표로 주어진 발화내용을 사전이나 문법을 이용해 언어표현으로 변환한다. 이때 자연스러운 발화를 생성하기 위해서는, 그 시점까지 있었던 대화의 이력(履歷)에 의해서 사용자와 시스템이 공통적으로 이해하고 있는 것이나 사용자의 지식 수준을 고려할 필요가 있다. 위의 열차의 예를 다시 살펴보자. 〈다음 열차〉는 컴퓨터 내부에서는 T0123이라는 식별자(identifier)로 표현된다. 그러나 사용자는 T0123을 모르기 때문에 그대로 사용할 수는 없다. 사용자 발화인 〈이 열차〉는 시스템과의 공통 문맥이기 때문에, 〈이 열차〉와 T0123과의 관련에서 T0123이 규정할 수 있는 표현인 〈다음 열차〉가 T0123의 표현으로 합성된다.

(d) 개별 응용시스템의 처리 과정

대화 시스템은 단순한 질문응답형부터 연속적인 발화형(發話型)인 목적지향형까지 있지만, 각 처리 과정은 앞에서 설명한 처리 과정을 기본으로 한다.

질문응답형의 경우에는 해석과 검색 방식으로 변환하여 검색에서 응답까지의 과정을 하나의 주기(週期)로 보고, 이 주기를 반복한다.

목적지향형의 경우에는 해석, 목표 설정, 데이터베이스 · 액세스, 발화의 과정을 하나의 주기로 보고, 앞의 주기에서 교환된 정보가 문맥이 되어, 다음 주기의 처리가 실행된다. 그리고 항공편 예약 같은 대상은 출발지, 목적지, 일시 등 예약의 달성에 필요한 항목을 프레임 형식으로 표현해놓고, 이것을 사용자와의 대화로 메꾸어나감으로써, 대화 전체를 목표 달성을 향해 이끌어가는 일이 가능하다.

(e) 인간 상호간의 대화의 특징

대화 시스템은 사용자와의 정보교환을 자연스럽게 하기 위해서 연구되고 있지만, 아직 인간 상호간의 대화와는 많이 다르다. 여기에서는 인간 상호간의 대화의 특징을 대화 형태나 언어표현 등에 기초하여 살펴보자.

(1) 발화계열(發話系列)

인간 상호간의 대화에서 발화 교대(交代)는 대화 시스템처럼 질서있게 정리되어 있지는 않지만, 대화 시스템에서 사용자 입력은 명확히 표현된다. 예를 들어 사용자 입력이 가능한 것은 시스템의 프롬프트나 삐 하는 소리 등으로 표

A : 그곳으로 가는   길을 가르쳐 주시겠습니까?
B : 먼저 버스로   기치조지(吉祥寺)까지 가서
          A : 예   A : 예
  거기에서   이노카시라(井の頭)선을 타세요.   예.
     A : 예   A : 아, 지하철이요?
B : 그런 다음   시모기타자와(下北驛)에서
     A : 예
  오다큐(小田急)선으로   갈아타시면 됩니다.
          A : 오다큐선 말이에요?   A : 예.

그림 2.19 인간 상호간의
전화대화 예[13]

현되고, 사용자 입력의 종료는 개행용 키(CR key)나 중지(pause) 등으로 표현된다. 이것에 비해 그림 2.19의 대화 〔13〕에서 볼 수 있듯이, 인간 상호간의 대화는 동시 발화나 발화의 중복이 자연스럽게 형성된다.

(2) 대화의 구조

인간 상호간의 대화에서는 발화 중간에 끼어드는 구조가 자주 발생한다. 예를 들면, A와 B의 대화에서 〈A1 : 질문 1, B2 : 질문 1에 관한 질문 2, A3 : 질문 2에 관한 대답 2, B4 : 질문 1에 대한 대답 1〉이라는 발화계열에서는 A1과 B4, B2와 A3가 질문응답이 되고, B2-A3가 A1-B4에 중간에 끼어드는 형태가 된다. 대화 시스템의 이해능력이 충분하지 않으면 사용자 질문에 대한 질문을 하고, 사용자의 응답을 이해하지 못하기 때문에 다시 질문을 하는 등 끊임없이 반복될 우려가 있다. 따라서 이러한 상황을 해결할 수 있는 설계도로 시스템을 만들어야 한다. 예를 들면, 컴퓨터에 대화의 주도권을 부여해서 사용자의 자유 발화를 제한하는 시스템 등이 필요하다.

(3) 대화의 주도권

대화 시스템에서는 위에서 설명한 바와 같이, 대부분의 경우 대화의 주도권이 어느 한쪽에 국한된 경우가 많다. 사용자가 주도권을 갖고 있으면, 사용자가 발화(입력)하지 않아도 시스템은 언제까지나 기다린다. 반면, 인간 상호간의 대화에서는 유연성이 발휘된다. 한 사람의 발화가 끝나 인터벌(interval)이 생기면, 지금까지 말했던 쪽이 다시 발화권을 쥐는 일도 있고, 상대방이 발화권(주도권)을 가

질 수도 있는 것이다[15].

(4) 발화 단위

인간 상호간의 대화는 세밀한 발화단위에 의해 정보가 전달된다. 한편, 대화 시스템에서 실행되는 언어표현은 보통 문어체이기 때문에 동사가 하나 이상 있고, 동사를 수식하는 명사(구)도 복수인 경우가 많다. 그림 2.20의 인간 상호간의 대화는 전화 대화를 문자로 표현한 것이다. 이것을 대화 시스템의 대화체로 다시 표기하면 그림 2.21과 같이 된다[12]. 이 예에서 볼 수 있듯이 문어체에서는 하나의 문장으로 표현되지만, 구어체에서는 〈제 책상 위에 말이죠,〉〈책이 있거든요, 4권.〉 등의 자세한 단위로 나누어진다.

구어체에서는 상대방의 발화를 종합적으로 받아들여 이해하는 것이 아니라, 자세한 발화단위의 형태로 정보를 점

```
R : 저… 제 책상 위에 말이죠,
A : 예.
R : 책이 있거든요, 4권.
A : 예, 그런데요?
R : 그걸 말이죠,
A : 예.
R : 좀 갖다 주실래요?
A : 그러죠.
```

그림 2.20 인간 상호간 대화에서의 정보전달 [12]

```
R : 제 책상 위에 책이 4권 있습니까?
A : 예.
R : 그걸 갖다 주실래요?
A : 그러죠.
```

그림 2.21 대화시스템으로 바꾼 표현[12]

차적으로 받아들인 다음 이해한다. 예를 들면 맞장구나 되묻기가 그런 것이다. 이와 같이 인간 상호간의 대화는 말하는 쪽에서 듣는 쪽으로 정보가 조금씩 발신되어 그 정보가 상호간의 공통인식으로 형성된 다음, 그것을 바탕으로 발화의 생성과 이해가 이어진다.

(5) 언어표현

인간 상호간의 대화는 구어체로 이루어진다. 구어체 표

표 2.2 구어체 표현의 특징

현상	예
생략	行き方教えて(行き方を教えて) (가는 방법 가르쳐(가는 방법을 가르쳐))
도치	教えて, 行き方 (가르쳐, 가는 방법)
고쳐말하기	電話した電話していただけますか (전화한, 전화해 주실래요?)
바꿔말하기	13時, お晝の1時に (13시, 오후 1시에)
더듬거림	横浜, 横浜線ってのは (요코하마, 요코하마선(線)이 말야)
틀리게 말하기	とうもころし (바르게는 とうもろこし(고구마))
맞장구	新宿にでます〈はい〉で—新宿から (신주쿠에서 〈예〉 내립니다.)
잇는 말	あのー, えーと, まー (저어, 글쎄)
종조사	暑いですね (덥네요)
구어체 특유의 어 (語)	急行って止まりますか (급행도 정차합니까?)

현을 특징짓는 현상으로는 생략, 도치(倒置), 고쳐말하기, 바꿔말하기, 틀리게 말하기, 더듬거림, 잇는 말, 맞장구, 종조사(終助詞), 또는 구어체 특유의 표현 등이 있다(표 2.2)[23][36]. 이 가운데 생략, 도치, 오류는 문어체에도 있지만 구어체에서 특히 두드러진다. 나머지는 구어체 특유의 현상이다.

(f) 자연스러운 대화를 위한 발상

자연스러운 대화라는 관점에서 보면, 대화 시스템의 대화는 앞에서 설명했듯이 인간 상호간의 대화와는 다르다. 그래서 발화의 이해나 생성을 점차적으로 한다든가, 세밀한 단위에 의한 발화를 이해하거나 생성한다든가, 맞장구를 친다든가, 되묻기를 하는 등의 중간에 끼어드는 발화를 받아들이게 하는 기술이 연구되고 있다. 또 구어체와 같은 언어표현을 이해할 수 있게 하고, 발화의 주도권을 시스템 쪽이나 사용자 쪽으로 유연하게 바꿀 수 있게 하는 기술 연구도 진행되고 있다[24][35][37].

이러한 기술 연구의 예를 그림 2.22와 그림 2.23에 나

시스템 : 오다큐선(小田急線)으로 갈아타 〈예〉 고 아이코이
　　　　 시다(愛甲石田)에서 내리세요. 아이코이시다가 아
　　　　 쓰키(厚木)센터로 가는 가장 빠른 역이거든요.
사용자 : 예.
시스템 : 거기서 내려 기타구치(北口) 버스정류장이라는
사용자 : 기타구치 버스정류장요?
시스템 : 예, 있습니다.
　　　　 거기서 모리노사토아오야마(森の里青山)행 버스를
사용자 : 모리노사토?
시스템 : 아오야마행 〈예〉 버스를 타고

그림 2.22 구어체식 경로
(經路) 안내 대화[5]

타냈다. 그림 2.22는 자세한 단위를 이용하여 점차적으로 발화를 생성하는 시스템 출력이다[5]. 시스템은 발화 중간에 사용자의 맞장구나 되묻기 등 끼어들기를 허용하며, 거기에 맞추어서 예정해놓았던 발화를 변경한다. 그림 2.23은 고쳐말하기를 인식하는 음성언어 시스템의 입력 예이다[44].

Give me flights from Minneapolis to I'm sorry Milwaukee to Seattle
Could I have the airline and flight number to from Dulles to Tampa

---

그림 2.23 고쳐말하기 발
화(음성언어)[44]

이상으로 대화 시스템의 기본 기술에 대해 설명하였다. 대화 시스템으로는 데이터베이스의 자연언어 인터페이스가 1980년대에서 1990년대에 걸쳐 상품화되었다. 1990년대에 들어서면서 다량의 문서가 컴퓨터에 축적되어, 정보검색 기술을 주체로 한 정보 액세스가 이루어지고 있다. 그러나 이것은 키워드를 이용한 문서검색으로, 데이터베이스 액세스와 같은 의미나 내용에 기초를 둔 정보 액세스는 아니다. 최근에는 음성이나 화상을 이용한 멀티모덜 대화 시스템의 연구 개발이 진행되고 있으며[19][24], 대화 시스템 소프트웨어를 입수할 수 있는 방법도 있다. 미국의 오리건주립 공과대학원(OGI)에서는 대화시스템을 구축하는 툴키트(toolkit)를 공개하고 있다[26]. 그리고 참고문헌[37]에 나오는 음성언어 대화 시스템의 소프트웨어도 공개되어 있다[6].

2.5 요약

요약(summarization)이나 초록(抄錄)은 문장의 중요한 내용만을 추려 짧게 줄이는 처리이다. 우리가 문장을 요약하는 경우를 머릿속에 그려보면, 요약과정은 대부분 문장의 이해, 요점의 추출, 요점의 문장화로 구성된다(그림 2.24).

이 중에서 요약의 고유한 특징은 요점의 추출이지만, 요점을 추출한다고 해도 무엇을 요점으로 정하면 좋을까 하는 것이 그리 명확하지는 않다. 이러한 요약의 문제는 오래 전부터 연구의 대상이었는데, 1990년대 중반부터는 문장에서 적절(중요)한 문(文)을 추출해서 요약을 하는 연구가 활발해졌다[16]. 여기에서는 요약의 배경, 요약의 종류에 대해 간략히 짚어본 다음, 적절한 문(文)을 추출하는 방법에 대해 설명하고자 한다. 여기에서의 설명은 주로 참고문헌[9][27][31]에 의존한 것이다.

```
┌─────────────────┐
│  원문장의 이해   │
└─────────────────┘
         ⋮
         ↓
┌─────────────────┐
│   요점의 추출    │
└─────────────────┘
         ⋮
         ↓
┌─────────────────┐
│   요약의 생성    │
└─────────────────┘
```

그림 2.24 요약의 과정

(a) 요약기술의 배경

요약기술에 대한 필요성은 최근의 정보처리 분야의 상황과 무관하지 않다. 최근에는 많은 문서가 전자화되어, 컴

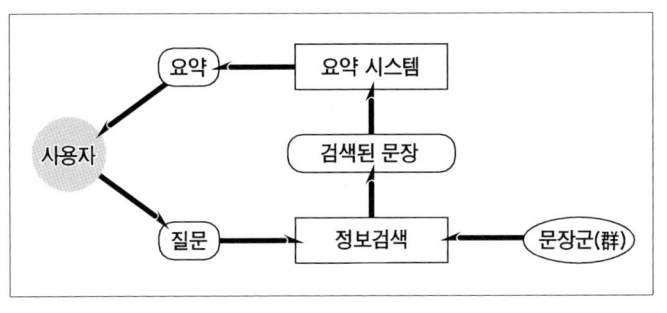

그림 2.25 정보검색에서의 요약의 이용

퓨터 네트워크를 매개로 더욱 많은 문서에 접속할 수 있게 되었다. 이러한 상황에서는 시간적인 제약 등의 이유 때문에 사용자가 문서 전부를 훑어보기는 힘들다. 그래서 첫 단계로는 먼저 요약된 문서를 찾아보는 것이 바람직하다. 또한 키워드에 의한 정보검색은 많은 결과가 출력되지만, 어느 결과가 적절한 것인지는 내용을 보지 않으면 알 수 없는 경우가 많다. 그런 경우에도 미리 문서의 요약을 읽어보면 편리할 것이다(그림 2.25).

(b) 요약의 종류

다음과 같이 요약의 종류를 여러 시점에서 나누어볼 수 있다[9].

· 발췌(extract)는 문장의 여러 부분에서 선별한 것이고, 적요(摘要, abstract)는 문장을 단축 또는 재구성한 것을 말한다.

· 일반적인(generic) 요약은 저자의 관점을 나타낸 것인데 반해 질문 베이스(query-based) 요약은 사용자가 흥미를 갖고 있는 부분에 초점을 맞춘다.

· 정보제공적인(informative) 요약은 문장의 내용을 반영하는 데 비해, 지시적인(indicative) 요약은 문장이 무엇에 관한 것인가를 나타낸다.

· 〈just-the-news〉라는 요약은 읽는 쪽이 그 화제를 잘 알고 있다는 전제 아래 최신 뉴스를 보여주는 데 비해, 배경적인(background) 요약은 전반적인 화제에 대해 보여준다.

· 중립적인(neutral) 요약은 객관적인 사실에 기초하는 반면에, 편중된(biased) 요약은 어떤 관점에서의 내용을 추출하여 보여준다.

위와 같은 분류 내용을 살펴보면, 최근에 연구되고 있는 요약은 주로 발췌이다. 그러나 발췌는 문(文)을 가려내어 요약을 하는 것이기 때문에 필요한 정보를 빠뜨릴 우려도 있어, 지시적인 요약에 알맞은 방법이라고 할 수 있다.

(c) 요약처리 방식

발췌에 의한 방법은 적당한 기준에 의해 문(文)의 적절(중요)도를 계산하여 적절도(適切度)가 적당한 한계값 이상으로 나오는 문(文)을 요점으로 간주하고, 요약률에 맞추어 그 문(文)을 추출, 요약하는 방식이다(그림 2.26). 적절도는 문(文)의 표층적(表層的)인 정보를 기초로 계산된다. 요약률은 다음과 같은 식으로 정의된다.

$$요약률 = \frac{요약의\ 문자수}{원문장의\ 문자수}$$

위의 식은 문(文)에 대한 적절도를 계산한 것이지만, 문(文)을 단락으로 해서 그 단락을 단위로 하는 요약도 생각해볼 수 있다. 여기에서는 주로 문(文)을 단위로 하는 요약을 다룬다.

요약의 방법으로는 표층적인 정보를 기초로 하여 적절한 문(文)을 가려내는 방법이 주류를 이루고 있다. 그리고 문장을 해석하여 의미구조를 구하고, 그것을 토대로 추론한

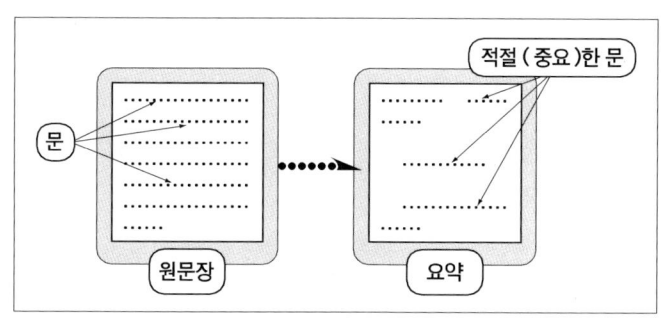

그림 2.26 적절한 문(文)
의 추출에 의한 요약

요약을 생성하는 언어이해 베이스 연구도 있다. 이러한 방법은 원인이나 이유, 시제(時制) 등에 관한 문(文) 사이의 의미관계, 명사의 조응(照應)관계, 어떤 것을 전제로 무엇이 독자에게 새로운 정보인가 등에 관한 것을 베이스로 하여 요약하는 방법이다. 표층적인 정보에 기초한 방법에서도 문(文) 사이의 관계를 이용하는 것이 있고, 이용하는 정보에도 공통점이 있다. 다양한 종류의 문장에 적용 가능한 시스템으로서 언어이해 베이스 방법이라는 것이 있는데, 현실화하는 데는 아직 시기상조이다.

요약과 관련된 기술로서는 **정보추출**(information extraction)이 있다. 정보추출은 신문기사 등에서 5W1H(6하원칙)의 정보를 추출하는 기술이다. 예를 들면, 〈언제〉 〈어디서〉 〈누가〉 〈무엇을〉 〈얼마에〉 〈팔려고 한다〉라는 식의 정보이다. 정보추출에서는 이러한 항목을 미리 준비해 놓은 다음, 대상영역의 특징을 이용해 항목을 메꾸어가는 처리가 실행된다〔42〕.

(d) 문(文)의 적절도 계산

문의 적절도는 문의 표층적인 특징에 의해 계산된다. 아래 항목은 그 특징을 나열한 것이다〔27〕.
(1) 문장 안의 어(語)의 출현빈도
(2) 문장 또는 단락에서의 문(文)의 위치
(3) 문장의 표제(表題)
(4) 단서(端緒) 표현
(5) 문(文) 또는 단어간의 연결 정보
(6) 문(文) 사이의 관계를 나타낸 문장 구조
이와 같은 특징 중 몇 가지에 기초해 문의 적절도를 계산한 다음 요약률을 토대로 적절도가 높은 순서대로 문을 추출하여, 그 문을 나열함으로써 요약이 생성된다. 다음은 문의 여러 가지 특징에 대해 알아보자.

(1) 문장 안의 어(語)의 출현빈도(出現頻度)

문장 안에 나타나는 어(명사)의 출현빈도에 의해 어(語)의 적절도가 계산되고, 그것에 기초한 문(단락)의 적절도가 결정된다. 단순히 출현빈도뿐만 아니라, 문서에 대한 어(語)의 출현 경향을 고려하는 작업도 실행된다. 일부 문서에서만 출현빈도가 많은 어(語)는 그 문서의 특징을 나타낸다고 여길 수 있으므로 그 어(語)를 이용한다. 이러한 어(語)의 적절도에 의한 문(文)의 적절도는 문(文) 안의 어(語)의 적절도 합계에 의해 계산된다. 이 밖에도 적절한 어(語)가 문(文) 안에 근접해서 나타나는지를 고려하여 처리하는 방법도 있다.

(2) 문장 또는 단락에서의 문(文)의 위치

적절한 문(文)은 문장의 특정한 위치에 나타나는 경향이 있다. 예를 들면, 문장이나 단락의 첫머리 또는 맨 끝이나 표제어의 바로 뒤에 오는 문(文)에는 적절한 문(文)이 많다. 신문기사에서는 본문의 처음 몇 개의 문(文)이 적절도가 높다고 알려져 있다. 이러한 위치정보에 기초하여 적절도에 적당한 값이 주어진다.

(3) 문장의 표제(表題)

표제어로 쓰이는 어(語)는 적절하다고 간주되며, 그 어(語)를 포함한 문(文)도 적절하다고 판단하여 적절도가 계산된다.

(4) 단서 표현

특징적인 단서 표현에 의해 문의 적절성이 나타나는 경우가 있다. 예를 들어 〈이 논문은〉 'this paper', 〈정리하면〉 'in conclusion' 등의 표현에 의해 문의 요점이 나타난다. 이러한 표현이나 문(文)은 적절하다고 간주된다. 한편 〈예를 들면〉과 같은 표현이 있으면 적절도가 낮다고 간주된다.

(5) 문(文) 또는 단어간의 연결 정보

많은 문(文)과 관계가 있는 문(文)은 적절하다고 보는 관점이다. 두 개의 문(文)에 관해, 각각의 문(文) 안의 어(語) 사이에 의미적인 관련성이 있는 경우, 한쪽 문(文)의 어(語)가 다른 쪽 문(文)의 어(語)를 지시하는 경우, 또는 두 문(文)이 유사한 경우에는 두 문(文) 사이에 연결성이 있다고 간주한다. 어(語) 사이에 의미적인 관련성이 있다고 하는 것은 두 어(語)가 같은 개념을 나타내는 경우이다. 문(文)의 유사성은 공통되는 단어가 출현하는 정도에 의해 계산된다.

(6) 문(文) 사이의 관계를 나타낸 문장 구조

목적, 원인, 이유, 역설, 대비, 예시 등 문(文) 사이의 관계에 의한 문장 구조를 토대로 적절한 문(文)을 판정한다. 예를 들어 핵심적인 문(文)과 전제로 삼는 문(文)이 있을 때는 핵심적인 문이 적절하다고 간주된다. 문(文) 사이의 관계는 접속사 또는 조응(照應 − 두 부분이 서로 대응함)하는 표현에 의해 해석된다. 단어의 적절도만을 이용하는 방법에서는 국소적인 정보에 기초하기 때문에 요약문 사이의 관련성이 있다고 볼 수는 없지만, 문장 구조에 의한 방법은 넓은 범위를 볼 수 있기 때문에 요약문 사이에 관련성을 갖게 하는 것을 기대할 수 있다.

(e) 여러 가지 속성에 의한 적절도(適切度) 계산

일반적으로 적절도는 여러 가지 속성(屬性)을 이용하여 계산된다. 단서가 되는 어(語)와 표제(表題)와 문(文)의 위치 등의 조합, 문(文)의 연결 정도와 표제의 조합 등이 그 예이다. 여러 가지 속성을 조합하여 적절한 문(文)을 추출하는 방식으로는 여러 가지 속성의 적절도의 합으로 중요도(significance)를 구하는 방법이 있는데, 다음과 같이 계산된다[31].

$$\text{문의 적절도} = w_1 C_1 + w_2 C_2 + \cdots + w_n C_n$$

여기에서 $C_1, C_2, \cdots, C_n$ 은 각각 선택된 속성의 적절도이고, $w_1, w_2, \cdots, w_n$ 은 중요도이다. 여러 가지 속성의 적절도를 합할 때 부여하는 중요도는 수작업이나 기계 학습에 의해 결정된다.

(f) 문(文) 연결의 원활화

문을 추출해서 나열하는 것만으로는 문장이 자연스럽지 않기 때문에, 문장을 매끄럽게 하기 위해서는 추출된 문(文)에 대명사가 있을 경우, 앞의 몇 개의 문(文)을 요약에 추가시킨다. 단락의 첫머리가 아닌 문(文)이 선택되었을 경우에는 앞의 문(文)을 추가한다. 그리고 접속사를 삭제하거나, 동사의 시제 또는 태(態)를 조정해서 문장을 자연스럽게 하려는 노력도 활발하다[27]. 일관성이 있는 문장을 작성하기 위해서는 전달하고 싶은 것에 관해 근간을 이루는 것이나 개별적인 것을 적절히 정리해서 나열하는 하향식(top-down) 처리가 필요하다. 따라서 문(文)을 추출하여 나열하는 방법에는 한계가 있다고 생각한다.

(g) 요약 방법의 평가

요약 방법의 평가법으로는 인간에 의한 요약과 비교한 평가, 시스템의 요약을 이용하여 어느 정도 작업이 가능한지를 조사하는 평가, 요약 결과를 납득할 수 있는지의 여부를 조사하는 평가 등이 있다[9][27]. 그 중에서도 많이 시도되는 평가법은 인간이 추출한 요약문과 시스템이 추출한 요약문을 서로 비교하는 방법이다. 구체적으로 시스템 요약문의 재현율(再現率)과 적합률(適合率)을 구해보자.

$$재현율 = \frac{시스템에\ 의한\ 요약문에서\ 인간에\ 의한\ 요약문과\ 일치하는\ 수(數)}{인간에\ 의한\ 요약문의\ 수}$$

$$적합률 = \frac{시스템에\ 의한\ 요약문에서\ 인간에\ 의한\ 요약문과\ 일치하는\ 수}{시스템에\ 의한\ 요약문의\ 수}$$

예를 들어 문(文)과 문(文) 사이의 관계에 의한 요약에서는 재현율이 66 % 정도, 적합률이 68 % 또는 78 % 정도라는 보고가 있다. 그러나 사람에 의한 요약은 사람에 따라 요약 내용이 항상 일치한다고는 볼 수 없기 때문에, 사람의 요약과 비교하는 평가법은 실행하기가 사실상 어렵다.

그래서 시스템에 의한 요약을 이용하면 어느 정도가 가능할까 하는 관점에서 평가(태스크에 의한 평가)하려는 시도가 행해졌다. 예를 들어 정보검색을 통해 얻은 문장이 적절한가의 여부를 판단하는 데 요약을 이용할 수 있으며, 그 판단 결과에 따라 요약이 평가된다. 판단하는 데 소요되는 시간과 판단 결과의 정밀도에 의한 평가가 행해진다. 비슷한 평가로는 요약을 이용해 문장의 카테고리 분류를 실행, 분류에 소요되는 시간과 분류의 정밀도에 따라 실행하는 평가가 있다.

이 밖에도 사람에게 요약을 읽어보게 한 후 정당한지 질문을 해서, 정밀도를 이용한 요약 평가를 해보려는 시도도 있다. 위에 소개한 평가법은 내용면에 관한 평가이다. 정보검색이나 문장의 분류에 의한 평가는 지시적인(indicative) 측면의 평가로 볼 수 있고, 요약을 읽어본 사람에게 질문하는 평가는 정보제공적인(informative) 측면의 평가라고 할 수 있다. 영자신문의 기사 분류에 의한 평가는 단순히 기사의 첫머리에서 20%를 취하는 것만으로 다른 요약 시스템처럼 될 수 있다는 보고도 있다. 이것은 아마도 영자신문 기사의 특징 때문이라 여겨진다.

용인성(容認性)이라는 척도가 있다. 사람이 직접 원문과 요약을 비교해서, 요약의 내용이 읽기 쉬운가 등에 따라 판단하는 것이다. 신문과 잡지 기사의 요약에 관해 뉴스 분석가가 조사한 결과에 따르면, 본문의 첫머리에 있는 몇 개의 문(文)을 추출한 요약에서는 용인성이 92%, 단어의 출현빈도와 표제어를 이용한 요약에서는 74%였다는 보고가 있다. 또한 본문 첫머리에 나오는 몇 개의 문(文)에 의한 요약의 용인성은 문장의 장르에 따라 차이가 있다고 한다.

(h) 요약에 관한 다른 시도

문장 속에 다양한 종류의 화제가 있는 경우에는 각 화제마다 어(語)의 출현경향이 다르기 때문에 항상 적절한 요약을 얻을 수 있다고 보기는 어렵다. 이 문제에 관해서는, 의미적으로 관련이 있는 어(語)의 연결을 이용해 문장을 화제별로 분할하여 중요한 문(文)을 추출해보려는 시도가 있다[27].

기본적으로 요약은 문장의 형태에서 구할 수 있는데, 이것은 컴퓨터 화면에 표시된다는 것을 가정한 시도이다 [27]. 먼저 적절한 문(文) 또는 지시적인 문(文)이 화면에 표시되고, 링크하면 좀더 상세한 요약이나 정보 제공적인 요약이 표시되는 것이다. 이것은 서로 다른 요약률의 요약이 단계적으로 얻어진다고 할 수 있다.

같은 문장이라도 읽는 쪽의 관심에 따라 요약이 달라질 수 있다. 정보검색된 문장이 적합한지 아닌지를 요약으로 판단하려고 할 때, 요약에 검색 질문이 반영되어 있는 것이 바람직하다. 읽는 쪽의 흥미를 고려한 요약에 대한 연구도 진행중에 있다[27].

여러 가지 문장의 요약으로는 다양한 신문기사를 대상으로 한 연구가 있다. 이것은 최초의 기사와 속보 기사의 요약, 같은 화제에 관한 여러 신문사 기사의 요약에 관한 것이다[27]. 이러한 요약에서는 여러 가지 문장에서 공통점과 차이점을 적절히 정리하는 작업이 필요하다. 다양한 문장의 요약은 적절한 문(文)을 추출하는 방법만으로는 적당하지 않기 때문에 문장 이해에 해당하는 기술이 필요하다. 그런데 지금까지의 연구를 살펴보면 정보추출 기술에 한정된 경향이 많다.

현재의 요약은 주로 표층적인 처리이지만, 요약에는 본질적으로 의미 처리가 필요하다. 예를 들면 〈메뉴〉〈웨이터〉〈주문〉〈먹다〉〈지불하다〉에서 〈레스토랑에 간다〉로 종합 정리한다든지, 〈사과, 배, 귤, 바나나, 복숭아를 샀다〉에서 〈과일을 샀다〉로 정리할 필요도 있다[9]. 그러기 위해서는 지식베이스의 구축 등 많은 과제가 남아 있다. 이상으로 문장에서 적절한 문(文)을 추출하는 방법으로서의 요약기술에 대해 설명하였다. 이러한 요약 소프트웨어는 최근에 워드프로세서 등의 문서처리 소프트웨어에 포함된 형태로 판매되고 있다.

2.6 정보의 언어표현

정보가 언어로서 표현될 때, 소리 단계에서 의도 단계까지 여러 가지 제약이 있다. 반대로 자연언어 처리시스템은, 각 단계에 대한 제약을 고려하여 언어표현에서 정보를 추출할 필요가 있다.

언어는 정보를 표현하는 도구 또는 받는 쪽에 정보를 전달하는 도구로 사용된다. 언어에 의해 정보의 발신과 수신이 가능하다는 것은, 정보의 언어표현에 대한 암묵적인 약속이 있어 정보를 보내는 쪽이 그 약속을 토대로 언어표현을 만들고 받는 쪽은 언어표현을 해석하게 된다고 할 수 있다. 컴퓨터 상호간의 통신에서도 통신에 관한 규칙이 있어 그 규칙에 따라, 네트워크로 연결되어 있는 서로 다른 컴퓨터가 상호간에 통신을 할 수 있는 것이다. 사람에 의한 언어 사용도 같은 이치로 볼 수 있다. 이러한 관점에서 정보가 어떤 식으로 언어화되어가는가를 살펴보자.

컴퓨터 상호간의 통신 규칙에 하드웨어 단계에서부터 응용 단계까지 계층이 있듯이, 정보를 언어표현에 의해 보내

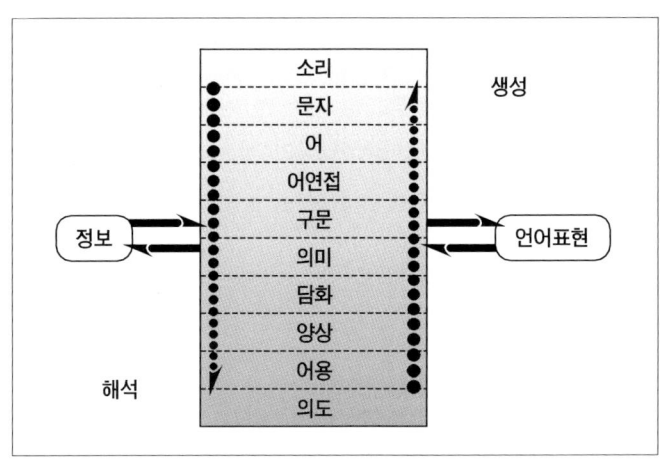

그림 2.27 정보의 언어표현을 규정하는 제약의 계층

는 쪽에서 받는 쪽에 전달할 경우 언어표현은 소리, 문자, 어(語), 어연접(語連接), 구문(構文), 의미, 담화(談話), 양상, 어용(語用)[15], 의도(意圖) 등에 관한 제약이 종합적으로 형성되어 있다고 생각해야 할 것이다(그림 2.27).

(1) 소리(音)

언어표현을 규정하는 첫 번째 층이다. 음소(音素－음운의 최소단위)를 단위로 표현된다. 음소에는 자음과 모음이 있으며, 언어표현은 음소의 계열(系列)에 의해 표현되고, 정보는 음소열에 의해 전달된다. 문(文), 구(句), 절(節)과 같은 구문(構文) 단계의 정보 단위에 따라 소리 단계에서 정보의 개시와 종료가 휴지(休止, pause)나 운율로 나타난다[3].

(2) 문자

복수(複數)의 연속하는 음소로 구성된다. 유한(有限) 문자집합이 있어, 문어체에서 언어표현은 그 문자열(文字列)에 의해 표현되고, 정보는 문자열에 의해 전달된다. 문어체에서는 문자열이 언어표현을 규정하는 첫 번째 층이 되고, 문자가 언어표현의 최소단위가 된다. 문(文), 구, 절 등의 구문 단계의 정보단위에 따라 정보의 종료가 구두점 등 문을 구분하는 기호로 표시된다.

(3) 어(語)

한 개 또는 복수의 연속하는 문자로 구성된다. 유한이지만 방대한 어(語)의 집합이 있어, 언어표현은 어열(語列)

로 표현되고, 정보는 어열에 의해 전달된다. 어(語)에는 자립어(自立語)와 부속어(附屬語)가 있다. 자립어의 종류는 방대한 반면, 부속어는 그 수가 적다. 어(語)는 시대와 함께 변화하는 것으로서, 새로운 어(語)가 출현하기도 하며, 시간이 흐르면서 사라져가는 어(語)도 있다. 자립어는 전문용어 등을 보면 알 수 있듯이 부속어보다 변화의 폭이 크다.

자립어로 표현되는 정보는 개념적으로 〈もの(사물, 것)〉, 〈こと(사항, 일)〉〈さま(모양, 상태)〉 등으로 분류된다. 예를 들면 〈もの〉는 생물과 무생물, 생물은 다시 동물과 식물 등으로 점점 더 구체적으로 분류된다. 이러한 분류를 시소러스라고 하는데, 전자화되어 언어해석에 응용된다[21]. 〈もの〉에 관한 정보는 〈石(돌)〉〈車(자동차)〉와 같은 명사로 표현된다. 영어에서는 〈もの〉가 단수인가 복수인가에 따라 어형 변화가 일어난다. 〈こと〉에 관한 정보는 〈遊ぶ(놀다)〉〈歩く(걷다)〉 등의 동사로 표현된다. 〈こと〉는 〈歩行(보행)〉처럼 명사로도 표현된다. 그리고 〈さま〉에 관한 정보는 〈靑い(파랗다)〉〈廣い(넓다)〉처럼 형용사로 표현된다.

정보와 어(語)의 대응이 반드시 일치하는 것은 아니다. 같은 대상에 대해서 어(語)가 복수 대응하는 경우도 있다. 예를들면 〈母(모친)〉〈おかあさん(어머니)〉〈おふくろ(어머니−성인 남자가 부르는 말)〉, 〈食べる(먹다)〉〈食事する(식사하다)〉 등이 있다. 어(語)의 선택은 고차원적인 단계의 제약에 의존한다.

일본어에서 자립어는 문(文)으로 표현되어 정보 전달의 개시표현이 된다. 그리고 보통 활용어의 종지형(終止形), 명령형, 종조사(終助詞)가 종료표현이 된다.

(4) 어연접(語連接)

인접하는 어(語)의 형태를 규정하는 층이다. 명사 뒤에 격조사, 동사 연용형에 조동사 〈た(과거, ~했다)〉 등 자립어 뒤에 어떤 부속어가 연속되며, 부속어 뒤에는 어떤 부속어가 연속되는지는 연접규칙에 의해 규정된다[21]. 동사 연용형에 조동사 〈た〉가 이어지듯이 뒤에 연속하는 어(語)에 따라 활용어가 어형 변화를 한다.

(5) 구문

정보는 일반적으로 복수의 개념으로 구성되며 복수의 어(語)의 나열로 표현된다. 어(語)의 나열은 구(句)나 문(文)이라는 구문구조에 의해 표현된다. 구문층(構文層)은 그러한 구문구조를 규정하는 층이다. 구(句)나 문(文)은 복수의 어(語)의 나열로 이루어지는 단위이며, 각각 계층적인 구조로 규정한다. 예를 들어 명사구는 〈다로(太郎)의 그림〉〈다로가 그린 그림〉처럼 〈후치사구＋명사〉, 〈문(文)＋명사〉의 구조를 취한다. 이러한 구조는 문맥자유문법(文脈自由文法) 또는 특징구조(特徵構造)를 이용해 정의한다.

상위에 있는 의미 단계의 층이 대상으로 하는 개념간의 관계가 명확히 표현될 수 있도록 어순이나 부속어, 어(語)의 활용에 의한 언어표현에 구조를 부여한다. 일본어에서는 명사구가 몇 개 나열되고 동사가 끝에 온다. 명사구의 어순에는 임의성(任意性)이 있고, 보통 격조사가 명사구에 부속하여 명사구의 동사에 대한 관계가 나타난다. 영어에서는 문장 첫머리에서 명사구, 동사라는 순서로 나열되고, 타동사의 경우는 그 뒤에 명사구와 전치사구가 따라온다.

명사구의 위치나 전치사에 의해 명사구와 동사의 관계가 나타난다.

　개념과 언어표현 사이에는 대응이 있어, 그것에 기준하는 정보가 언어적으로 표현되지만, 어떤 개념도 이전부터 존재해왔던 것은 아니다. 예를 들면 〈인공위성〉이라는 개념이 알려지지 않았던 시대에는 〈인공위성〉이라는 어(語)가 없었다. 그 시대에 누군가가 가끔 〈인〉〈공〉〈위〉〈성〉이라고 어(語)를 나열해 〈인공위성〉이라는 문자열을 썼다고 해도, 그것이 현대의 〈인공위성〉을 의미하지는 않는다. 어느 시점에서 새로운 개념이 등장하는 것이다. 신개념은 그것을 발신하는 사람 이외에는 언어와의 대응에 관한 약속은 없다. 신개념과 언어표현과의 약속은 없다고 해도, 사람들에게 인식되는 과정은 주로 구문의 기능이다. 구문의 기능에 의해 신개념과 언어와의 대응이 주어지고, 새로운 약속이 만들어짐으로써 사회에서 공통적으로 인식하게 되는 것이다.

　(6) 의미

　이 층은 어(語), 어연접(語連接), 구문의 각 층을 토대로 정보의 의미 내용을 규정한다. 정보를 나타내는 개념구조는 구문구조에 따라 전개되고, 개념요소에 대응하는 어(語)가 선택된다. 예를 들면 〈こと〉에 관한 정보는 동사를 중심으로 명사와 함께 표현된다.

　〈다로가 공원을 걷는다〉가 나타내는 개념구조는, 동사 〈걷다〉에서 나타나는 개념이 중심적인 정보를 지니고, 명사 〈다로〉와 〈공원〉에서 나타나는 개념에 의해 형성된다. 구문구조로서는 동사가 끝에 위치하고, 그 앞에 두 개의 동사가 배치된다. 명사와 동사의 관계를 나타내기 위해서

격조사가 이용된다. 자연언어 처리에서는 이러한 개념구조와 언어표현의 대응은 격프레임을 이용해 격구조로서 해석된다.

사실과 현상, 즉 사상(事象)은 명사와 동사에 의해 표현되지만, 단순히 명사와 동사를 나열한다고 해서 사상을 표현할 수 있는 것은 아니다. 〈다로가 도쿄에 간다〉라는 행위는 〈다로〉〈도쿄〉〈간다〉라는 세 개의 어(語)를 위의 순서대로 나열하는 것으로, 받는 쪽은 〈다로가 도쿄에 간다〉라는 정보를 이해할 수 있다. 그러나 〈다로가 5에서 2를 뺀다〉에서는 중심어(中心語)를 나열한다고 해도 정확한 표현을 할 수 없다. 이 행위에 관계된 자립어는 〈다로〉〈5〉〈2〉〈빼다〉이지만, 이것을 나열하는 것만으로는 5−2인지 2−5인지 모호하게 된다.

격구조(格構造)는 행위 주체가 행위에 직접적으로 관련이 있는 사상(事象, phenomenon)을 표현하지만, 행위에 간접적으로 관계하는 주체를 포함한 행위의 표현이기도 하다. 〈母親は息子に部屋を掃除させた(어머니는 아들에게 방을 청소시켰다)〉라는 표현에서는 〈청소하다〉의 주체는 〈아들〉이지만, 〈어머니〉가 간접적으로 〈청소〉에 관련된다. 일본어에서는 이러한 표현으로 〈せる, させる(~하게 하다, 시키다)〉가 쓰인다.

행위에 관한 정보는 격구조로만 나타나는 것이 아니라, 시(時), 상(相, aspect), 부정(否定), 가능성 등의 정보가 있으며 일본어에서는 조동사 또는 부사로 표현한다.

동일한 정보에서도 서로 다른 구문구조에 의한 표현이 있다. 예를 들어 〈다로가 공원을 산책한다〉라는 문장을 명사를 중심으로 한 구문구조로 표현한다면, 〈다로의 공원 산책〉이 된다. 이와 같이 구조를 변환함으로써 복수의 정보를 통합하여 표현하는 것이 가능하다. 예를 들어 〈인간이 달에 갔다〉는 행위를 〈인간이 달에 간 것〉이라는 명사구로 표현, 이 명사구를 이용해 〈인간이 달에 간 것을 TV를 보고 알았다〉라고 표현하는 것이 가능하다.

정보의 의미내용을 나타낼 때, 대응하는 표현 그 자체를 이용하지 않는 표현도 있는데 환유, 은유, 비유 등이 바로 그것이다. 예를 들면 〈미국 정부〉나 〈미국 대통령〉 대신에, 〈백악관〉을 쓰는 경우도 있다. 이러한 경우, 해당하는 의미가 사전적인 의미 그대로 쓰인다고 볼 수는 없기 때문에 이해를 돕기 위해서는 추론이 필요하게 된다.

(7) 담화(談話)

문(文)으로 표현되는 정보가 복수이고, 그 정보가 의미적으로 관련되어 있으면, 그것은 문장으로 표현된다. 연속적으로 관련이 있는 문(文)의 집합을 담화(discourse)라고 한다. 담화층은 그러한 담화의 구성을 규정한다. 복수(複數)의 사상(事象)은 시간 순서, 인과관계의 명시 등으로 표현된다. 시간 순서는 문(文)을 순서대로 나열하여 나타낸다. 인과관계는 〈~했기 때문에〉, 〈그 결과〉 등의 접속을 나타내는 표현을 이용해 나타낸다.

연속적인 문(文)의 관련을 나타내기 위해서는 접속 표현 외에도 화제의 제시, 관련된 어(語)의 사용, 대명사에 의한 지시, 어(語)의 생략 등이 있다. 예를 들어 〈하나코(花子)가 이 그림을 그렸다〉는 중립적인 표현인 데 비해, 〈이 그림은 하나코가 그렸다〉는 〈이 그림〉에 조사 〈은〉이 붙어 〈이 그림〉이 화제인 것을 나타낸다. 화제를 제시함으로써 다음과 같이 어구를 생략할 수 있다.

이 그림은 하나코가 그렸다. 무척 근사하다.

이 경우, 〈근사한〉 것은 〈이 그림〉이라고 해석된다.

문맥 안에서 문(文)이 표현될 경우, 대부분의 정보는 문맥 안에서 가정할 수 있다. 그것을 자세히 파악한 것이 격구조 표현이다. 보통 하나의 동사는 복수의 격요소(格要素)를 취하지만, 문장에서 문맥상 뚜렷한 격요소는 생략된다. 일본어로 쓰인 과학기술 해설기사에 따르면, 동사 하나에 1.8개 정도의 격요소만이 표현되어 있다는 분석도 있다. 구어체에서는 격요소가 더 많이 생략된다[4].

(8) 양상(樣相)

이 층은 전달하는 정보와, 보내는 쪽이나 받는 쪽의 인식의 관련을 규정한다. 구체적으로는 정보에 관하여 보내는 쪽의 태도나 시각, 정보의 새로움과 오래됨, 보내는 쪽과 받는 쪽의 인식의 차이나 시점 등의 정보가 표현된다.

보내는 쪽에서 정보를 어떤 식으로 평가하고 있는가를 명시적으로 표현함으로써 받는 쪽은 정보의 일반성을 판단할 수 있다. 예를 들어 〈내일, 야마다 씨가 온다고 들었습니다〉는, 정보가 전문(傳聞)임을 나타내며, 듣는 쪽은 말하는 쪽이 확신을 갖지 않고 정보를 전달하는 것이라고 이해한다.

정보를 보내는 쪽이 언어화해서 전달할 경우, 언어로 표현되는 정보에는 받는 쪽에게는 이미 알고 있는 오래된 정보 부분과 아직 알지 못하는 새로운 정보가 있다. 보내는 쪽에서 받는 쪽으로 정보가 전달되고, 정보를 공유하는 것이다. 정보를 공유하기 위해서는 일반적으로 어떤 실마리가 필요한데, 바로 오래된 정보가 그것이다. 예를 들면 직장 동료들이 모여 회식을 할 때, 누군가 〈맛있는데〉라고 말해도, 말하는 쪽이 어떤 음식에 젓가락을 댔는지를 보지 않은 이상 듣는 쪽은 어떤 음식을 맛있다고 하는지 명확히 알 수 없는 것과 같다. 언어로 정보를 전달할 경우, 보내는 쪽은 받는 쪽을 고려하여, 보내는 쪽과 받는 쪽이 서로 공유하는 오래된 정보를 토대로 하여 새로운 정보를 표현할 필요가 있다. 〈이 집은 30년 전에 지어졌다〉라는 문장은 〈이 집〉이 오래된 정보, 〈30년 전〉이 새로운 정보가 되어 전달된다.

구어체에서는 보내는 쪽과 받는 쪽 사이에 정보에 대한 인지의 차이가 겉으로 표현되는 수가 있다. 예를 들어 〈靴の紐が解けていますよ(신발 끈이 풀렸는데요)〉라는 문장은, 신발 끈이 풀려 있다는 사실을 듣는 쪽이 모르고 있다는 것과, 말하는 쪽이 그 사실을 인식하여 듣는 쪽에게 알려주려는 것인데, 그런 의도는 종조사 〈よ〉에 의해 나타난다. 이 발화(發話)에서는 명제정보인 〈신발 끈이 풀려 있다〉라는 사실이 듣는 쪽 입장에서는 새로운 정보가 된다. 또한 종조사 〈よ〉로 인해 듣는 쪽은 명제정보가 자신을 향한 것임을 알아차리고, 〈신발〉이 본인의 것임을 인식하여 확인해보게 된다[11].

정보를 보내는 쪽이 어느 위치에서 정보를 포착하느냐 하는 문제도 언어로 표현된다. 이 원리는 카메라로 특정 위치에서 사진을 찍는 것과 유사하다. 어느 위치에서 포착했느냐 하는 것은 시점(視點)[10]으로 표현된다. 예를 들어 〈다로가 도쿄에 갔다〉에서는, 말하는 쪽은 〈간다〉라는 행위의 출발점에서 〈다로〉의 행위를 나타낸 것에 비해, 〈학생이 연구실에 왔다〉에서는 말하는 쪽이 〈온다〉라는 행위의 도착점에서 〈학생〉의 행위를 나타내고 있다.

(9) 어용(語用)

이 층은, 언어의 사용현황이나 인간의 언어처리 능력 등을 고려한 언어표현을 규정한다. 언어의 사용현황, 인간의 언어처리 능력 등이 제약을 받음으로써 구문, 의미 등도 제한적으로 사용되고, 정보가 언어로서 표현된다.

언어를 사용할 상황에 직면했을 때의 언어표현은 상당히 간소화된다. 예를 들어 음식점에서 주문을 할 때, 동행한 사람과의 대화에서는 〈난 볶음밥〉과 같이 간소화된 발화가 가능하다. 또한 대인관계의 상황에 따라, 반말이나 존칭어로 표현이 나뉜다.

인간의 언어처리 능력을 살펴보면, 장문은 피하고 수식구나 절도 간단하게 표현하는 경향이 있다. 모호한 구문을 피하고, 장황하게 표현하지 않으며, 요점을 명쾌하게 전개한다. 또 받는 쪽에 맞는 어(語)를 선택하려고 노력하기도 한다. 이런 것들이 지켜지지 않은 문장은 사용자도 읽기 어렵고, 컴퓨터 역시 해석하기에 곤란을 겪는다.

문어체에서는 읽기에 쉬운지의 여부를 심사숙고해서 문장을 쓰지만, 구어체에서는 즉석에서 발화하기 때문에 인

(a) 구어체 발화단위에 관한 하나의 정의

(1) 절(節)은 발화단위이다.
(2) 중간에 화답하는 표현(감동사적인 표현 「はい(예)」 등)은 발화단위이다.
(3) 연결하는 말(「저…어」 등) 발화단위를 구분짓는 것이다.
(4) 고쳐말하기는 발화단위를 구분짓는 것이다.

(b) 구어체 발화단위의 분할 예

아이코이시다(愛甲石田)까지 오시면 / 〈예〉 / 그러면 거기서 버스를 타는데요 / 〈예〉 / 가만있자, 어디로 가는 버스더라? / 맞아, 아오야마(青山)로 가는 〈예〉 버스가 있어요 / 〈예〉 / 그 버스를 타고 와서 / 〈예〉

그림 2.28 구어체의 발화
단위〔4〕

간의 언어처리 능력이나 대화의 특성에 따라, 표 2.2와 같은 특징이 나타난다.

문어체에서 문(文)으로 표현되는 정보가, 구어체에서는 그림 2.20과 같이 자세히 분할되어 표현된다. 그림 2.28은 구어체의 발화단위를 정의한 예 (a)와, 그것에 의해 분할 표시된 구어체의 예 (b)이다.

이러한 분석에 의해 한 개의 발화단위는 명사(구)가 평균적으로 한 개 정도밖에 없고, 정보가 점차적으로 전달된다는 것을 알 수 있다[4]. 이러한 정보 전달과 함께, 받는 쪽에서도 맞장구를 치거나 수긍을 함으로써, 보내는 쪽과 받는 쪽은 상호간에 공통의 이해를 조성해가면서 대화를 이어간다[35].

(10) 의도

이 층은, 보내는 쪽이 어떤 정보를 표현하는가에 대한 의도(목표)를 결정한다. 만일 응용시스템이라면 대상영역에 관해 그 시점에서의 목표를 결정한다. 이 목표에 따라서 하위층의 정보가 구체적인 언어로 표현된다.

이상으로 정보의 언어표현을 규정하는 주된 제약의 계층에 관한 설명을 마친다. 응용시스템에서는 이러한 계층의 일부를 언어표현의 이해 · 변환 · 생성에 적용하고 있다. 현재는 구문(構文) 이하가 주된 층이고 의미, 담화, 양상, 어용, 의도 단계는 부분적으로 적용된다.

제 2 장의 요약 정리
2.1 자연언어 처리시스템은 문자열이나 음성 입력을 적당

한 내부표현으로 변환하여 거기에서 다른 내부표현을 추론한 다음, 입력에 대응하는 출력을 생성한다. 입력에서 내부표현을 얻는 과정을 해석 또는 이해라고 부른다. 내부표현은 문(文)이나 문장의 구문구조, 또는 의미구조를 나타낸다. 해석은 형태소분석, 구문해석, 의미해석이나 문맥해석, 문장해석의 과정으로 구성된다. 해석 결과에는 일반적으로 모호함이 존재하고, 모호함은 상위의 해석에 의해 줄어든다. 예를 들면, 구문해석의 모호함은 의미해석, 문맥해석에 의해 해소된다.

2.2 구문해석의 목적은 문(文)이 어떤 구성요소로 이루어져 있는지, 그 구성요소가 어떤 식으로 결합되어 있는지를 확실히 하는 것이다. 구문해석은 일반적으로 사전과 문법규칙을 이용해 이루어진다. 문맥자유문법을 문법규칙으로 이용하는 구문해석법에는 여러 가지가 있다. 차트 해석법은 해석의 부분결과를 기록하여 중복된 해석을 하지 않음으로써 효율적인 해석을 꾀한다. 자연언어의 다양한 표현을 취급하기 위해서, 문법규칙의 확장이나 확률의 이용 등이 연구되고 있다. 일본어 해석은 명사나 동사의 병렬구조를 포착하는 것이 중요하고, 이를 위한 소프트웨어도 개발되어 있다.

2.3 기계번역은 번역 방식, 해석·생성·변환 등의 언어처리법, 사전(辭典), 전(前)·후(後)편집, 시스템의 작성·유지, 평가 등이 관련되어 있는 종합적인 기술이다. 번역의 언어처리는 원언어(原言語)와 목적언어의 차이를 어떤 식으로 취급하느냐가 관건이다. 번역 방식에는 전송 기계번역, 중간언어, 지식베이스, 번역예(例) 베이스 등이 있다. 전송 기계번역 방식은 기본적인 방식으로, 해석·변환·생성의 세 가지 과정이 있고, 변환 과정에서 언어 구조간의 차이를 다룬다. 언어처리는 완전한 것이 아니기 때문에 보통 전·후 편집을 실행한다. 많은 기계번역 시스템이 개발되어 있으며, 실용적인 시스템의 종류도 많아지고 있다.

2.4 대화 시스템은 데이터베이스나 비행기 예약과 같은

시스템의 사용자 인터페이스이다. 대화 시스템에서 중요한 것은 대화에 어느 정도 다양한 표현이 쓰이는가, 어느 정도 자연스럽게 대화가 이루어지는가 하는 점이다. 대화 시스템은 사용자 발화의 이해부, 시스템 발화의 생성부, 대화 관리부로 구성된다. 고도의 시스템은 사용자와 시스템이 대화를 통해 공유신념을 형성하여 사용자에게 맞도록 이해와 생성을 위한 사용자모델을 갖는다. 인간 상호간의 대화처럼 자연스러운 대화를 실현시키기 위해서 구어체 같은 말투, 사람과 기계의 혼합주도권, 끼어들기 발화 등을 다룰 수 있는 기술에 대한 연구가 진행되고 있다.

2.5 요약은 문장의 중요한 내용만을 추려 짧게 줄이는 처리이다. 지금은 대량의 전자화 문서를 접하는 시대이고, 요약에 대한 요구도 크기 때문에 문장에서 적절한 문(文)을 추출하여 요약을 하는 방법에 관한 연구가 활발하다. 이 방법은 문(文)의 적절도(適切度)를 표층적인 특징에 의해 계산하여 적절도가 적당한 한계값 이상으로 산출되는 문(文)을 요점으로 간주하고, 요약률(要約率)에 맞추어 그 문(文)을 추출해 요약을 작성한다. 표층적인 특징으로는 문장 안의 어(語)의 출현빈도, 문장에서의 문(文)의 위치, 표제, 단서가 되는 표현, 문의 접속 정보, 문장 구조 등이 이용된다.

2.6 정보가 언어표현에 의해 보내는 쪽에서 받는 쪽으로 전달되었을 때, 정보의 언어표현에 관한 암묵적인 약속에 따라 정보를 보내는 쪽은 언어표현을 만들고, 받는 쪽은 언어표현을 해석하려고 한다. 이 약속은 소리, 문자, 어(語), 어연접(語連接), 구문, 의미, 담화, 양상(樣相), 어용(語用), 의도에 관한 제약으로, 언어표현의 형성이나 해석에 적용된다. 또한 이러한 제약은 계층을 형성하는데, 현재의 응용시스템은 주로 구문 이하의 층이 이용되고 의미, 담화, 양상, 어용, 의도와 같은 층은 부분적으로 적용된다.

3

음성정보 처리

3장에서는 컴퓨터를 중심으로 한 정보통신 기기로 음성정보를 다루기 위한 디지털화 기술, 기기에서 음성으로 정보 출력을 하기 위한 음성합성 기술, 음성에 의해 기기에 정보를 입력하기 위한 음성인식 기술을 소개한다. 먼저 3.1절에서는 언어음(言語音)인 음성신호가 지니는 음향적 특징과 음성신호의 효율적인 디지털 표현으로 대표되는 선형예측 부호화에 대해 설명한다. 그리고 선형 시스템의 관점에서 선형예측 부호화는 음성생성 기구에 입각한 공학적 수리(數理) 모델이라는 것을 밝힌다.

3.2절에서는, 문자정보를 입력한 텍스트 음성합성 처리에 대해 해설한다. 일본어 음성의 합성을 염두에 두고, 입력 텍스트에서 읽기나 악센트를 구하기 위한 처리, 음운 고유의 음색 변화를 부여하기 위한 음성 스펙트럼 제어, 적절한 빠르기 · 높이 · 강도를 결정하기 위한 운율 제어, 파형(波形) 생성기술을 대략적으로 설명한다. 이 중에서 최근에 특히 기술이 날로 향상되는 코퍼스베이스 음성합성을 다루고, 합성을 실행하기 위한 규칙(알고리즘)과 규칙을 적용할 경우에 필요한 데이터를 얻기 위한 음성 데이터베이스에 대해 설명하며, 아울러 규칙의 정밀도를 측정하기 위한 척도가 기술의 본질이라는 것도 설명한다.

3.3절에서는, 통계적 음성인식의 방식과 구성 요소(要素)기술을 대략적으로 소개한다. 요소기술에는 인식에 이용되는 음성특징 매개변수 추출법, 숨은 마르코프 모델(Hidden Markov Model, HMM)이라 불리는 통계적 음향패턴 기술모델과 그 구축법, 말하는 사람(화자)의 특성을 흡수하기 위한 화자적응 방법, 음향적인 특징과 병용하여 통계적인 언어 제약을 부여하는 언어모델, 수많은 단어후보 중에서 효율적인 정답을 가려내는 패턴 조합법과 탐색법이 있다. 현재까지 개발된 대표적인 각각의 요소기술을 설명하고 최근의 연구도 함께 소개한다.

3.1 음성정보의 표현

(a) 음성신호의 특징

음성은 인간이 발성기관을 통해 내는 언어음(言語音)이며, 인간은 〈말〉을 통해 언어정보를 전달한다. 음압(音壓)의 시간 변화를 나타내는 음성파형(speech waveform)에는, 모음이나 자음의 고유 성질이 나타난다. 그림 3.1에서 남성이 발성한 단어 /saiko/('最高'의 일본 발음)의 예처럼, 성대의 진동을 수반하는 모음부(母音部)에서는 주기적인 음성파형이 생성된다. 한편, 성대의 진동을 수반하지 않는 무성 자음부(子音部)에서는 마찰음 /s/처럼 규칙성이 없는 파형이나, 파열음 /k/처럼 순간적으로 변화하는 비정상적인 신호파형이 발견된다. 이 현상의 일부를 확대한 음성파형에 나타난 것처럼, 신호파형을 단시간마다 주파수분석(푸리에 분석)한 스펙트럼에는 음성의 생성에 관계되는 여러 가지 특징이 응축되어 있다.

그림 3.1의 단어 /saiko/에 포함되어 있는 모음 /a/, /i/ 중심부에서 단시간 스펙트럼이 나타나는 것처럼, 음성파형에서 발견되는 시간 영역의 주기성(週期性)은, 주파수 대역에서는 파장이 가파른 산 모양이 이어지는 구조로 표현된다. 이러한 미세구조를 **조파구조**(調波構造, harmonic structure)라고 한다. 이 조파구조의 포락선(包絡線, envelope)은 몇몇 주파수에서 정점(peak)을 이룬다는 것을 알 수 있다. 이 정점을 **포먼트**(formant)라고 하는데, 주파수가 낮은 것(좌측)에서부터 순서대로 제1포먼트, 제2포먼트, …라고 부른다. 포먼트는 성대를 음원(音源)으로 한 파형이, 구강 또는 식도의 일부로 구성되는 성도(聲

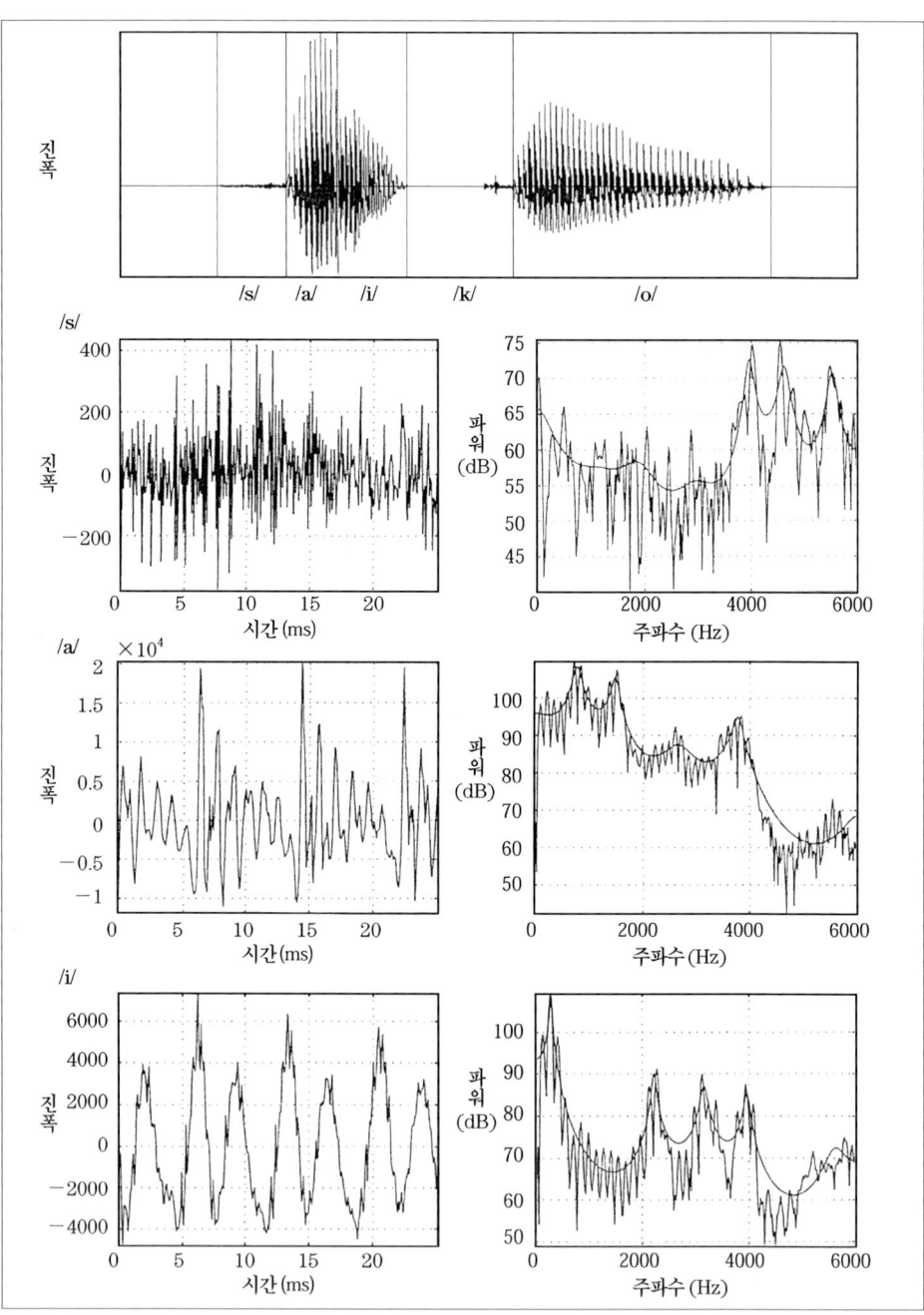

그림 3.1 남성이 발성한 단어 / saiko /(最高)의 음성파형과 음성파형에 포함되는
자음 / s /와 모음 / a /, / i / 중심부의 확대파형(좌)과 단시간 스펙트럼(우)

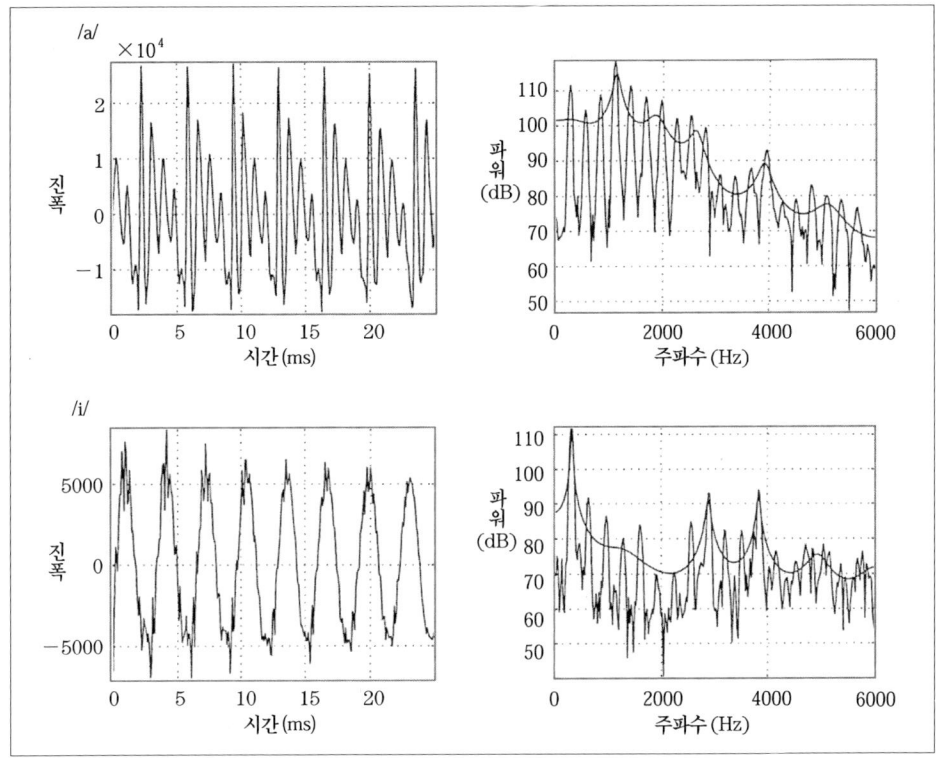

그림 3.2 여성이 발성한 단어 / saiko /(最高)에서 모음 / a /, / i / 중심부의 파형(좌)과 단시간 스펙트럼(우)

道) 안에서 공명되어 생긴 결과이다. 이것은 성도를 음향관(音響管)으로 간주한 경우의 고유 공진(共振) 주파수의 값과 거의 일치한다. 이처럼 모음 / a /와 / i /의 음색이 다른 것은 음향관인 성도 모양의 차이로 인해 발생하는 공진주파수가 다르기 때문이다.

또한 성도의 모양은 음운에 따라서만 서로 다른 것이 아니라 발성자(發聲者)에 따라서도 크게 달라, 남녀나 개인이 지닌 고유한 음색이 성도의 모양을 특징짓는 원인이 되기도 한다. 일반적으로 여성은 남성에 비해 성도(聲道)의 길이가 짧기 때문에, 고유 공진주파수가 높다. 그림 3.2는 앞의 그림 3.1과 같은 단어를 이용하여 이번에는 여성 화자(話者)의 단시간 스펙트럼을 나타낸 것이다. 그림 3.1의

남성 화자의 스펙트럼과 비슷한 모양을 하고 있지만, 여성의 포먼트가 남성에 비해 높다는 것을 알 수 있다. 이른바 성문(聲紋, voice print)은 단시간 스펙트럼의 주파수 성분의 크기를 농담(濃淡―진함과 연함)으로 표시하여 시간에 따라 변화하는 모습을 나타낸 것으로서, 발화내용이나 발화자에 의한 특징적인 패턴을 나타낸다.

(b) 음성신호의 디지털 표현

음악 또는 일상생활에서 듣는 여러 종류의 소리와 마찬가지로 음성을 단순히 음향신호 파형으로만 파악했을 경우, 보통 음성통신에 지장이 없을 정도의 음질로 전송하기 위해서는 매초 64킬로비트(Kb)의 정보량을 필요로 한다. 한편, 말하고 있는 내용만을 문자화해서 전달할 경우에는 매초 약 100비트 정도의 정보량이면 충분하기 때문에, 음성을 파형정보로 전송하기 위해서는 수백 배에서 수천 배의 정보량을 필요로 하게 된다. 음성이 가진 정보를 훼손시키지 않고 좀더 적은 정보량으로 전송을 가능하게 하기 위해서, 음성신호가 지닌 성질을 이용하여 정보를 압축 표현하는 연구가 진행되어왔다. 그 중에서도 **선형예측 부호화**(線形豫測符號化, Linear Predictive Coding, LPC)는 음성파형이나 스펙트럼의 성질을 소수(少數)의 매개변수로써 효율적으로 표현할 수 있는 기본적인 부호화방식으로 널리 알려져 있다. LPC를 이용함으로써 매초 2.4~6.0킬로비트의 정보량으로 명료한 음성을 전송할 수 있다. LPC는 단순히 부호화 방법만이 아니라 음성생성 기구의 공학적 수리(數理) 모델로서, 음성합성은 물론 음성인식의 특징 추출법으로도 널리 이용되고 있다.

음성신호는 프레임(frame)이라고 불리는 수십 밀리초

(ms) 정도의 짧은 시간 구간에서는 거의 정상(定常) 신호라고 간주할 수 있다. LPC에서는 시시각각으로 변하는 음성파형의 샘플값을 그대로 전송하지 않고, 각 프레임마다 아래에 나타난 분석에 의해 얻어진 예측계수(豫測係數, prediction coefficient)라는 매개변수를 디지털화하여 전송한다. 수신측은 이 예측계수에 기초하여 음성파형을 복호화한다.

예를 들어 현시점(시각 n)에서 음성파형의 샘플값을 $x(n)$이라고 하면, 식 (3.1)에 나타난 것처럼 $x(n)$을 그 이전의 p개로 구성되는 샘플값의 선형결합(線形結合)과 예측오차(prediction error, **잔류신호**(殘留信號, residual signal)라고도 함) $u(n)$으로 표현하는 방법을 생각해보자.

$$x(n) = -\sum_{i=1}^{p} a(i)x(n-i) + u(n) \qquad (3.1)$$

여기에서 $a(i)(i=1, \cdots, p)$는 예측계수, p는 예측차수(豫測次數, prediction order)이다. 예측계수 $a(i)$는 식 (3.2)에서 볼 수 있는 것처럼, M개의 연속하는 음성 샘플 구간(프레임)에서 동일한 값을 갖고, 이 구간 내 예측오차의 제곱 평균을 최소로 하는 기준으로 구해진다.

$$
\begin{aligned}
e &= \frac{1}{M}\sum_{n=1}^{M}[u(n)]^2 \\
&= \frac{1}{M}\sum_{n=1}^{M}\left[x(n) = \sum_{i=1}^{p} a(i)x(n-i)\right]^2
\end{aligned}
\qquad (3.2)
$$

극대치(極大値)를 취하는 조건에서, 식 (3.2)를 각 $a(i)(i=1,\cdots,p)$에 대해 편미분(偏微分)한 것을 0으로 놓음으로써 다음과 같은 p개의 연립 1차 방정식을 얻는다.

$$\sum_{i=1}^{p} a(i)\left[\frac{1}{M}\sum_{n=1}^{M} x(n-i)x(n-k)\right]$$

$$= \frac{1}{M} \sum_{n=1}^{M} x(n) x(n-k) \quad (k = 1, \cdots, p) \quad (3.3)$$

이제, 식 (3.3)의 좌변의 〔〕 안을 아래 식 (3.4)처럼 새롭게 ϕ_{ik}로 놓으면 식 (3.3)은 식 (3.5)와 같이 나타낼 수 있다.

$$\phi_{ik} = - \frac{1}{M} \sum_{n=1}^{M} x(n-i) x(n-k) \quad (3.4)$$

$$\sum_{i=1}^{p} a(i) \phi_{ik} = \phi_{0k} \quad (3.5)$$

실제로 이 연립방정식을 푸는 방법은, 더빈법(法)이라고 부르는 순차계산(順次計算)을 이용한 고속해법이 널리 알려져 있다[23][35][42].

이와 같은 계산법으로 보통 20~30밀리초의 프레임 시간길이인 M의 음성신호에 대응해 얻어지는 p개(8~12)의 예측계수 $a(i)$는 프레임당 32~40비트로 디지털화되어, 약 10~20밀리초 정도의 주기(프레임 주기(frame interval)라 부른다)로 갱신된다. 전송하는 매개변수로는 예측계수 $a(i)(i=1, \cdots, p)$와 예측오차 $u(n)(n=1, \cdots, M)$이 이용되고, 전송하는 정보량이 증가함에 따라 예측오차에 의한 상세한 정보를 전할 수 있기 때문에, 한층 더 고품질의 음성을 전송할 수 있다.

이상의 선형예측 분석에 의해 얻어진 예측계수는, 위에서 설명한 바와 같이 해당 프레임에 인접하는 음성파형의 샘플 값 사이의 관계를 규정한다. 그러나 선형시스템 이론이라는 관점에서 보면, 다른 해석도 가능하다. 즉, 선형시스템 이론에서는 입력신호 $x(n)$에 대한 출력 $y(n)$을 발생시키는 해당 시스템의 임펄스 응답(impulse response)을 $h(n)$이라고 하면, 식 (3.6)과 같은 식이 성립한다[23][35][42].

식 (3.7)에서 정의한 x의 z변환 $X(z)$를 보면, 식 (3.8)

$$y(n) = \sum_{i=-\infty}^{\infty} x(i) \cdot h(n-i) \qquad (3.6)$$

이 성립한다고 알려져 있다(이하, z 변환은 대문자로 표기한다).

$$X(z) = \sum_{i=-\infty}^{\infty} x(i) \cdot z^{-1} \qquad (3.7)$$

$$x(n) = \frac{1}{2\pi j} \oint_C X(z) \cdot z^{n-1} dz \qquad (3.8)$$

식 (3.6)의 양변의 z 변환을 취함으로써, 다음과 같은 관계가 성립한다.

$$
\begin{aligned}
Y(z) &= \sum_{i=-\infty}^{\infty} \left[\sum_{k=-\infty}^{\infty} x(i-k)h(k) \right] z^{-i} \\
&= \sum_{k=-\infty}^{\infty} h(k)z^{-k} \sum_{i=-\infty}^{\infty} x(i-k)z^{-(i-k)} \\
&= H(z)X(z) \qquad (3.9)
\end{aligned}
$$

위의 식 중에서 $H(z)$는 해당 시스템의 **전달함수**(傳達函數, transfer function)라고 한다.

이제 식 (3.1) 중에서 잔류신호 $u(n)$을 입력신호, 예측계수 $a(i)$를 임펄스 응답, 음성신호 $x(n)$을 출력으로 간주할 경우, 시스템의 전달함수 $H(z)$는 다음과 같이 나타낼 수 있다.

$$H(z) = \left[1 + \sum_{i=1}^{p} a(i)z^{-i} \right]^{-1} \qquad (3.10)$$

그림 3.3에서 볼 수 있듯이, 선형예측 부호화에서는 음성의 생성과정을 선형시스템으로 보고, 그 구동(驅動) 음원으로 신호 $u(n)$이 입력되어, 음성파형 $x(n)$이 출력되는 음성생성 모델로 간주한다는 것을 의미한다. 다시 말하면 성대가 진동해서 발생하는 펄스상(狀)의 주기성 음원, 또

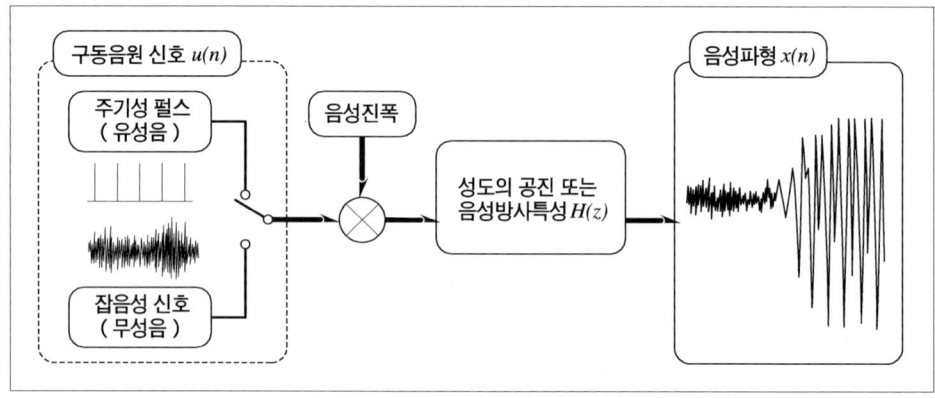

그림 3.3 음성생성 과정
의 선형시스템 모델

는 마찰음 등에서 나타나는 구강 내부가 협소하여 생기는
난류(亂流) 음원이 구동음원 $u(n)$이 되고, 성도의 공진이
나 음성 방사(放射)의 특성을 전달함수 $H(z)$가 반영한다.
그림 3.2에서 음성 스펙트럼의 조파구조의 포락선은, 실제
로는 전달함수 $H(z)$의 주파수 영역의 표현으로서 선형예
측 분석에 의해 얻어진 것이다.

성도의 공진 특성을 나타내는 특징량(特徵量)인 포먼트
는 적은 정보량으로 음성 특징을 기술할 수 있지만, 산출
방법으로 해석적인 수단이 없어 정확한 추출이 어렵다. 그
에 반해 선형예측 계수 $a(i)$는 한 프레임당 10개 정도의 정
보량으로 성도의 공진 특성을 나타내는 매개변수로 이해
할 수 있다. 또한 도출하는 방법이 확립되어 있어서 음성
정보 처리에 널리 이용된다. 선형예측 분석은 적은 정보량
으로 음성을 전송하기 위한 기술로, PARCOR(PARtial
auto-CORelation, 부분자기 상관계수(部分自己相關係
數)) 또는 LSP(Line Spectrum Pair, 선스펙트럼 쌍) 같
은 선형예측 계수와 수학적으로 대등한 매개변수가 고안
되었다[42]. 이것은 필터의 안정성과 매개변수 양자화 특
성, 보간(補間, interpolation) 특성이 뛰어난 매개변수로
널리 알려져 있다.

3.2 음성합성

(a) 음성합성의 구조

전철역의 안내방송, 전화요금이나 시보안내와 같은 합성음성은 이미 우리 생활에서 많이 쓰이고 있다. 일반적으로 많이 알려진 위와 같은 안내방송은 녹음해놓은 것을 그대로 재생하거나, 간단한 편집만으로 만들어진 것이기 때문에 고정된 내용의 음성만을 내보내게 된다.

따라서 출력하고 싶은 내용을 문자로써 자유자재로 입력하여 음성을 합성하기 위해서는, 사람이 문장을 읽는 과정을 기계에 실현시켜야 한다. 3.1절에서 소개한 음성파형의 합성이 이른바 컴퓨터의 입(口)이 되어서 발성기능을 맡는다고 하면, 입력된 언어정보에서 컴퓨터의 입을 움직이는 제어처리가 필요하다. 그러한 처리에는 인간이 언어를 습득할 때 획득한 것과 같은 수준의 지식을 필요로 한다. 컴퓨터에는 이러한 지식이 규칙과 데이터라는 형태로 축적되어 있다. 그래서 언어정보를 입력한 음성합성은, 음향신호의 분석 재생에 의한 합성과 구별하여 **규칙에 의한 합성**(speech synthesis by rule)이라고 부른다.

그림 3.4는 문자 텍스트를 입력한 음성합성 처리의 개요를 나타낸다. 먼저, 입력된 문자의 읽기와 악센트를 알기 위해서 〈사전〉과 사전을 찾기 위한 방법인 〈문법〉을 준비한다. 그리고 단어의 품사정보 등에 의해 문(文)을 구(句)단위로 분할하고 사전에 쓰여진 단어의 〈읽기〉(발음 표기)나 악센트의 속성을 이용해서, 문(文)이 아닌 구(句)단위에서의 읽기와 악센트를 결정한다. 그리고 찾아낸 발음 표기를 토대로, 그것에 맞는 스펙트럼 시계열(時系列)을 미

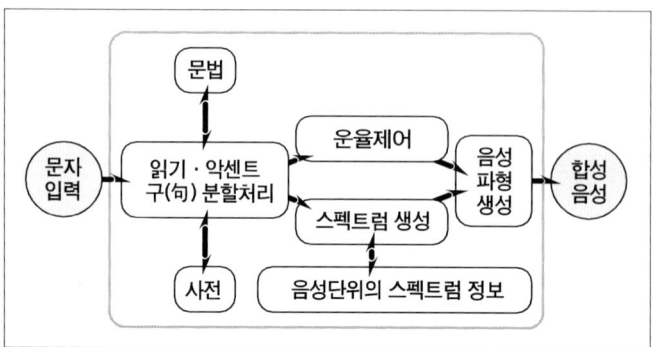

그림 3.4 문자정보를 입력한 텍스트 음성합성 처리의 개요

리 축적된 음성단위의 스펙트럼 정보에서 생성한다.

여기에 맞추어 자연스러운 운율을 부여하기 위한 제어가 실행된다. 즉, 발화(發話)의 리듬이나 템포, 억양, 강약에 근접하게 대응하는 음운의 지속시간 길이, 성대의 기본주파수, 진폭을 입력단어 정보나 구구조(句構造)에 의해 제어한다. 끝으로 위의 정보를 토대로 음성합성 기기에 의한 음성파형을 생성한다. 음성파형을 생성할 때에는, 3.1절에서 설명한 선형예측 분석의 대표격인 디지털신호 처리를 이용한 음성합성법이 널리 이용된다. 이 방법으로 입력에 맞춘 음성단위의 스펙트럼 특성(성도공진(聲道共振) 특성)과 구동음원(성대진동(聲帶振動) 특성)에 의한 합성음성을 얻을 수 있다.

(b) 읽기, 악센트, 구(句) 분할처리

입력 문자열에 대한 구성(構成) 단어를 규정하는 처리를 형태소분석(morphological analysis)이라고 하는데, 특히 일본어처럼 단어를 띄어쓰지 않는 언어에서는, 읽는 방법이나 악센트를 숙지한 후에 처리를 해야 한다(형태소분석 처리는 제1장을 참조할 것). 음성을 합성 출력하기 위해서는 몇 가지 언어처리를 더 해야만 한다. 먼저 형태소분석에서 얻은 단어의 문법정보 또는 단어 사이의 관계에서, 발화를 구분짓는 운율구(韻律句, prosodic phrase) 단위로 문을 분할한다. 운율구는 최소의 음조(音調) 구분으로, 하나의 악센트형(accent type)을 지닌 하나 또는 몇 개 정도의 문절로 이루어지는 단위이다. 그래서 악센트구(句)(accent phrase)라고 부르기도 한다.

예를 들어 아래와 같은 입력문이 있다고 하자.

　　民間會社で育った日本人にはまったくわかりません
　　(일반 회사에서만 근무한 일본인은 도저히 이해하지 못할 겁니다)

위의 문장은 아래와 같이 운율구 분할을 해볼 수 있다.

　　(民間會社で育った)＋(日本人には)＋(まったく)
　　＋(わかりません)

운율구로 분할하는 데는 자유도(自由度, degree of freedom)가 있어서, 위 예에서처럼 〈民間會社で育った〉가 〈民間會社で〉＋〈育った〉의 두 개로 세분된다. 또는 〈民間會社で育った〉＋〈日本人には〉가 〈民間會社で育った日本人には〉처럼 하나로 통합되는 수도 있다.

운율구로 총정리를 할 때, 단어를 통합하게 되면 악센트의 위치와 읽기가 변경된다. 위 예에서도, 사전에 실려 있는 단어의 읽기와 악센트에서 다음과 같은 악센트 위치(⌐의 바로 앞 위치에 악센트가 있다)와 읽기를 부여하는 운율구 처리가 필요하다.

　　みんかん(民間)＋かいしゃ(會社)
　　→みんかんが⌐いしゃ(民間會社)
　　にほ⌐ん(日本)＋じ⌐ん(人)
　　→にほんじ⌐ん(日本人)

악센트 위치의 이러한 변화는 문절(文節) 안에서나 문절 사이에서는 서로 다른 경향이 나타나는데, 먼저 문절 안에

서의 처리, 그 다음에 문절 사이에서의 처리가 이루어진다. 일본어(동경 방언) 악센트는 거의 가나 한 문자에 대응하는 모라(mora, 拍 — 보통 한 단음절에 해당하는 길이의 단위)의 높낮이에 따라 결정되고, 악센트가 있는 위치까지의 모라 수를 첫머리부터 세어, 그 값을 갖는 단어나 문절의 악센트형(accent type)이라고 부른다. 또한 악센트가 없는 타입은 0형(型)이라고 한다. 이를테면, 위의 예에서 みんかん(民間)과 かいしゃ(會社)의 악센트는 0형이고, 결합된 みんかんが─ぃしゃ(民間會社)는 5형(型)의 악센트가 된다.

문절 안에서는 기본적으로 후위요소(後位要素)의 악센트 속성에 따라 악센트의 이동, 발생, 소실(消失)이 규칙적으로 제어된다. 일반적으로 복합어는 후위요소의 악센트가 복합어 전체의 악센트가 되고, 후위요소가 악센트를 갖지 않는 경우에는 후위요소의 첫 번째 모라에 악센트가 발생한다. 또한 부속어가 동사에 연접하는 경우, 표 3.1에서처럼 부속어의 악센트 속성이 결정권을 갖는다. 따라서 앞의 복합어의 예에서는 〈民間〉에 악센트를 갖지 않는 〈會社〉가 결합하여 후위요소의 첫 번째 모라에 새로운 악센트가 발생, 5형의 악센트를 갖는 복합단어 〈民間會社〉가 된다.

표 3.1에 나타난 규칙은 반복 적용되어, 위의 운율구(わかりません)의 악센트 위치는 다음과 같이 결정된다〔40〕.

わか─る＋ま─す → わかりま─す(압니다)

わかりま─す＋─ん → わかりませ─ん(모릅니다)

또, 문절 사이는 표 3.2처럼 문절 안에서와는 완전히 반대로, 전위(前位)요소의 악센트에 의해 최종적인 운율구 악센트가 결정된다. 위의 운율구 (民間會社で育った)의 악센트 위치는 다음과 같이 정해진다.

표 3.1 문절 안에서의 악센트 결합규칙

부속어의 악센트 결합속성	문절의 악센트형	
	$M_1=0$인 경우 さがす (찾다)	$M_1\neq0$인 경우 およ┐ぐ (헤엄치다)
(1) 종속형 예: た, ほど	M_1 さがした, さがすほど (찾았다, 찾을 만큼)	M_1 (およ┐いだ, およ┐いだほど) (헤엄쳤다, 헤엄쳤을 만큼)
(2) 불완전 지배형 예: らしい, ので	N_1+M_2 さがすらし┐い, さがす┐ので (찾을 것 같다, 찾기 때문에)	M_1 およ┐ぐらしい, およ┐ぐので (헤엄칠 것 같다, 헤엄치기 때문에)
(3) 융합형 예: せる, れる	M_1 さがさせる, さがされる (찾게 하다, 찾게 되다)	N_1+M_2 およがせ┐る, およがれ┐る (헤엄치게 하다, 헤엄치게 되다)
(4-1) 지배형 예: まい, ます	N_1+M_2 さがすま┐い, さがしま┐す (찾지 않는다, 찾습니다)	N_1+M_2 およぐま┐い, およぎま┐す (헤엄치지 않는다, 헤엄칩니다)
(4-2) 지배형 (平板化型) 예: だけ	0 さがすだけ (찾을 뿐)	0 およぐだけ (헤엄칠 뿐)

• 표 안의 (N_1, M_1), (N_2, M_2)는 각각 선행 단어, 후속 부속어(모라 길이, 악센트형)를 나타낸다.

みんかんが┐いしゃで+ そだ┐った

→ みんかんが┐いしゃでそだった

악센트 처리와 같이 읽기의 처리 역시 기본적으로 형태소분석의 문제로 여겨진다. 예를 들어 〈今日〉을 〈きょう〉로 읽는가 〈こんにち〉로 읽는가, 또는 〈にわにはにわ〉를 〈庭には二羽(뜰에는 두 마리)〉로 표현하는가 〈丹羽に埴輪〉로 표기하는가는 그 부분만으로는 알 수 없기 때문에, 문장 전체나 더 넓은 범위의 문장 내용을 파악해야 할 필요가 있다. 단어의 규정(規整)에 얽힌 이러한 문제는 별도로 하더라도, 위 예의 〈民間會社〉처럼 사전에 실려 있는

표 3.2 문절 사이의 악센트 결합규칙

악센트형			문절의 결합 예
선행문절	후속문절	구	
0	0	0	むずかしい＋もんだい → むずかしいもんだい (어려운 문제)
0	$M_2(\neq0)$	N_1+M_2	わたしが＋わ ⌐ るかった → わたしがわ ⌐ るかった (내가 나빴다)
$M_1(\neq0)$	0	M_1	ゆっく ⌐ り＋すすめる → ゆっく ⌐ りすすめる (천천히 권유하다)
$M_1(\neq0)$	$M_2(\neq0)$	M_1	あお ⌐ い＋み ⌐ かんが → あお ⌐ いみかんが (덜 익은 귤이)

표 안의 $(N_1, M_1), (N_2, M_2)$는 각각 선행 문절, 후속 문절(모라 길이, 악센트형)을 나타낸다.

〈かいしゃ〉를 연탁(連濁) 처리하여 〈がいしゃ〉로 읽는다든지, 〈日本人〉의 〈人〉을 〈ひと〉도 아니고 〈にん〉도 아닌 〈じん〉으로 읽게 하는 처리가 필요하다. 연탁(連濁 – 뒤에 오는 단어가 탁음현상을 일으키는 것)은 악센트 변화와 마찬가지로 단어끼리 결합하여 하나의 단어가 되는 과정과 깊은 관계가 있다고 알려져 있다[45]. 그리고 〈人〉을 구분해서 읽는 것도 앞에 오는 단어의 언어적 속성에 의존하여 결정되는 것이다. 이러한 제어를 통일적으로 다루기는 어려워, 실제 음성합성 시스템에서는 단어사전에 필요한 정보를 직접 써넣거나 복합어 그 자체를 사전 항목에 추가하여 처리하고 있다.

(c) 음성 스펙트럼 생성

입력문을 읽게 되면, 입력문의 발음 표기를 토대로 성도(聲道)의 공진(共振)특성을 실행하여 발음 표기에 알맞은 음색을 부여하는 스펙트럼을 만들어낸다. 사람의 경우는 음성언어에 관한 지식을 토대로 발성기관을 제어해서 입력문에 대응하는 음성 스펙트럼을 만들어내지만, 사람이 습득한 지식과 발화제어기구(發話制御機構)를 기계로 표현하는 것은 어렵다. 그래서 현재 대부분의 음성합성 시스템은 입력문을 기반으로 하여 최종적인 스펙트럼 정보를 직접 만들어낸다.

위 목적을 실현하려면 음성단위에 대응하는 스펙트럼 시계열(時系列)을 미리 축적해놓고, 연결합성을 해야 한다. 일본어는 50음도(五十音圖 - 일본 문자의 오십음을 성음(聲音)의 종류에 따라 배열한 표)에 탁음(울림소리)이나 반탁음을 더해서 수백 개의 음절(syllable)로 구성되지만 취급하기에 무리가 없어, 음성합성의 단위로 이용되어왔다[3].

그러나 한 음절의 음성 스펙트럼이 완전히 같은 형상을 나타내는 것은 아니다. 앞뒤로 연접하는 음운(音韻) 또는 강세(stress)의 유무 등 그것이 쓰이는 다양한 환경(음운환경)으로 인해 크게 달라진다는 것이 밝혀졌다. 그래서 음성 스펙트럼이 다르다는 점에 착안하여 다양한 음성단위를 이용하자는 제안이 있었다. 특히, 인접하는 음운의 영향이 크다는 점을 고려해 음절보다 긴 VCV(vowel - consonant-vowel, 모음 · 자음 · 모음)[44] 또는 CVC(consonant - vowel-consonant, 자음 · 모음 · 자음)[46]를 대표적인 단위로 취급한다. 이 단위를 이용하면, 앞의 예문 〈…育った…〉는, …+/eso/+/oda/+/atta/+…(VCV 단위일 경우), …+/sod/+/datt/+/ttan/+…(CVC 단위일 경우)라는 단위로 구성된다.

영어를 포함한 서구 언어는 기본이 되는 음성단위의 수가 매우 많다. 영어는 음절수가 약 4000~5000개인 것으로 알려져 있다. 그렇기 때문에 일본어처럼 음운환경을 고려하여 길이가 긴 음성단위를 사용하기는 어렵다. 그래서 모음이나 자음과 같은 작은 기본단위를 연구하여 포먼트 데이터를 토대로 수작업에 의한 규칙화를 이루어왔다.

좀더 정확한 스펙트럼 시계열을 실현하기 위해 발성기구의 모델화를 중심으로 오랜 기간에 걸쳐 깊이 있는 연구를 해왔으며, 시험단계이기는 하지만 미묘한 제어가 요구되는 여성의 음성을 발성으로 즉시 바꾸어 합성하는 일도 가능해졌다. 그러나 발성기구의 모델화는 많이 진척된 반면에, 필요한 제어 데이터의 완전자동 추출, 제어 자체의 모델화나 규칙의 양자화가 과제로 남아 있다. 그리고 발성기구를 토대로 한 완전한 제어규칙화도 아직 성공하지 못했다.

한편, 발성기구를 토대로 한 모델과는 대조적으로 컴퓨터 계산능력의 비약적인 확대, 선형예측 분석으로 대표되는 디지털 신호처리 방법의 진보, 음성 데이터베이스의 정비를 발판으로 한 방법론이 일본 등을 중심으로 많이 연구되었다. 코퍼스베이스 음성합성(corpus-based speech synthesis)은 발성기구에 기초한 완전한 제어규칙에 따라 작업하는 것이 아니라 대규모의 음성 데이터베이스를 준비하여 그 중에서 가장 정확한 스펙트럼이나 파형을 효율적으로 찾아내는(또는 만들어내는) 것을 목표로 하고 있다 [29][38][51].

그림 3.5는 코퍼스베이스 음성합성 방법의 한 가지로 제안된 단위선택형 음성합성(unit-selection speech synthesis)의 개요를 나타낸 것이다[51]. 이 방법은 기존의 균일한 음절 단위의 음성 데이터 대신에, 음성 데이터베이스와 음운부호를 지닌다. 합성시에는 단위음성 사전을 이용하여 출력하는 음성에 가장 적합하다고 생각되는 음성 스펙트럼 시계열을 음성 데이터에서 선택해서 사용한다. 그리고, 단위 접속 위치에서 스펙트럼의 왜곡을 최

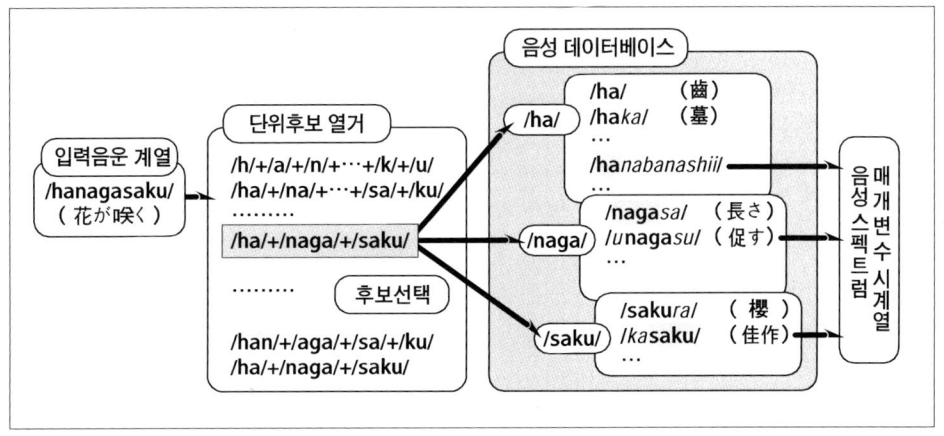

그림 3.5 단위선택형 음
성합성

소화하기 위한 단위 선택이 이루어진다. 그러나 기본적으로 단위 사이의 보간(補間)은 하지 않는다. 이로써 복수의 음성 데이터에서 가능한 한 음운환경을 고려한 음성 데이터가 이용되고, 사용 지점도 자동으로 규정된다.

이와 같은 합성방법은 기존의 고정적이고 획일적인 음성단위 사용을 자유로운 단위 사용으로 대체했을 뿐만 아니라 음성단위의 규정에서 작성, 사용법까지 일괄적으로 고려할 수 있는 틀을 제공했다. 다시 말하면 종래의 음성단위에 관한 모든 문제를 아래와 같이 세 가지 독립적인 문제로 나누어, 동시에 통일적으로 취급할 수 있는 틀(구조)을 제공한다는 것이다.

(1) 최적 단위 선택을 부여하는 평가척도 규정

(2) 데이터베이스에 있는 음성단위의 효율적 탐색

(3) 음성 데이터베이스 설계

음성단위의 작성과 사용기준을 명확히 함으로써 합성음성의 재현성이 보장되고, 합성방식간의 상호 비교와 음성 데이터에 기초한 합성방식의 최적화(optimization)가 이루어지게 되었다.

코퍼스베이스 음성합성은 규칙을 이용한 종래의 합성방

법에 비하여, 스펙트럼 생성이라는 관점에서는 실현형태가 크게 다르지만, 스펙트럼 제어 모델로서는 본질적으로 차이가 없다. 규칙을 이용한 합성은 실제로 규칙을 적용하는 경우, 각종 매개변수의 값을 관측(觀測) 데이터에서 추출할 필요가 있어, 규칙의 정밀함에 대응해 매개변수의 양도 증가한다. 또한, 규칙에 맞지 않는 예외적인 것에 데이터를 이용해 대처할 필요가 있는 경우도 많다. 한편, 코퍼스베이스 음성합성은 대량의 코퍼스 안에서 최종적인 처리에 필요한 데이터를 추출하여 이용하는 것을 지향하고 있다. 따라서 초기단계에서는 데이터코퍼스 그 자체가 이용되지만, 코퍼스의 최적 설계와 제어 모델화를 통해 데이터 양의 압축을 모색하고, 점차 규칙이라고 부를 수 있는 것에 근접해간다. 어쨌든 표면적인 데이터의 차이를 가져오는 물리법칙을 찾아내어 좀더 기본적이고 정밀도가 높은 제어규칙을 확립한다든지, 근사오차(近似誤差)를 최대한 작은 상태로 유지하면서 데이터 양의 압축을 모색한다는 점에서는 같다.

앞에서 설명한 바와 같이 스펙트럼 생성은 사람이 습득한 음성언어를 생성하는 지식과 발화(發話) 제어기구를 이용한 제어 대신에, 음성의 스펙트럼이나 파형(波形)이라는 형태로 축적된 음성 데이터가 이용된다. 따라서 화자(話者) 고유의 음색은 축적된 음성 데이터에 의해 결정되고, 서로 다른 화자의 음색을 실현하기 위해서는 화자의 음성 데이터를 새롭게 다시 축적할 필요가 있다. 그리고 화자마다 대량의 데이터를 수집, 축적하는 수고를 줄이기 위한 음성변환기술이 연구중이다. 음성변환(voice conversion)에 관해서는 3.3절에서 설명할 화자적응(話者適應, speaker adaptation)기술과 마찬가지로, 다양한 음운환경에 따라 서로 다른 스펙트럼에서 화자(話者)를 대응시켜, 출력하고 싶은 화자의 소량 데이터로 스펙트럼을 생성하는 방법이 연구중에 있다[2][28].

(d) 운율 제어 I (속도 제어)

음성을 합성하기 위해서는 음색(音色)을 부여하는 음성 스펙트럼을 생성한 다음에, 어느 정도의 속도와 높이, 강도(强度)로 출력하는가를 결정하는 운율의 조절이 필요하다. 입력에는 입력문을 해석해서 구해지는 구성 단어의 속성이나 구문 관계를 나타내는 언어정보와, 단어의 읽기로 구성되는 음운정보가 있다. 이런 정보를 기초로 하여 음성 단위에 있는 음운 지속시간, 음성파형을 생성하기 위한 기본 주파수, 음성진폭을 출력 제어한다. 강도(强度)에 대응하는 음성진폭은 음성단위의 스펙트럼 정보와 같이 축적된 것을 바르게 규정하여 이용함으로써 대부분 품질적인 문제는 없기 때문에 세밀하게 조절하지는 않는다. 속도와 높이에 대응하는 조절은, 자연스러운 언어음성을 합성하는 데 있어서 매우 중요하다. 여기에서는 우리가 보통 접하는 문장을 낭독할 때 이루어지는 운율의 제어에 대해 설명하고자 한다. 지금부터 설명할 입력문 정보를 토대로 한 운율의 제어는, 발화속도(發話速度) 변환[30]처럼, 발화속도를 입력해 문(文) 전체의 운율을 부분 또는 전체적으로 변경하는 제어의 기본이 된다.

일본어의 음성에서는 거의 가나 한 문자에 대응하는 모라(mora)를 단위로 한 타이밍 제어가 모색된다. 이러한 점에서 영어와 같은 강세 시점(stress timing)을 지닌 음성언어와는 달리, 음운에 대응하는 음향 구분의 지속(持續)시간(이하, 음운 시간지속(segmental duration)이라 함)의 제어 경향을 나타낸다. 청각적인 검증 실험을 포함해 모라를 단위로 한 등시성(等時性)에 관한 토론도 활발했지만, 음향 분석에 의해 모라에 대응하는 음향 구분의 시간지속(이하, 모라 시간지속(mora duration)이라 함)은 음성 안에서 일정하지 않다는 사실이 확인되었다. 모라 시간지속의 일정함이라는 명확한 특성이 없다고 하더라도, 인접한 음운 시간지속 사이에는 반비례관계가 성립한다고 알려져 있다. 특히 선행하는 자음의 지속과 뒤에 오는 모음의 지속 사이의 상관관계가 강해, 모라 타이밍이 음향적으로 나타난 것이 아닐까 생각된다. 이런 경향은 실제로 측정되는 값의 절대적인 지속길이뿐만 아니라, 각 음운의 평균 시간지속에서의 신축(伸縮)관계를 나타내는 지표를 이용해보아도 명확하게 나타나기 때문에 통계적으로도 의의가 있다.

음운 시간지속(時間持續)은 모라 타이밍에 의해 제약을 받을 뿐만 아니라, 음운의 콘텍스트(문맥, context)에서도 여러 가지 영향을 받는다[41]. 그 중에서도 음운에 속하는 문절(文節)이나 호흡이 이어지는 곳의 발화구분(發話區分) 내의 모라 수(數)와 위치의 영향은 특히 두드러진다. 발화구분 내의 모라 수(數) 증가와 더불어 모음의 평균적인 지속길이는 감소한다. 이 현상은 앞에서 설명한, 모라를 단위로 한 시간지속 보상현상(補償現像)과는 다른 것으로서 일본어뿐만 아니라 다른 많은 언어에서도 발견되는 현상이다. 또한 모음의 지속은 발화구분 앞쪽에서는 단축되고, 끝쪽에서는 길어진다. 끝쪽에서 길어지는 현상은 다른 언어에서도 볼 수 있지만, 일본어의 경우 구분의 끝쪽에서 길어지는 범위는 최종 모라에 국한되는 현상이 나타나고 있다[53].

일본어의 음운 시간지속은 위에서 설명한 바와 같이 모라 구조나 모라 수, 위치만으로 제어되는 것이 아니라 음성이 전하는 〈언어〉의 역할에 의존한다[6]. 흔히 전달 내용의 중요한 정보 자체가 되기도 하는 명사와 같은 자립어는 길어지고, 조사나 조동사와 같은 부속어는 짧아진다. 자립어 중에서도 수량사(數量詞)나 고유명사처럼 특히 중요한 정보를 담당하는 어(語)는 길어지는 정도가 크다. 한편, 부속어 중에서도 특정한 문장구조나 화제의 초점을 나타내는 데 이용되는 병렬조사, 부조사 등은 반대로 길어진다. 정보 전달에 필요한 역할에 대응하는 조절이 음운 시간지속의 제어에도 반영되고 있다. 그러나 정보 전달에 의한 신축(伸縮)의 절대값은 작은 편이며, 영어에서 발견되는 것처럼 큰 변화는 없다. 왜냐하면 모라를 단위로 하는 타이밍 제어가 큰 제약으로 작용하면 그 밖의 정보 전달을 위해 사용되는 제어의 자유도가 발화 속도의 제어에 한정되기 때문이다. 표 3.3은 음운 시간지속의 제어에 관계된 요인을 정리한 것이다.

음운 시간지속의 제어에 관해서는 3.2절 (c)에서 설명한 코퍼스베이스 방법이 일찍이 도입되어, 표 3.3에서 거론하는 영향 요인을 반영한 계산모델이 연구되어왔다[6][41].

표 3.3 음운 시간지속의 제어에 영향을 주는 요인

영향범위	관측되는 음향적 특징	영향 요인
해당음운	음운 고유의 평균지속 신축 경향의 차이	조음상의 제약
근방음운 모라	인접음운간의 시간지속 보상 장단 리듬	모라 타이밍
단어	내용어 신장 · 기능어 단축	단어의 중요도
발화구분 앞쪽 · 끝쪽	구(句) · 호흡 단락 끝쪽 신장 구분 앞쪽 단축	발화구분 경계의 명시
발화구분 전체	구 · 호흡 단락 안의 모라 수 증가에 따른 음운지속 단축	발화구분 내 템포
문(文) 전체	발화구간 전체의 신축	발화 템포

[52][53][55]. 제어에 사용하는 매개변수값을 적절하게 구하기 위해서는 충분한 양의 음향과 언어 부호(label)가 포함된 음성 데이터베이스가 필요하다.

일본어도 대규모의 음성 데이터베이스 구축이 진행되고 있고, 그것을 이용한 통계적 제어모델이 연구되고 있다. 이 모델에서는 선형회귀, 회귀목(回歸木), 그리고 더 발전된 최적화(最適化) 방법이 사용되고 있다.

선형회귀(線形回歸, linear regression)모델로는 연속하는 값을 취하는 제어 요인을 카테고리값에 적용할 수 있게 한, 수량화(數量化) 제Ⅰ류(類)라는 방법이 있다 [52][55]. 이 방법은 아래의 수식처럼 각 제어요인의 카테고리마다 특성함수 δ_{fc}의 1차식과 전체 음운 시간지속의 평균값 *MEANDUR*의 합에 의해 해당 샘플의 음운 시간지속의 *DUR*을 나타낸다.

$$DUR = MEANDUR + \sum_f \sum_c X_{fc} \, \delta_{fc} \qquad (3.11)$$

위 식에서 f는 표 3.3에 있는 음운 종류, 음운환경, 발성구분 지속, 발화구분 안에서의 위치 등과 같은 제어요소를 나타내고, c는 각 제어요소의 카테고리를 나타낸다. 특성함수 δ_{fc}는 해당 샘플이 일치하는 제어요소 카테고리만 1이라는 값을 취하고, 그 밖에는 0이 된다. X_{fc}는 제어요소f, 카테고리 c의 기여도를 나타내는 계수(係數)이다. 이 값은 위의 식을 통해 예측되었던 음운 시간지속과 실제 측정된 시간지속의 평균 제곱의 오차를 최소화하듯이, 통상적인 회귀분석(回歸分析)과 같은 방법으로 구한다. 표 3.4는 입력문 〈今日の天氣は…(오늘 날씨는…)〉 중에서 /kiwa/(氣は)에 포함되는 모음 /i/를 결정하는 데 사용된 제어요소 f, 카테고리 c의 기여도 X_{fc}의 값을 나타낸다.

표 3.4 선형회귀 모델에 의한 입력문 「今日の天氣は…」 중
/kiwa/ (氣は)의 모음 /i/의 모음 시간지속 제어

제어요소	카테고리	기여도 X_{fc}
평균값		75.74
모음 종류	/i/	−8.17
선행음소(音素)	/k/	−10.65
후속음소	/w/	−16.54
두 마디 앞의 음소	/n/	−0.32
두 마디 뒤의 음소	/a/	−2.62
전음소가 촉음인가?	no	−0.03
후음소가 촉음인가?	no	−0.31
문 안의 모라 수	17	+2.75
호흡단락 안의 모라 수	7	+5.25
구(句) 안의 모라 수	4	+0.63
문(文) 안의 위치	6	+1.44
호흡단락 안의 위치	6	−4.13
구(句) 안의 위치	3	−0.76
품사	명사	+1.89
/i/의 음운 시간지속 추정값(ms)		44.17

영어는 일본어에 비해 음운 수가 많기 때문에 대량의 데이터를 필요로 하며, 음절구조도 복잡하여 많은 요인을 염두에 두고 한번에 처리하는 선형회귀 모델을 그대로 적용하기가 어렵다. 그래서 회귀목(回歸木, tree regression)을 이용한 모델화가 이루어지게 되었다. 이 방법은 데이터에서 볼 수 있는 요인에 의한 분포의 편중을 기초로 하여 유용한 범위에서 통계적으로 모델이 얻어지기 때문에, 데이터 양에 적합한 모델화가 가능하다. 그림 3.6은 영어 모음 /æ/에 관해, 회귀목 모델을 이용한 시간지속 제어를 나타낸 것이다[36].

회귀목은 각 요인에 의한 효과가 선형회귀 모델처럼 일정한 값으로 나타나지 않기 때문에, 요인 사이에 작용하는

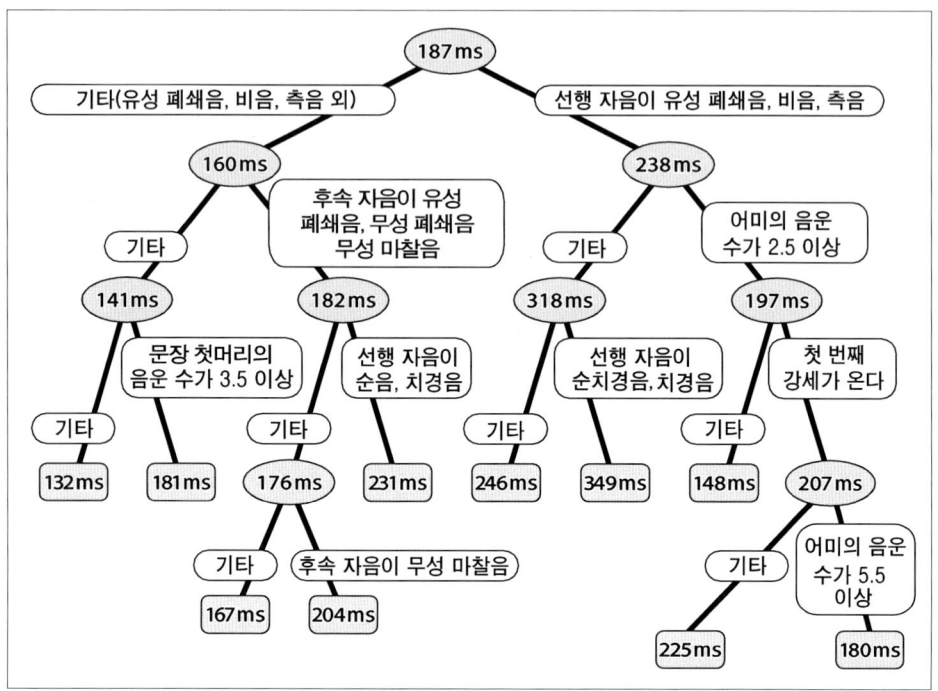

그림 3.6 회귀목 모델에
의한 영어 모음 /æ/의
시간지속 제어

효과를 표현하기도 하고, 또한 자유도가 높다. 회귀목 모델은 요인의 조합에 의한 데이터를 차례로 분할하여 작성한다. 회귀목을 작성할 때는, 각 노드(node, 절점)의 작성 시점에서 가장 효과적인 요인에 의한 분할이 결정된다. 따라서 이러한 최량(最良) 탐색법으로 작성을 하기 위해, 요인의 조합 전체로 작성 가능한 트리(tree)에서는 전체 탐색이 이루어지지 않고, 그 결과로 얻어지는 트리의 전체적인 최적성(最適性)은 보장되지 않는다.

선형회귀와 회귀목의 결점을 극복하고 발전시킨 방법으로는 곱합형 모델[43], 구속 조건부(拘束條件付) 회귀목 모델[14] 등이 있다. 곱합형(multiply add) 모델은 미리 각 요인 사이의 의존(依存)관계를 통계적으로 조사하여 요인 변수(變數)의 쌍일차 형식(雙一次形式, bilinear form)으로 음운 시간지속을 표현한다. 그래서 선형회귀 모델을 포함함과 동시에, 단순한 선형의 합으로 나타내는 것이 불가능한 요인 사이의 의존관계도 어느 정도 표현할 수 있다. 요인 변수의 계수는 선형회귀의 경우와 비슷한 정규 방정식을 풀면 구할 수 있다.

구속조건부 회귀목 모델(constrained tree-regression model)은 회귀목의 관점에서 선형회귀 모델을 다시 정비한 것으로서, 선형회귀와 회귀목 양쪽을 포함한다. 이 모델은 통상적인 회귀목에서는 완전히 독립된 요인의 기여도(寄與度)를 모델의 자유도(자유변수(free variable)의 수(數))에 대응해 구속한다.

---

pause의 위치와 길이 제어에 나타나는 일본어 운율의 특징

음성시간 제어의 과제 가운데 하나는 음성을 발성하지 않는 pause(사이, 休止)의 제어이다. 적절한 장소에 적절한 길이의 pause를 두지 않으면 발화 내용의 이해에 지장을 초래하기 때문에 이에 대한 제어가 상당히 중요하다. 일본어의 낭독(朗讀) 음성에 대해서는 표준적인 화자가 행한 pause의 위치와 길이가 연구되었으며, 언어로서의 성질이 짙게 반영되어 있다[54].

pause에는 길이가 다른 두 종류가 존재하는데 위치, 길이, 부분적인 문(文) 구조와 깊은 상관관계가 있다. 짧은 pause는 약 100mm/초 정도의 길이를 갖고, 바로 앞의 구(句)가 직접 관계하는 구(句)의 경계에서 많이 발견된다. 한편, 긴 pause는 약 300mm/초 정도의 길이를 갖는데, 바로 앞의 구(句)가 관계하지 않는 구(句)의 경계에서 많이 발견된다. 평균 모라 지속으로 규정한 단위를 기준으로 길이의 분포를 관찰하면 각각 1박자, 3박자의 길이에 그 분포가 거의 집중된다. 이 사실에서 알 수 있듯이, pause에 있어서도 모라를 단위로 한 타이밍 제어의 특성이 뚜렷하다. 음운 지속의 제어와 마찬가지로 선형회귀를 이용한 통계적 모델에 의한 pause의 위치와 길이 제어의 모델화가 이루어지고 있다.

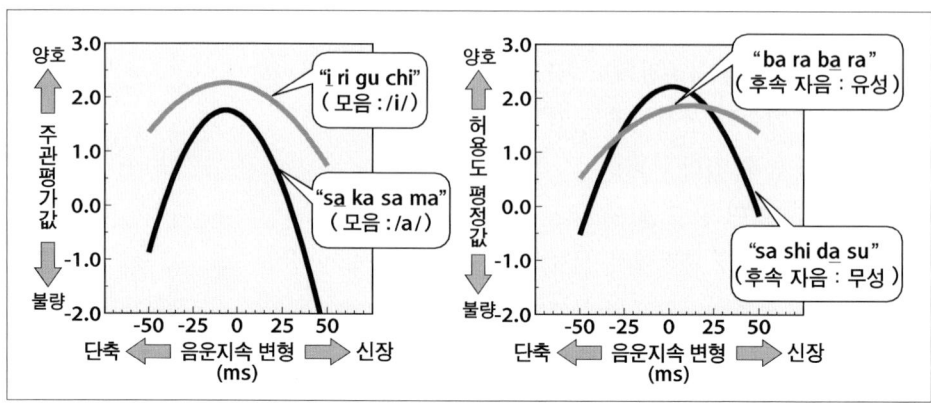

그림 3.7 음운지속 변동
에 따른 주관평가값의
변화(음운의 종류나 음
운환경에 의해 달라짐)

자유도를 완전히 구속해버린 경우가 선형회귀 모델의 트리 표현에 대응한다. 또한, 이 모델화는 노드 작성시점에서 분할하기 위해 사용된 평가척도와 트리 표현에 의해 구해지는 음운 시간지속을 독립적으로 취급할 수 있다. 따라서 모라 시간지속의 추정 오차를 최소로 하는 평가기준에 따라 음운 시간지속을 추정하는 트리 표현을 작성하는 일도 가능해진다.

이상 설명한 바와 같이 제어 모델의 작성에는, 제어 모델에서 구해진 음운 시간지속을 예측한 값과 실제로 측정한 값의 오차를 최소로 하는 기준이 이용된다. 그러나 제어 모델에 따라 주어지는 음운 시간지속이 어느 정도 타당한가에 대한 기준은 음성합성의 경우, 최종적으로 구해진 합성음성의 자연적인 성질의 평가값으로 결정한다. 실제로 발화된 단어음성을 이용, 단어 중의 한 음운의 시간지속만을 신축시킨 합성음성을 작성하여 복수의 피험자를 대상으로 주관(主觀) 평가를 구한 결과를 그림 3.7에 나타냈다[16].

그림에서 가로축은 해당 모음지속의 신축 시간지속(ms)을, 세로축은 주관평가값(Mean Opinion Score, MOS − 숫자가 감소함에 따라 품질이 떨어짐)을 나타낸다.

그림에서 알 수 있듯이 음운의 종류나 음운환경 등에 따

라 동일한 신축값이라도 합성음성의 자연성 평가에 미치
는 영향은 다르다. 이러한 청각 특성을 고려한 한층 더 자
연성 품질이 높은 음운 시간지속의 제어 규칙이 나오기를
기대해본다.

(e) 운율 제어 II (높이 제어)

높이(음조)의 조절은, 목소리의 빠르기와 마찬가지로 자
연스러운 언어음성을 합성하는 데 있어서 중요하다. 목소
리의 높이 변화는 주로 성대의 **기본주파수**(fundamental
frequency, F_0)가 담당하고, 음성합성에서는 생성된 음색
을 부여해 음성 스펙트럼을 진동시키는 파형(波形)의 주
기(週期)에 대응한다. 기본주파수는 입력된 문(文) 안에서
변화되며, 표 3.5에서 볼 수 있는 것처럼 각종 요인이 존재
한다. 음운 시간지속의 경우와 마찬가지로, 문(文)을 해석
하여 구해진 구성 단어의 속성이나 구문 관계를 나타내는
언어정보의 입력에 의해서, 문에 대응하는 기본주파수 시
간변화 패턴이 출력 제어된다. 입력으로 주어지는 언어정

표 3.5 기본주파수에 영향을 미치는 요인

영향 범위	관측되는 음향적 특징	영향 요인
음절	모음의 차이에 의한 높낮이 선행 자음의 차이에 의한 부분적 변화	조음상(調音上)의 성질
운율구 (1~몇 개의 문절)	문자 〈へ〉의 패턴 문절(文節)의 상승	운율구 악센트 어휘의 강조
운율절 (몇 개의 운율구)	절(節) 전체에 걸친 하강 선행 문절이 직접 관계하지 않는 후속절 전체 　의 상승 악센트 중심이 있는 문절의 후속 문절 하강	문절 사이의 부분적인 　의존관계
문(文) 전체	패턴 전체의 높낮이 동적 범위(dynamic range)	발화양식(發話樣式)

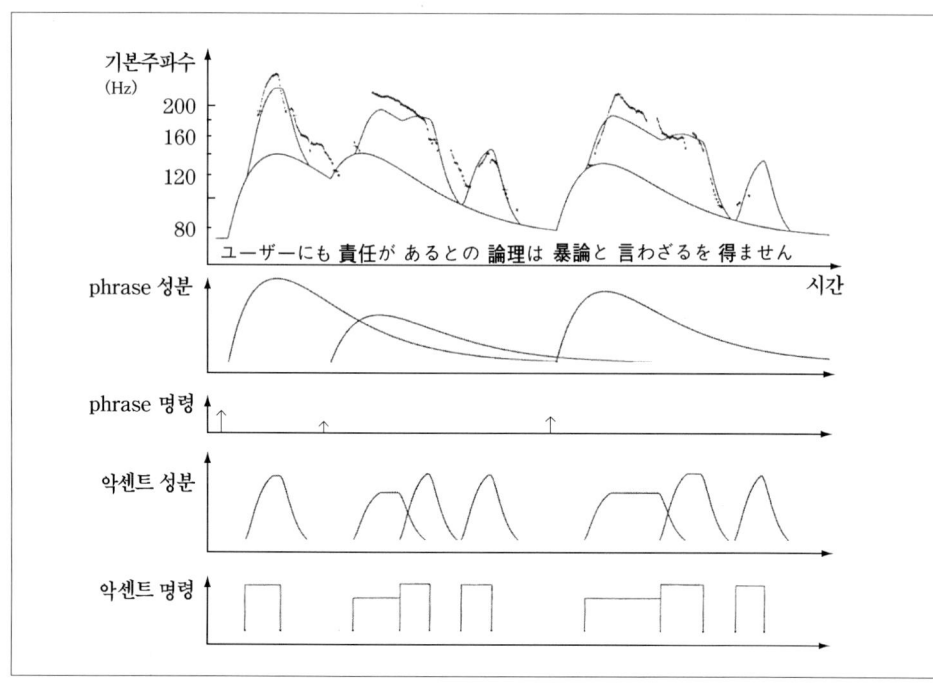

기본주파수
(Hz)
200
160
120
80

ユーザーにも **責任が** あるとの **論理**は **暴論**と 言わざるを **得**ません

시간

phrase 성분

phrase 명령

악센트 성분

악센트 명령

그림 3.8 임계 2차 선형
계 모델에 의한 기본주
파수의 시간변화 기술
(記述)

보 중에서 특히, 문(文)구조는 F_0의 전체적 특성의 제어에
크게 관여한다.

　문(文)구조를 기술하는 데는 표층문의 기술에 적합한 의
존구조 해석을 토대로 한 트리 표현이 많이 이용되고 있다.
그림 3.8에 나타난 기본주파수 시간변화 패턴의 예에서 볼
수 있듯이, 대다수의 경우 선행구(先行句)가 인접하는 후
속구(後續句)에 관련된 경계(왼쪽가지에서 분리된 경계,
그림에서는 〈責任が(책임이)〉와 〈あるとの(있다고 하는)〉
의 경계)에서는 운율구 전체의 F_0 하강이 나타나고, 인접하
는 후속구에 관련되지 않는 경계(오른쪽 가지에서 분리된
경계, 그림에서는 〈論理は(논리는)〉와 〈暴論と(폭론이라
고)〉의 경계)에서는 상승한다. F_0의 시간 변화는 최소의 음
조구분으로서 하나의 악센트형(型)을 갖는 운율구에 대해,
몇 개의 운율구가 모여서 하나의 운율절(prosodic clause)

을 만들고, 절(節)이나 몇 개의 문절(文節)에 관련된 하강 특성을 보인다.

이와 같이 기본주파수의 시간 변화는 운율절에 대응하는 광범위한 하강 특성을 나타내는 화조(話調 – phrase 성분)와 운율구에 대응하는 부분적인 기복(起伏 – 악센트 성분)의 중첩에 의해 기술된다. F_0의 시간 변화를 기술하는 수리(數理) 모델로는 임계(臨界) 2차 선형계(線形系) 모델이 잘 알려져 있다[8][12][19]. 이 모델은 식 (3.13)과, 식 (3.14)에서 나타나는 임계 2차 선형계의 임펄스 응답과 스텝 응답(step response)에 의해 각각 나타나는 구(phrase) 성분과 악센트 성분을 합친 식 (3.12)에 의해 F_0의 시간 변화가 결정된다.

$$\ln F_0(t) = \ln F_{\min} + \sum_{i=1}^{I} A_{\pi} G_{\pi}(t - T_{0i})$$

$$+ \sum_{j=1}^{J} A_{aj}[G_{aj}(t - T_{1j}) - G_{aj}(t - T_{2j})]$$

(3.12)

$$G_{pi}(t) = \begin{cases} a_i^2 \, t \exp(-a_i t) & (t \geq 0) \\ 0 & (t < 0) \end{cases}$$

(3.13)

$$G_{aj}(t) = \begin{cases} \min[1 - (1 + \beta_j t) \exp(-\beta_j t), \; \theta_j] & (t \geq 0) \\ 0 & (t < 0) \end{cases}$$

(3.14)

위 식에서 $F_{\min}$은 각 화자 고유의 최저 기본주파수이고, I, J는 운율절 또는 운율구의 총수, A_{pi}, A_{aj}는 각 운율절 성분과 운율구 성분의 크기이며, T_{0i}는 각 운율절의 개시 시각, T_{1j}, T_{2j}는 운율구의 개시 및 종료 시각이다. 임계 2차 선형계 모델(second order critical damping model)은 성대 제어의 기계적인 구조에 기초한 표현이 되어, 관측되는 F_0의 시간변화 근사값에 가깝다.

기본주파수의 동적응답(dynamic response)을 실현하는 일은 간편하고 뛰어난 매개변수 표현이기 때문에, 언어정보에서 제어 모델을 고려하는 데 있어서도 유용하고, 또 많은 언어에 관한 각종 발화양식에 대한 분석도 활발하다. 이 매개변수는 합성에 의한 분석(Analysis by Synthesis)이라는 순차적인 탐색방법으로 구할 수 있다.

언어정보를 입력하면서 F_0를 제어하기 위해 언어정보에

운율문법의 자동학습 모델

문(文)구조와 운율 제어의 관계를 직접 계산이 가능한 수리모델로 나타낸다고 할 때, 문구조의 기술에 이용된 의존구조(dependency structure)가 문제된다. 의존구조는 수리적으로 정의할 수 있는 문법에서 직접적으로 계산 가능한 구문구조(構文構造, syntactic structure)로 도출해낼 수 없기 때문에 어휘규칙이나 의미해석 등 구문해석을 뛰어넘는 처리가 필요하다. 지금까지의 운율 제어에 대한 규정은 의존구조와 명확하게 구별되지 않았고, 계산모델로서는 불완전한 상태로 단순히 입력과 출력의 표면적 대응에 기초한 모델화를 해왔다. 다시 말하면, 계산론에 의해 문(文)구조를 규정하지 않고, 제어에 필요한 구(句) 경계 등과 같은 운율정보를, 관측 가능한 각종 입력언어 정보에서 통계적 모델 등에 의해 직접 구하는 방법을 찾았던 것이다.

최근에는 계산 가능한 문법에 의한 운율구조를 학습해서 제어정보를 도출해내는 〈운율문법〉의 구축이 시도되고 있다. 이 시도를 보면 문법 기술(記述)에는 확률문맥 자유문법(stochastic context free grammar)이 사용되고, 음성언어 코퍼스에 수작업으로 부여한 의존구조의 정보와, 코퍼스에 있는 운율구 단위에서 본 F_0의 상승이나 하강정보에 의해 〈운율문법〉이 학습된다. 이 문법이 부여하는 확률적인 운율구조, 구성 단어의 성질, 구(句) 경계 등과 같은 운율정보의 관계를 학습한 신경망(neural net)에 의해 입력문으로부터 운율 제어정보를 얻을 수 있다[39].

서 임계 2차 선형계 모델의 매개변수값을 도출해내기 위한 분석도 연구되고 있다. 관측 데이터에서 모델 매개변수를 구하는 해석적 방법은 존재하지 않고, 위의 탐색방법으로 완전 자동추출하는 것도 어렵기 때문에 제어 매개변수값의 최적화(最適化)는 부분적으로만 실행되고 있다[39]. 따라서 이 모델 매개변수의 추정문제를 제외한 제어방법이나 통계적 학습을 실행해서 F_0를 직접 생성하는 방법 등이 거론되고 있다[1][9][26][37].

(f) 음성파형 생성

입력문자 정보를 기초로 위에서 설명한, (b)~(e)의 처리에서 구한 스펙트럼 시계열과 운율정보를 이용해 최종적으로 음성파형이 생성된다. 3.1절의 그림 3.3처럼 스펙트럼 표현으로 선형예측 분석을 이용할 경우, 유성음(有聲音)은 기본주파수값에 기초한 펄스열(列)이, 무성음(無聲音)은 백색 잡음(雜音)이 음원 $u(n)$이 되고, 프레임 주기마다 갱신되는 예측계수 $a(i)$를 이용해 식 (3.1)에 의한 음성파형 $x(n)$을 얻는다. 실제 계산에는 PARCOR나 LSP의 스펙트럼 매개변수가 이용되고, 또한 전용인 합성용 디지털 필터가 사용된다.

입력정보에 맞추어 임의의 내용의 음성을 합성하는 경우에는 스펙트럼과 운율정보를 독립적으로 제어해야 하기 때문에, 분석할 때와는 다른 기본주파수값으로 스펙트럼 매개변수를 구동할 필요가 있다. 그래서 단순히 분석한 것을 재합성한 경우에는 발생되지 않는, 스펙트럼과 운율정보의 부정합(不整合)에 의한 왜곡을 발생시킨다. 또한 펄스열(列)과 백색 잡음을 음원으로 한 단순한 모델에서는, 원래의 음성파형이 지닌 위상(位相) 정보를 사용하고 있지

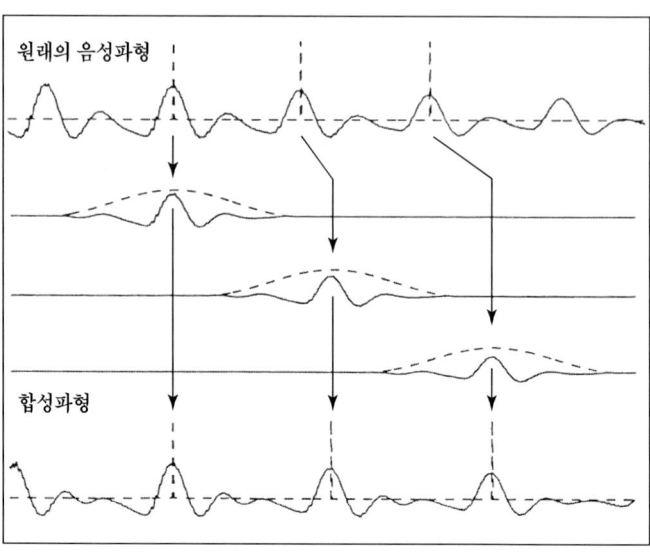

원래의 음성파형

합성파형

그림 3.9 PSOLA 파형
합성법

않기 때문에 높은 음질을 얻을 수 없다. 이와 같은 문제에
대처하기 위해서 음성파형을 그대로 이용하는 합성법이
이용되고 있다.

파형 베이스의 합성법에서 무성음에 관해서는 원래의 파
형을 그대로 이용하고, 유성음은 분석시에 1주기 파형마다
피치 마크(pitch mark)를 붙인다. 그런 다음 그림 3.9에
나타난 것처럼 합성시에 주어지는 기본주기에 맞추어 간
격을 두고 파형을 생성한다. 이 방법은 기본주기와 동시에
(Pitch-Synchronous) 1주기 파형을 중복해서 더한다
(OverLap and Add)고 하여 PSOLA 합성법이라고 불리
게 되었다[27]. 스펙트럼 분석을 하지 않고 원래의 파형을
직접 이용하기 때문에 높은 품질이 유지되지만, 분석시와
합성시의 기본주파수값이 크게 차이가 나는 경우에는 단
순한 파형의 중복이 더해짐으로써 생기는 왜곡의 영향이
커져서 기대하는 만큼의 품질을 얻을 수 없다. 분석할 때
와는 다른 기본주파수로 구동한 경우에도 높은 품질을 유
지할 수 있는 합성 방법이 많이 연구되고 있다.

3.3 음성인식

(a) 음성인식의 구조

기계에 의한 음성인식의 구조를 이해하기 위해서는, 우리가 모국어 이외의 음성을 인식하는 경우에 접했을 때 느꼈던 문제를 떠올리면 좋을 것이다. 우선, 음성인식은 모음이나 자음 같은 언어 고유의 음성단위를 기본적으로 알아들을 수 있어야 한다. 나아가 그저 알아듣는 정도가 아니라 기본적인 단어 또는 문법에 관한 언어지식을 필요로 한다. 만일 언어지식이 없으면 이미 인식한 음성정보를 기초로 하여 단어나 구(句), 절(節)로 종합 정리할 수 없다. 종합 정리를 할 경우에는 단지 언어지식뿐만 아니라, 그 음성이 음향신호상 어떠한 특징을 나타내는가에 대한 지식도 필요하다. 이러한 지식을 갖추지 못하면, 외국어를 배우기 시작한 초기 단계 또는 귀에 익숙하지 않은 외국어 음성을 들을 때와 비슷하게 된다. 단어를 알고 있어도 그 단어가 발성되었을 때 알아듣지 못하거나, 단어와 단어 사이의 연결부분을 알 수 없어 결국은 내용 전체를 이해할 수 없게 되고 만다.

음성인식에서는, 음성 각각의 변화에도 대처해야만 한다. 동일한 내용의 음성이라도 발화자나 말투 또는 발화환경에 따라 관측되는 음향신호 패턴이 크게 달라지고, 분산(分散)도 크다. 모국어는 음성패턴이 심하게 다를지라도 인식하는 데 그다지 어려움이 없지만, 외국어의 경우에는 인식하기가 상당히 어렵다. 또 외국어를 처음 배우는 사람은 교실에서 배운 교과서적인 음성은 인식할 수 있지만, 외국인이 길거리에서 또는 전화상으로 말하는 구어체는

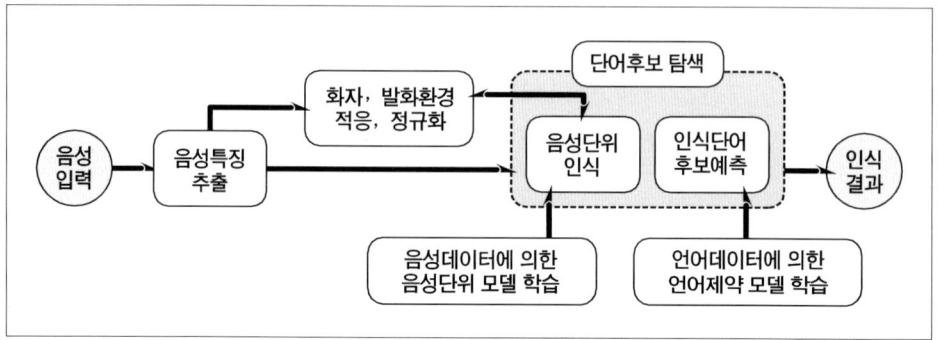

단어후보 탐색

음성
입력

음성특징
추출

화자, 발화환경
적응, 정규화

음성단위
인식

인식단어
후보예측

인식
결과

음성데이터에 의한
음성단위 모델 학습

언어데이터에 의한
언어제약 모델 학습

그림 3.10 음성인식 시스
템 구축에 필요한 기술

좀처럼 알아듣기가 어렵다. 그래서 음성인식에서는 다양
한 패턴으로 나타나는 음성 중에서 음성에 포함되어 있는
언어정보를 추출하기 위해, 음성패턴 정보처리의 모델화
가 필요한 것이다.

　음성인식 시스템을 구성하는 데 필요한 요소(要素) 기술
의 관계를 그림 3.10에 나타냈다. 각각의 기술 내용을 간
단히 설명하면 다음과 같다.

(1) 음성특징 추출 : 입력된 음성파형에서 음성인식에
알맞은 음향 매개변수 표현을 얻는다. 선형예측 분
석 등에서 구해진 스펙트럼 표현이 잘못 쓰여진 경
향이 있었지만, 최근에는 스펙트럼의 동적응답이나
잡음 등의 발화환경에 내성을 가진 음성특징 매개변
수가 이용되고 있다.

(2) 음성단위 인식과 음성단위 모델 학습 : 모음이나 자
음과 같은 음성단위의 음향적 특징패턴의 모델을 입
력음성에서 구한 음향 매개변수와 대조해서 음성단
위를 규정한다. 인식에 앞서 이 모델을 음성 데이터
에 기초해 작성해둔다. 이와 같이 데이터에 기초한
작성을 모델의 학습(training)이라고 부른다.

(3) 화자 및 발화환경 적응 : 화자 또는 발화환경에 의해
변동하는 음성패턴의 차이를 수용하기 위해, 인식하

기 전의 준비 발성 또는 인식기(認識器)의 사용과정에서 얻어지는 음성을 이용하여 음성단위 모델의 갱신을 실행한다.

(4) 단어후보 예측과 언어제약 모델 학습 : 음성단위의 단순한 조합으로 생각해낼 수 있는 단어열 후보의 수(數)는, 입력음성 지속에 대해 지수함수(exponential function)적으로 증가하기 때문에, 언어의 제약을 이용해 단어의 후보범위를 좁혀나간다. 이 제약은 대상언어가 갖고 있는 음운, 어휘, 문법, 의미 등의 특성을 이용한다.

(5) 단어후보 탐색 : 언어의 제약을 이용한다고 해도, 인식할 때의 입력음성과 인식 후보와의 대조횟수가 많기 때문에 효율적인 탐색이 필요하다. 음향이나 언어면에서 보아도 가능성이 낮은 인식 후보를 서서히 제거해가면서 복수의 후보 중 가장 적합한 것을 종합적으로 판단해서 정답 단어열로 선택한다.

(b) 통계적 음성인식 모델

음성인식을 수리적으로 취급하는 데 있어서, 최근에는 통계적 모델이 널리 이용되어 상당한 성과를 거두고 있다. 여기에서는 통계적인 음성인식에 대해 설명하기로 한다〔13〕〔20〕〔34〕〔58〕.

N 프레임의 길이를 가진 입력음성의 음향 매개변수 시계열 $x(1), x(2), \cdots, x(N)$을 X로 나타내기로 하자. 여기에서 $x(n)(n=1, 2, \cdots, N)$은 시각 n의 선형예측 매개변수(3.1절 (b) 참조) 등으로 구성되는 스펙트럼으로, 10 mm/초 정도의 프레임 주기마다 얻어진다. 통계적 모델로서의 음성인식은, 관측된 음향패턴 X가 주어진 경우에 가장 적합

한 단어(또는 음운)열 $W=(w(1),\ w(2),\ \cdots,\ w(I))$를 찾아내는 문제로 규정된다. 즉, X가 주어진 경우의 조건부 확률을 최대로 하는 단어열 W를 구한다.

$$P(W|X) = p(w(1),\ w(2),\ \cdots, \\ w(I)|x(1),\cdots,x(2),x(N)) \tag{3.15}$$

$P(W|X)$는 다음과 같이 바꿀 수 있다.

$$P(W|X) = \frac{P(X|W)\cdot P(W)}{P(X)} \tag{3.16}$$

$P(X)$는 음향패턴 X 자체의 발생확률이기 때문에, 결정해야 할 단어열 W의 차이에 의해 달라지지 않는다. 따라서 통계적 음성인식은 다음 식을 최대화하는 W를 구하는 문제가 된다.

$$P(X|W)\cdot P(W) \tag{3.17}$$

위 식의 제1항 $P(X|W)$는 단어열 $W=(w(1),\ w(2),\ \cdots,\ w(I))$가 주어진 경우에, 음향 매개변수 시계열 $X=(x(1),\ x(2),\ \cdots,\ x(N))$이 관측되는 확률을 나타내고, 단어열 W의 음향특징을 기술(記述)하는 통계적 모델에 의해 주어진다. 한편, 제2항 $P(W)$는 단어열 W가 발생하는 확률을 나타내고, 언어발생 특성을 통계적으로 기술하는 모델에 의해 주어진다.

현재의 통계적 음성인식의 구조는 두 가지 독립된 모델을 이용한다. 음향적인 패턴의 확률적 생성모델, 언어의 확률적 생성모델이 그것이다. 전자를 **음향모델**(acoustic model), 후자를 **언어모델**(language model)이라고 한다. 그러면 음성인식에서 이용되는 음성특징 매개변수에 관해 간단히 설명하고, 위의 두 가지 통계적 모델에 대해 소개할까 한다.

(c) 음성특징 추출

음성인식에서 이용되는 음성특징 매개변수는 선형예측 분석에서 구한 매개변수와 마찬가지로, 기본적으로는 스펙트럼의 특징을 나타내는 데 이용되지만, 그 외에도 인식성능을 높이기 위한 추출방법으로도 여러모로 연구되어왔다. 패턴인식의 관점에서 음성패턴은 주파수축(軸) 방향과 시간축 방향의 2차원 패턴으로 간주할 수 있다. 이 두 가지에 대한 연구도 이미 이루어지고 있다.

먼저 주파수축에 관해 알아보자. 앞의 그림 3.1의 모음 /a/와 /i/의 차이에서 볼 수 있듯이 음운성(音韻性)의 차이는 음성 스펙트럼의 제2, 제3 포먼트가 존재하는 주파수 1000~2000 Hz 부근을 중심으로 현저히 나타난다. 따라서 단순히 패턴 식별의 관점에서 보아도 이 주파수대역(frequency band)을 중시함으로써 음운식별 성능의 향상을 가능하게 할 수 있다. 또 다른 청각심리(聽覺心理) 실험에 의해서도, 사람의 청각에는 주파수 의존성이라는 특성이 있다는 것이 판명되었다. 아래 식의 멜(Mel) 주파수축 눈금에 의해 주파수축을 비선형으로 신축, 음성 스펙트럼의 차이가 큰 주파수대역을 더 중요시함으로써 주파수 특징을 패턴 식별에 반영하는 방법이 효과적이라고 알려져 있다.

$$Mel(f) = 2595 \log_{10}\left(1 + \frac{f}{700}\right) \qquad (3.18)$$

음성인식은 입력된 음성 스펙트럼과 각 음운의 스펙트럼을 비교해서, 가장 가까운 스펙트럼 패턴을 지닌 음운을 결정한다. 통계적 음성인식에서는 양쪽의 통계적 분포의 근사치를 나타내는, **가능성**(可能性, likelihood)이라는 통계량에 의해 이 패턴 형상의 차이를 측정한다. 멜(Mel) 주파수축을 토대로 한 주파수값에 의해 스펙트럼 형상을 바꾼 각 패턴에 대한 가능성이 계산된다. 이 계산을 선형예측 분석구조에서 실행하는 알고리즘도 확립되어 있다.

시간축 방향에서는 스펙트럼의 움직임의 특성을 감안한 연구가 진행되고 있다. 3.1절 (a)에서 설명했듯이, 음성 스펙트럼은 화자나 음운환경에 의해 그 값이 변화한다. 그래서 어떤 시각의 스펙트럼 형상의 차이라는 부분적인 음향의 양(量)이 겹치기 때문에, 음성패턴 전체의 근사치를 측정하는 데는 한계가 있다. 이것을 극복하는 방법으로서, 그 시각의 스펙트럼 형상을 나타내는 음향 매개변수값뿐만 아니라 시간 변화의 특징, 즉 시간에 관한 미분값도 아울러 이용하는 방법이 있다. 미분값은 몇 개의 프레임에 걸쳐 음향 매개변수의 시간 변화량(이를 차분(差分, difference)이라고도 함), 변화량의 변화(곡률(curvature)을 나타내는 이차 차분(二次差分))가 사용된다.

그리고 잡음 등이 중첩된 음성 스펙트럼에서 스펙트럼 영역에의 잡음특성을 제거하여 음성신호만의 스펙트럼을 계산하는 방법(스펙트럼 감산법), 청각적인 마스킹(masking) 특성을 반영한 매개변수(동적 켑스트램)[4], 음성 패턴간의 식별오차(識別誤差)를 최소화하는 기준에 의한 매개변수 설계[57] 등, 발화환경의 변화에 내성을 가진, 패턴 식별에 적합한 음성특징 매개변수가 있다.

(d) 음향모델과 구축

통계적 음성인식 모델의 항목에서 설명했듯이 단어열 $W = (w(1), w(2), \cdots, w(I))$가 주어진 경우, 음향 매개변수 시계열 $X = (x(1), x(2), \cdots, x(N))$이 관측될 확률 $P(X|W)$를 얻기 위해서는 단어열 W의 음향특징을 통계적으로 기술

하는 음향모델을 필요로 한다. 통계적으로 신뢰성이 높은 음향모델을 얻기 위해서는 상당수의 음성 데이터가 필요하기 때문에, 단어보다 작은 음성단위에 관한 통계적 모델이 만들어진다. 이러한 음성단위로는 부분단어(sub-word), 음운 등이 사용된다. 또한, 음운과 같은 작은 음성단위를 사용하는 경우, 앞뒤의 음운 종류를 고려한 **트라이폰 모델**(triphone model)로 대표되는 상세한 음운환경 의존모델이 만들어진다. 보통 이러한 음운단위는 시간적으로 변화하는 스펙트럼 형상을 나타내기 위해, 각 음운단위는 더 작은 몇 개의 내부상태로 구성된다.

이같은 음운단위의 스펙트럼 변화특성을 나타내는 통계적 모델로 **숨은 마르코프 모델**(Hidden Markov Model, HMM)이 널리 이용된다[13][20][34][58]. HMM은 그림 3.11에서 볼 수 있듯이, 음성단위 u를 몇 개의 내부 상태(state) $s_k (k=1, \cdots, K,$ 이 경우 $K=3$)에 대해 주어진 음향 매개변수의 **출력확률 분포**(output probability distribution) $b_k(x)$와, 상태간의 **천이확률**(遷移確率, transition probability) $a_{kl}(k, l=1, \cdots, K)$을 이용해 음성단위의 음향 매개변수 변화를 통계적으로 기술한다. 즉,

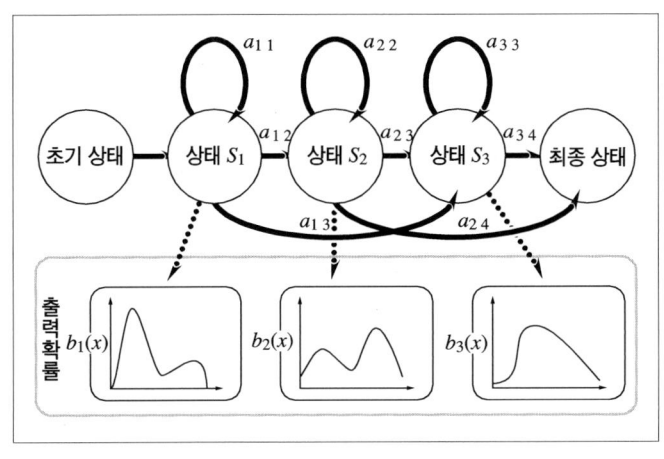

그림 3.11 숨은 마르코프
모델

음성단위는 그림 3.11에서 가장 왼쪽에 있는 상태(초기 상태)에서 일정한 시간간격(프레임 주기)으로 상태천이를 반복하고, 천이할 때 각 상태에 주어진 음향 매개변수를 출력하면서 가장 오른쪽에 있는 상태(최종 상태)에 이르는 과정으로 모델화된다.

같은 상태에 머무느냐, 다음 상태로 천이하느냐는 그때까지의 천이과정에 따르지 않고, 천이가능한 상태 사이에 주어진 천이확률 a_{kl} 만으로 부분적으로 결정되고(마르코프성(性)), 각 상태천이시에 출력되는 음향 매개변수는 확률분포 $b_k(x)$에 기초하여 출력된다. 그래서 초기 상태에서 최종 상태에 이르는 과정에서 출력된 음향 매개변수열(列)이 주어져도, 어느 상태의 천이를 거쳐왔는가에 대해서는 바로 결정할 수 없다. 다시 말하면 상태천이 계열(系列)이 〈숨은〉 마르코프 모델이 되며, 모델 이름도 여기에서 유래한 것이다. 각 음성단위마다 만들어지는 HMM은, 시간지속과 스펙트럼이 흔들리는 음성단위의 음향 매개변수 시계열을, 내부상태의 천이와 천이시의 출력음향 매개변수의 다양한 조합에 의해 통계적으로 세밀하게 표현하고 있다.

보통 HMM은 각 음운이나 인접 음운환경을 고려한 음운과 같은 각 음성단위마다 작성되고, 각 음성단위에 대응하는 음성 데이터 $o(t)(t=1, 2, \cdots, T)$(학습 데이터(training data)라고도 한다)가 주어진 경우, 음향 매개변수의 출력확률 분포 $b_k(o)$와 상태간의 천이확률 a_{kl}에서 비롯되는 모델 매개변수 Φ를 통계적으로 추정하는 알고리즘이 연구되고 있다. 이 추정 알고리즘은 미리 부여한 초기값 Φ_0를 토대로 학습용 데이터를 이용해 HMM 매개변수의 기대치를 계산한다. 그리고 그 값에 기초한 통계적 가능성을 최대화하는 기준에 의해 모델 매개변수 Φ_1, $\Phi_2, \cdots, \Phi_j, \cdots$를 차례로 계산한다. 이 방법을 EM(expectation & maximization) 알고리즘이라 하는데, 순차적인 계산에 의해 통계적으로 신뢰도가 높은(가능성 (likelihood)이 큰) 값에 근접한다. 또한, 이 순차적인 계산은 초기값에 크게 의존하기 때문에 적절한 초기값을 부여할 필요가 있다.

HMM은 음향 매개변수 출력확률 분포 $b_k(o)$가 아래 식처럼 복수의 다차원 가우스 분포 $b_{km}(o)(m=1, \cdots, M)$의 합에 가깝다. 나중에 설명하겠지만, 모델 작성에 있어서 신뢰성과 정밀도를 확보하는 일이 무엇보다 중요하기 때문에 가우스 분포는 앞뒤의 음운환경을 고려한 음운단위나 HMM 상태에서 공유되는 경우가 많다.

$$b_k(o) = \sum_{m=1}^{M} \lambda_{km} b_{km}(o) \qquad (3.19)$$

$$b_{km}(o) = \prod_{p=1}^{p} \frac{1}{\sqrt{2\pi\sigma_{kmp}^2}} \exp\left\{\frac{-(o_p - \mu_{kmp})^2}{2\sigma_{kmp}^2}\right\} (3.20)$$

간단히 하기 위해 위의 식에서 매개변수간의 독립성을 가정해놓고, 식에서 $\lambda_{km}(m=1, \cdots, M)$은 HMM의 내부상태 s_k에 P차원의 출력음향 매개변수 $O=(o_1, o_2, \cdots, o_P)$의 분포와 근사치를 갖는 M개의 가우스 분포의 중요도를 나타내고, μ_{kmp}, σ_{kmp}^2는 각기 각 분포의 평균값과 분산을 나타낸다. HMM 개발 초기에는 모델 학습에 필요한 컴퓨터 능력이나 시간 등의 제약이 있어, 연속적인 출력분포 대신에 스펙트럼을 벡터(vector) 양자화(量子化)함으로써 이산분포(離散分布)로 취급했지만, 현재는 정밀도의 관점에서 연속분포로 취급하는 경우가 많다.

각 음성단위에 대응하는 HMM 집합 전체를 설계하기 위해서는, 각 HMM의 모델 매개변수의 추정에 부가적으로 각 HMM의 상태수 k 또는 어떤 음성단위를 몇 개 선택할 것인가를 결정할 필요가 있다. 인접 음운환경을 고려하여 상세한 단위에 대응하는 HMM을 많이 준비함으로써 더욱 정확한 음향 매개변수의 변화를 기술할 수 있지만, 신뢰성을 떨어뜨리지 않고 각 HMM을 작성하기 위해서는 모델 수에 비례한 학습 데이터가 필요하다. 제한된 학습용 데이터를 효과적으로 활용하여 신뢰도와 정밀도를 균형 있게 하는 설계법이 연구되고 있다. 모델의 구성방법으로 는 상향식(bottom-up) 구성법과 하향식(top-down) 구성 법이 있다[49].

상향식 구성법은 앞뒤의 음운환경을 고려한 음운단위 전체를 조사하여, 비슷한 음향특징을 나타내는 음성단위나 HMM 상태를 공통적으로 이용함으로써 실질적인 모델 매개변수 수치의 감소를 꾀한다. 한편, 하향식 구성법은 적은 수의 음성단위로 구성되는 단순한 구조의 HMM 집합에서 시작하여, 인접 음운 등에 관한 스펙트럼의 차이가 가장 뚜렷한 요인을 판단의 근거로 하여 차례로 음성단위를 증가시키거나 상태천이의 기술(記述)을 상세히 해나가면서 모델을 만들어간다. 어쨌든 최종적으로는 비슷한 HMM의 집합체가 되지만, 데이터 중에 존재하지 않는 인접 음운환경에 대한 모델의 취급과 같은 문제도 있어 상향식 구성법이 널리 사용되고 있다.

음향모델의 구축은 음성패턴의 인식을 실행하기 위한 기본적인 작업으로, 음성인식의 성능을 크게 좌우한다. 음향모델의 성능 향상에 관해서는 음향모델의 가능성을 최대화한 기준에 기초한 HMM 상태 공유화의 자동결정 학습법(自動決定學習法)[49]과 음성단위와 HMM 상태, 분포와 음향 매개변수의 네 단계에 걸친 출력확률 분포의 공유 방법[50], 잘못된 인식을 최소화할 수 있는 학습 알고리즘[25], 오차 특성의 피드백에 의한 재학습[56] 등에 관한 연구 노력이 계속되고 있다.

또한 HMM에서는 마르코프성(性)이라는 가정하에 인접하는 프레임의 음향 매개변수를 독립적으로 취급하고 있지만, 실제 음성에서는 인접 프레임간에 밀접한 상관관계가 있다. 한 프레임에 상당하는 음향 매개변수를 취급하는 대신에 시간의 폭(幅)을 갖게 하는 몇 개의 프레임에 걸친 매개변수 변화를 하나의 음향패턴으로 취급하는 세그먼트 모델(segment model)도 있다[10][33]. 세그먼트 모델은 인접 프레임간의 상관관계를 자연스럽게 다룰 수 있다는 이점이 있다. 반면에, 시간 방향으로 한 차원 높은 패턴기술을 사용하기 위한 것으로서, 패턴조합에 필요한 시간이나 패턴학습에 필요한 많은 데이터 양과 처리 시간 등을 해결해야 한다는 과제가 남아 있다.

위에서 설명한 바와 같이, 상세한 음향모델 구축법은 패턴인식 모델의 관점에서는 새로운 시도라고 할 수 있지만, 음성인식 성능의 향상에 있어서는 모델의 검토 외에도 음성단위의 정의나 기술에 대한 재고가 필요할 것이다. 지금까지 일반적으로 사용되어온, 음운이나 인접 음운을 염두에 둔 음운과 같은 음성학에 기초한 단위는, 패턴인식 처리를 목적으로 한 단위나 기술(記述)로서 아주 적합한 것은 아니다. 실제로 나타나는 음향신호를 통계적으로 패턴화하여, 그 패턴기술에 따라서 어휘의 발음을 통계적으로 나타낸다는, 발음기호와 통계적 발음사전의 자동작성에 대한 연구도 시도되고 있다[5][10].

(e) 화자적응(話者適應)

화자에 의한 음향 매개변수의 차이는, 3.1절에서도 설명했듯이 성별 또는 연령 등에 의한 발성기관의 차이에서 비롯되기도 하고, 화자나 그 부모가 태어난 출신지에 의한 지역차나 발화양식의 개인적인 차이에 의해 나타나기도 한다. 여러 화자의 많은 음성 데이터를 준비하여 화자의 성질(聲質)이나 말투에 내성(耐性)을 지닌 음향모델이 학습용 음성으로 고안되고 있다. 화자에 의존하지 않는, 정밀도가 높은 인식을 위해서는 단순히 화자와 음성 데이터의 수(數)를 늘려 학습하는 것만으로는 부족하다. 다수의 화자의 음성 데이터에 의한 단순한 통계분포를 가정해서 음향모델을 작성하면, 학습 데이터의 개인차 때문에 분포가 희미해져 음성단위를 구별하기 어렵게 됨으로써 판별 능력이 저하된다.

앞에서 설명한 HMM 음향모델에서는 화자 수(數)의 증가에 따라 출력확률 분포와 같은 용도로 사용하는 가우스 분포의 숫자를 늘림으로써 이 문제에 대처하고 있다. 또한 음향특징이 비슷한 화자를 모아 복수의 화자 클러스터 (cluster)를 만듦으로써 분산치(分散値)의 확대를 막고, 각 화자 클러스트마다 음향모델을 작성하는 방법도 제안되고 있다. 인식할 때는 이 방법에 의한 복수의 음향모델을 동시에 사용하여 입력 음성과 음향적으로 가장 잘 대응하는 음향모델이 자동으로 선택된다. 화자 클러스터와의 효율적인 조합(照合) 실행을 위하여 트리구조로 화자 클러스트를 작성해 사용하는 방법도 제안되고 있다[21].

그런데 화자가 특별히 정해지지 않은, 불특정 화자의 음성인식의 성능은 여전히 낮아서, 입력 화자의 음성을 인식에 직접 반영하는 방법이 제기되고 있다. 화자적응(speaker adaptation)이라고 부르는 이 방법은, 입력된 화자의 음성을 이용해 음향모델을 갱신한다. 미리 정해놓은 내용의 음성 발성(發聲)을 이용하는지의 여부에 따라 감독자가 있거나 없는 학습으로 나누고, 입력 음성을 차례로 이용하느냐 또는 일괄해서 다루느냐에 따라 온라인형(online type)과 일괄형(batch type) 학습으로 나눌 수 있다.

감독자가 있는 학습(supervised training)은, 미리 정한 내용의 음성을 발성하고 그 내용을 이용하여 음향모델을 재학습한다. 발성내용이 정해져 있기 때문에 발성된 음성과 발화내용을 대응시킴으로써 비교적 쉽게 모델의 갱신을 실행할 수 있다. 감독자가 없는 학습(unsupervised training)은, 갱신에 이용하는 음성의 내용이 미리 규정되어 있지 않기 때문에 모델 재학습에 앞서 발화 내용을 인식하는 처리가 필요하다. 이 학습은 사용자에게 미리 정해 놓은 내용의 발성을 강요하지 않고, 인식 시스템을 사용하면서 모델의 갱신을 실행할 수 있다는 장점을 가진 반면, 모델 재학습 전에 실행하는 인식에서의 오류에 대처해야 한다는 단점도 있다. 어떤 형태의 화자적응을 실행하든, 인식 시스템으로서의 기능을 제대로 발휘하기 위해서는 화자적응을 위해 입력하는 음성의 양이 적은 것이 바람직하다(대량의 발성이 이용 가능한 경우에는 그 음성 데이터를 그대로 사용해 화자 전용의 고성능 음향모델을 만들 수 있다). 따라서 화자적응은 입력 화자의 소량의 데이터를 얼마만큼 능숙하게 이용하여 음향모델을 갱신하느냐가 관건이다.

HMM의 화자적응은 불특정 화자의 음성 데이터로 학습한 음향모델을 기준으로 사용하여, 입력 화자의 소량의 음성·음향 특성에 의해 모델 매개변수를 수정한다. 즉, 식 (3.19)와 (3.20)에서 나타난 음향 매개변수 출력확률 분포 b_k 와 거의 같은 용도로 쓰이는, 가우스 분포를 나타내는 평균값과 분산값을 변경한다. 그러면 평균값의 집합 $\mu_0 = \{\mu_{kmp}(k=1, \cdots, K, m=1, \cdots, M, p=1, \cdots, P)\}$를 입력 화자에 알맞은 값 μ 로 변경하는 대표적인 방법을 알아보자.

입력 화자의 소량의 데이터에 나타나는 음성단위에 대응하는 극히 일부의 가우스 분포의 평균값 μ_{kmp} 는 직접 계산이 가능하지만, 데이터에 거의 나타나지 않는 대부분의 음성단위의 분포에 대해서는 계산이 불가능하다. 그래서 아래의 식과 같이 1차 변환에 의한 가우스 분포의 평균값 전체 μ_0를 화자 고유의 값 μ로 변환하는 것을 생각해보자 [22].

A, b의 값은 통상적인 회귀분석(回歸分析) 방법에 따

$$\mu = A\mu_0 + b \tag{3.21}$$

라, 위 식에서는 입력 화자의 음성 데이터에 나타나는 분포의 평균값 샘플을 가장 근접한 값에 해당하는 기준으로 결정한다. 데이터에 나타나지 않는 음성단위에 대응하는 가우스 분포의 평균값 μ_{kmp} 는 위 식에 따라 계산된다. 또한 분포의 평균값 전체를 A, b 한 조(組)로 변환하는 것은 그다지 정밀하지 않기 때문에, 같은 음운 종류별로 분포의 평균값을 몇 개의 집단 유형으로 구분해서, 각 집단별로 서로 다른 A, b를 이용하는 방법도 거론되고 있다.

선형변환(線形變換)은 데이터에 나타나지 않는 음성단위에 대응하는, 음향 매개변수 분포의 보간법(補間法, interpolation)이라고 할 수 있다. 선형변환은 입력 화자의 음성 데이터에 나타나는 분포의 평균값 샘플의 편중에 대응하는 보간을 실행하여 샘플 수가 많은 곳은 그 값으로, 샘플이 없는 경우는 근방의 샘플을 이용한 선형보간값이 주어진다. 일률적인 선형보간이 아닌, 입력 화자 분포값과 불특정 화자의 분포값의 샘플 조합으로 직접 계산하는 방법도 여러 가지가 있다. 이 방법은 불특정 화자의 분포 중, 몇 개의 대표점(代表點)에서 상대적인 위치관계의 보간을 실행하거나, 근방의 샘플만을 토대로 보간과 평활

화(平滑化, smoothing)에 의해 수정(修正)값을 구하는 방법이 이용된다[32].

한편, 이러한 보간값은 입력 화자의 음성 데이터 양의 많고적음에 상관없이 계산되지만, 데이터 양이 적은 경우는 변환값의 신뢰도가 떨어진다. 입력 데이터가 한 단어밖에 없는 극단적인 경우에 보간법을 이용하면 성능이 떨어지는 현상을 일으키기 때문에, 화자적응을 하지 않고 불특정 화자의 분포값을 그대로 이용하는 것이 훨씬 낫다. 입력 화자의 음성 데이터 양에 대응해 선형변환에 의한 보간값과 불특정 화자의 분포에서 더욱 정확한 분포값을 계산하는 방법도 연구되고 있다[11]. 이 계산에는 최대 사후확률(最大事後確率, maximum a posteriori probability, MAP) 추정법(推定法)이 사용된다. MAP 추정법은 불특정 화자의 분포 평균값 μ_0 를 사전(事前) 지식으로 하여 입력 화자의 음성 데이터가 얻는 사후(事後) 분포의 평균값 μ_{MAP} 를 추정한다. 평균값의 분포가 가우스 분포에서 얻는 근사값과 비슷하다고 하면, μ_{MAP} 는 다음 식으로 주어진다.

$$\mu_{MAP} = \frac{n}{n+\tau}\mu + \frac{\tau}{n+\tau}\mu_0 \qquad (3.22)$$

위 식에서 알 수 있듯이, μ_{MAP} 는 입력 화자의 음성 데이터에서 선형변환 등으로 얻은 분포의 평균값 μ 와 불특정 화자의 분포 평균값 μ_0 를 더욱 보간하는 형태로 계산된다. n, τ 는 각각 입력 화자의 샘플 수, 사전 지식의 신뢰계수이다. 그리고 μ_{MAP} 는 입력 화자의 음성 샘플이 많은 경우는 μ 에, 적은 경우는 μ_0 에 가까운 값이 된다.

위에서 설명한 화자적응의 기능은 사람의 청각(廳覺)과 지각기구(知覺機構)에도 존재한다는 것이 확인되었으며, 사람의 경우에는 몇 개의 음절로 빠른 화자적응이 이루어진다는 실험결과가 있다. 그래서 몇 개의 음절로 화자적응

을 가능하게 하기 위해, 음성의 생성기구에 기초한 적응법
을 검토하는 연구도 시도되었다.

(f) 통계적 언어모델의 구축

3.3절 (b)에서 언급했듯이, 식 (3.17)의 제2항 $P(W)$는
단어열 W가 발생하는 확률을 나타내며, 언어모델에 의해
주어진다. 제한된 문(文) 표현만을 인식의 대상으로 하는
경우는, 단어열 W가 문법에 규정된 단어열만을 $P(W)=1$
로 허락하고, 그 이외에는 발생하지 않는다. 다시 말하면,
$P(W)=0$으로 취급할 수 있다는 것이다. 이것은 그림 3.12
에 나온 유한 상태천이(finite state transition) 문법이 쓰
이고, 각 단어에 대해 다음에 천이할 수 있는 단어를 네트
워크로 표현한다. 제한된 내용만을 대상으로 하는 소규모
의 음성인식은, 이러한 네트워크 표현에 의한 시스템을 구
축하는 것도 가능하다. 그러나 일반적인 다수의 어휘를 인
식 대상으로 할 경우, 문어체와는 달리 사용자가 말할 가
능성이 있는 단어열만을 수리(受理)할 수 있는 〈구어체 문
법〉을 규정한다는 것은 어려운 일이다. 그래서 언어 데이
터베이스를 이용해, 통계적 방법에 의한 $P(W)$의 값을 부
여하는 것이 실행되고 있다.

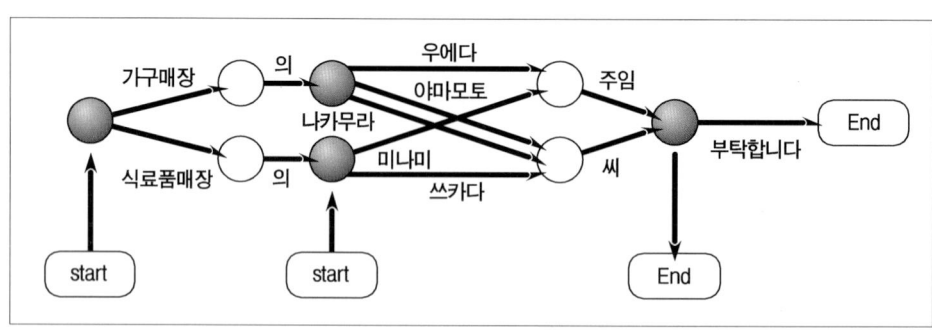

그림 3.12 유한 상태천이 문법

대량의 언어 데이터베이스를 이용해도 단어열 W의 출현빈도는 0에 가깝고, 통계적으로 신뢰도가 높은 $P(W)$의 값을 관측 데이터에서 구할 수가 없다. 그래서 음향모델의 경우와 마찬가지로, W의 구성단어 $w(i)$의 독립성을 가정한 근사값을 이용한 언어모델이 널리 이용된다. 아래 식에서 볼 수 있듯이, 선행하는 $N-1$개만의 단어 이력(履歷)을 고려한 경우에는 구성 단어 $w(i)$가 발생할 확률 P_{iN}의 곱에 의한 단어열 전체의 발생확률 $P(W)$를 나타낸다. 이와 같이 $N-1$개의 단어 이력을 이용하는 언어모델을 단어 N그램(word N-gram)이라고 한다.

$$P(W) \cong \prod_{i=1}^{I} P_{iN} \tag{3.23}$$

$$P_{iN} = P(w(i)|w(i-N+1),\ w(i-N+2),$$
$$\cdots, w(i-1)) \tag{3.24}$$

언어 데이터베이스가 주어진 경우, 단어 N그램 확률 P_{iN}은 위 식에서는 조건부 확률로서 데이터베이스에 출현하는 N개조와 $N-1$개조 단어열의 출현 개수에 대한 비(比)로 주어진다. 다시 말하면, 단어열 $a, b, \cdots, x$가 주어진 언어 데이터베이스에 출현하는 개수를 $n(a, b, \cdots, x)$로 나타내면 다음과 같이 계산된다.

$$p_{iN} = \frac{n(w(i-N+1), \cdots,\ w(i-1),\ w(i))}{n(w(i-N+1), \cdots,\ w(i-1))}$$
$$\tag{3.25}$$

인식 대상으로 하는 단어수를 1만 어(語)라고 하면, $N=2, 3$에 대응하는 N그램의 수는 각각 1억 개, 1조 개가 된다. 그래서 실제로는 신뢰성 측면에서 2나 3이 N으로 쓰이는 일이 많다. 이것을 각각 **바이그램**(bigram), **트라이그램**(trigram)이라고 한다. 또한, 데이터베이스에서 출현하는 개수를 기초로 계산하기 때문에 출현빈도가 적은 데이터에 대해서는 별도의 연구가 필요하다. 특히, 학습용 데이터베이스에 출현하지 않는 단어열의 확률값은 0이 되기 때문에, 정확한 단어열이라도 실제로 인식할 때는 후보에서 제외되는 경우가 발생할 수 있다. 그래서 적당한 값을 부여하는 배려가 필요한 것이다.

출현빈도가 적은 단어열에 대한 대책으로는, N의 수를 줄여서 얻은 통계값을 이용하는 방법도 있다. 대표적인 것으로는 삭제보간법(削除補間法)[15], 백오프 평활화법(平滑化法)[17]이 있다. 삭제보간법(deleted interpolation)은 아래 식과 같이, 조건부 확률로서 식 (3.25)에 따라 구한 유니그램 확률(단어 w_i의 출현확률) P_{i1}, 바이그램 확률 P_{i2}, $\cdots$, N그램 확률 P_{iN}을 선형에 가산하여 새롭게 N그램의 확률값으로 이용한다.

선형에 가산하는 경우에 이용되는 λ_j는 총합이 1이 되는

$$P(w(i)|w(i-N+1), w(i-N+2),$$

$$\cdots, w(i-1) \cong \sum_{j=1}^{N} \lambda_j P_{ij} \qquad (3.26)$$

($\sum \lambda_j = 1$) 중요도 계수이다. 이 값은 데이터베이스에서 일부를 제외한 $P_{ij}(i=1, \cdots, N)$의 값을 추정하여 그 데이터를 이용한 λ_j를 계산해서 다시 $P_{ij}(i=1, \cdots, N)$을 추정하는 절차를, 제거하는 데이터를 바꾸어가면서 순차적으로 반복하여 얻는다.

또한, 백오프 평활화법(back-off smoothing)은 언어 데이터베이스에 출현하지 않는 N그램의 확률값을 $N-1$그램의 확률값으로 추정한다. 이 계산을 할 때는, 단어열 $w(1), w(2), \cdots, w(i)$가 주어진 언어 데이터베이스 중에서 출현하는 개수 $n(w(1), w(2), \cdots, w(i))$를 그대로 이용하지 않고, 출현횟수를 적게 잡아서(discounting) 계산한다. 따

라서 출현하는 N그램의 확률값은 다소 적게 추정되어, 총합이 1 미만이 된다. 남은 확률값은 출현하지 않은 N그램의 확률값으로 배당한다. 디스카운팅에 관해서는 다양한 방법이 연구되고 있다.

단어 N그램은 $P(W)$를 구하기 위한 통계적 언어모델로 널리 이용되고 있지만, 위에서 서술한 계산을 고려한다고 해도 언어 데이터베이스의 양과 질의 신뢰도와 정밀도에 크게 의존한다. 따라서 정밀도와 신뢰도의 저하를 막는 다양한 수단이 강구되었다. 양(量)에 관해서는 단어 대신에 단어의 집합으로 구성되는 단어 클래스(class)를 고려한 단어 클래스 N그램이 이용된다. 아래 식과 같이, 단어의 이력(履歷) 대신 단어 클래스의 이력을 사용함으로써 확률계산에 필요한 데이터 수를 대폭 감소시켜, 출현빈도에 편중을 보이거나 산재(散在)해 있는 데이터에 대해서도 신뢰도가 높은 확률값을 부여할 수 있다.

$$P(w(i)|w(i-N+1), \cdots, w(i-1))$$
$$\cong P(w(i)|c(i)) \cdot P(c(i)|c(i-N+1), \cdots, c(i-1))$$

$$(3.27)$$

이 식에서 $c(i)$는 단어 클래스를 나타내고, 우변 제1항은 단어 클래스에서 단어 $w(i)$가 차지하는 비율을, 제2항은 단어 클래스의 이력을 나타낸다.

정밀도에 관해서도, 제한된 데이터를 효과적으로 활용하는 방안이 연구되고 있다. 앞에서 설명했듯이 N을 충분히 크게 하는 것은 어렵기 때문에, 통상적인 단어의 단위를 결정하는 방법에 따른 단어 바이그램이나 트라이그램에서는 〈~가 아니었습니까?〉, 〈~인지 모르겠습니다만〉 등의 출현빈도가 높은 단어열 통계를 낼 수 없다. 또한 언어 데이터의 단어열 출현빈도는 편중이 크고, 단어열에 따라서는 길이가 긴 단어이력 N에 대해 정밀도가 높은 통계값을 구할 수 있다. 그래서, 복수의 단어가 연접한 단어열을 새로운 단어로 포함시키는 단어연접(單語連接) N 그램〔24〕, 출현하는 샘플이 있는 것은 유연성 있게 길이가 긴 단어이력을 갖도록 하는 가변길이 이력(履歷) N 그램〔6〕이 고안되었다. 이 두 가지는 단어연접이나 단어이력의 어느 쪽에 빈출단어 통계량을 어떻게 반영하는가에 따라 계산상의 차이는 있지만 결과적으로는 서로 비슷하다. 통계적 기준에 따라 단어연접이나 가변길이 이력을 도입함으로써, 단어나 단어이력을 고정한 통상적인 단어 N 그램보다 뛰어난 성능을 얻을 수 있다.

또한, 언어 데이터베이스가 단어 N 그램 확률값의 정밀도에 끼치는 영향에 대해서도 연구가 진행되고 있다. 단어 N 그램은 통계값을 구하는 언어 데이터베이스의 특성을 강하게 반영하기 때문에, 인식 대상과는 다른 언어 데이터베이스로 만든 단어 N 그램은 유사 정밀도가 떨어져 잘못 인식하게 되는 원인이 된다. 그러나 인식 대상으로 적합한 대량의 언어 데이터베이스를 직접 구할 수 없는 경우도 있다. 그래서 일반적인 대량의 언어 데이터베이스에서 얻은 단어 통계량을 사전 지식(事前知識)으로 이용해, 인식 대상의 언어 데이터베이스 양이 부족한 데서 기인하는 정밀도의 저하를 방지하는 방법이 강구되고 있다〔24〕.

또한 화자적응에서 서술한 최대 사후확률(MAP) 추정법을 이용하여 단어 N 그램을 계산할 때, 각 단어열의 출현빈도에 대응해 인식 대상인 언어 데이터베이스에서 얻은 출현확률과 일반적인 대량 언어 데이터베이스에서 얻은 출현확률을 보간(補間)한다. 그래서 인식 대상의 언어 데이터베이스에 출현빈도가 충분히 있는 경우는 확률값 그대로지만, 충분하지 않은 경우는 일반적인 대량의 언어 데이터베이스의 출현확률을 근거로 확률값이 쓰이게 된다.

이상과 같은 언어모델 작성을 위한 연구는 일반성이 높은 언어제약의 모델화를 지향하고 있다. 일본어처럼 교착성(膠着性)이 있어 활용 변화가 많은 언어, 영어처럼 단어 활용이 적은 비교착성 언어 등 각 언어에 맞는 효율적인 단어연접 특성의 기술(記述)이 필요하다. 게다가 컴퓨터에 일본어를 입력할 때 필요한 가나 한자변환 기술과 마찬가지로, 올바른 단어열을 선택하기 위해서는 어휘나 구문, 의미에 있어서 가장 적합한 것을 어떻게 평가하느냐 하는 문제도 있다. 현재의 N 그램 모델은 음운과 음절구조가 가진 음소연접 특성(音素連接特性, phonotactic constraints)이나 단어와 구(句)가 지닌 표층적인 제약이 있기 때문에, 응용분야에 제한을 두지 않는 음성 타이프라이터 같은 용도에는 그대로 적용할 수가 없다. 광범위한 용도로 쓰이는 언어모델의 자격을 갖추기 위해서는 다양한 언어적 제약을 고려하여 작성하는 것이 필요하다.

(g) 음향패턴 조합(照合)과 단어탐색

앞의 (d)에서 설명한 방법으로 구축한 음향모델에 대해 (e)에서 서술한 화자적응 응용모델을 이용, 입력 음성의 음향 매개변수 시계열과 조합하여 인식을 실행한다. 음향모델과의 조합은 시간의 신축(伸縮)을 허용한 패턴 조합이기 때문에 하나의 음성단위만으로도 조합의 수가 아주 많아져 조합하는 데 시간이 걸린다. 그래서 포워드 알고리즘(forward algorithm)이라는 동적(動的) 프로그램 기법을 이용한 고속계산법이 사용된다[13][20][34][58]. 입력 음성의 음향 매개변수 시계열 $X = (x(1), x(2), \cdots, x(T))$ 와 하나의 음성단위에 대응한 세 가지 상태로 구성되는 HMM 음향모델과의 조합구조를 그림 3.13과 같이 나타

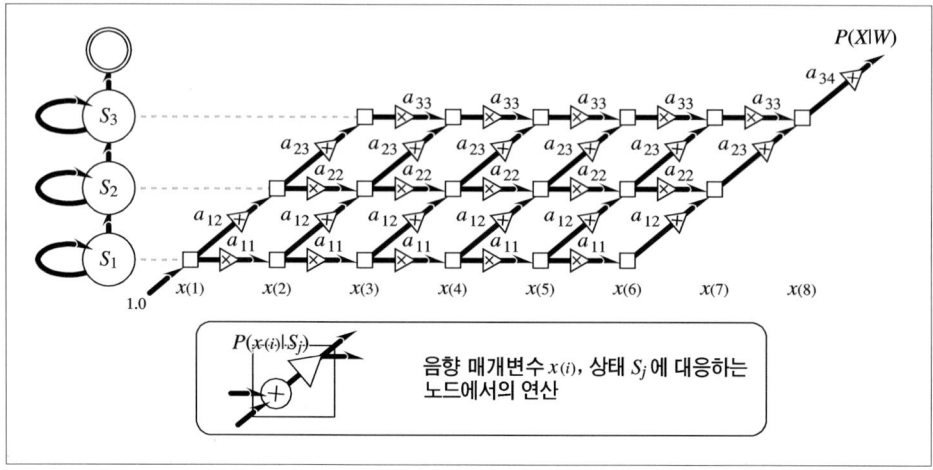

그림 3.13 입력음성과 조
합하는 경우, HMM 내
부상태의 시간천이 표현
(트렐리스)

낼 수 있다. 각 시각에서 음향 매개변수에 대응할 수 있는
HMM 음향모델의 상태를, 그림에 나타난 것처럼 트렐리
스(trellis)라고 하는 격자점 모양의 그래프로 살펴보자.
트렐리스에서는 조합하는 HMM 음향모델의 시간적 상태
의 천이를 그래프 경로로 나타낸다.

음향 매개변수 시계열 X에 대한 HMM 음향모델의 조합
비율을 나타내는 음향 가능성(likelihood) $P(X|\Phi)$ (Φ는
음성 단위별로 서로 다른 HMM 음향모델 매개변수를 나
타낸다)는 아래와 같은 식으로 주어진다.

$$P(X|\Phi) = \sum_{i(1), i(2), \cdot i(T)} \pi_{i(1)} b_{i(1)}(x(1)) a_{i(1)i(2)}$$
$$b_i(2)(x(2)) \cdots a_{i(T-1)i(T)} b_{i(T)}(x(T))$$

(3.28)

위 식에서 π_i는 초기 상태가 s_i인 확률, $i(t)$는 시각 t에
대응하는 HMM의 $s_{i(t)}$ 상태를 나타낸다. 가능성이 있는 경
로가 다수 존재하기 때문에 전부 열거해서 계산하는 것은
그다지 도움이 되지 않으므로 포워드 알고리즘에서는 아
래와 같이 반복공식(recurrence formura)으로 계산한다.

$$\alpha(1, i) = \pi_i b_i(x(1)) \qquad (3.29)$$

$$\alpha(t, i) = \sum_j \alpha(t-1, j) a_{ji} b_i(x(t))$$
$$(t = 2, \cdots, T) \qquad (3.30)$$

위 식에서 $\alpha(t, i)$는 시각 t까지의 입력 음향 매개변수 시계열 $x(1), x(2), \cdots, x(t)$가 HMM에서 생성되고, 상태 i에 도달하는 확률을 나타낸다. 식에서 볼 수 있듯이, 왼쪽 아래 트렐리스의 개시 시점에서 오른쪽 위의 종료 시점까지의 경로에 따라 시각 t를 하나씩 진행시키면서, 절점간(節點間)의 이동시에 출력확률 $b_{i(t)}(x(t))$와 천이확률 $a_{i(t)i(t+1)}$을 곱해 경로가 교차하는 절점에서 그 합을 누적한다. 이처럼 순차적인 계산으로 얻은 $\alpha(T, i)$ 중에서 최종 상태 F에 도달한 경로 전체의 합에 의해 음향 가능성 $P(X|\Phi)$가 표시된다. 즉, 아래의 식과 같이 된다.

$$P(X|\Phi) = \sum_{s_i \in F} \alpha(T, i) \qquad (3.31)$$

또한, 포워드 알고리즘에서 경로 전체의 합을 취하는 대신에 최대값으로 바꾼 것이 비터비 알고리즘(Viterbi algorithm)으로, 로그화함으로써 모든 곱셈을 덧셈으로 바꿀 수 있기 때문에 적은 계산량으로 구할 수 있다. 대부분의 경우, 이렇게 얻은 트렐리스 계산값과의 오차가 작기 때문에 실제로 많이 이용된다.

한 단어 고립발성(孤立發聲)의 소수 어휘를 대상으로 한 음성인식이라면, 그림 3.13에 나타난 음성단위 HMM을 복수로 서로 연결한 단어 HMM을 이용해 조합하고, 그 가운데서 가장 큰 음향 가능성 $P(X|\Phi)$를 부여하는 단어를 가장 적절한 결과로 간주한다. 단어가 연속하는 음성에서는 원칙적으로 (f)에서 설명한 언어모델을 이용해 연접하

는 단어후보를 구하고, 그 HMM을 서로 연결해서 동일한 방법으로 구한다. 그러나 이 단어후보열에 대응하는 HMM의 조합은 천문학적인 숫자이기 때문에, 비교를 위한 중간결과 저장용 메모리에 대한 연구와 계산량을 줄이는 연구가 진행되고 있다. 더불어 단어 표현의 연구나 여러 가지 검색 알고리즘이 고안되고 있다.

단어를 독립적으로 취급하면, 동일한 음운열(音韻列)을 포함한 단어라 하더라도 따로따로 조합을 하게 되어 불필요한 노력을 하게 된다. 그래서 그림 3.14처럼 단어를 구성하는 음운열에 따라 트리구조로 전개한 단어사전을 이용해 HMM의 조합 횟수를 줄인다.

탐색방법으로는 시간축에 따라 단어열의 가장 적절한 후보를 먼저 구하고, 그것과 비교하면서 음향과 언어면에서 가장 가능성이 높은 단어열을 구해나가는 종형(縱形) 탐색법과, 각 시각별로 후보를 전부 열거하여 그 시각까지의 정보에 기초해 가장 가능성이 높은 복수 후보를 계속 저장하면서, 시간을 진행시켜나가는 횡형(橫形) 탐색법이 있다. 또한 시간이 경과함에 따라 한번에 탐색을 실행하는 원패스 탐색(one-pass search)과, 어느 정도의 복수 후보를 선정한 후 자세히 비교하면서 최종적으로 결정하는

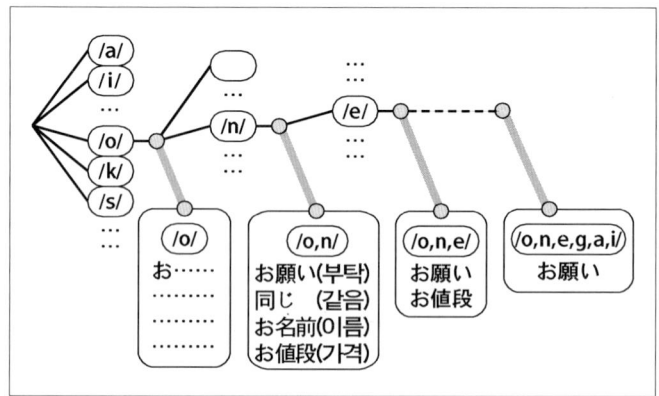

그림 3.14 단어를 구성하는 음운열에 의한 트리구조 사전

멀티패스 탐색(multi-pass search)[18][47][48]이 있다. 어떤 탐색법에서든 확률이 낮은 인식 후보는 가능성을 기초로 하여 효율적으로 가지를 쳐내고, 동적계획법을 기본으로 한 알고리즘 또는 대략적인 예측에 기초해 경험적인 비용함수(cost function)를 이용한 알고리즘으로 효율적인 후보탐색이 시도되고 있다.

제3장의 요약 정리

3.1 음성파형을 주파수 분석한 단시간 스펙트럼에는 음운 고유의 음색특징이 나타난다. 음성정보를 디지털 신호로 하여 효율적인 정보 압축을 하는 기술로는 선형예측 부호화(LPC)가 있고, 매초 64킬로비트의 음성정보를 2.4~6킬로비트로 전송하는 것이 가능하다.

3.2 문자 텍스트를 입력하는 음성합성은 사용자가 문장을 낭독하는 과정에서 행하는 다양한 처리를 컴퓨터가 직접 실현함으로써, 자연스럽고 명료한 음성이 구해진다. 이 처리는 언어 고유의 음운에 대응하는 스펙트럼 데이터나 운율 제어의 지식, 제어 규칙이 필요하다. 합성 시스템을 작성하는 방법으로는 제어 알고리즘, 제어정밀도 평가척도, 음성언어 데이터를 명확히 규정하는 코퍼스베이스법이 고안되었으며, 과학적인 시스템 구축도 진행되고 있다.

3.3 일본어의 리듬·템포, 또는 호흡 연결에 대한 시간 제어는 가나 한 문자에 대응하는 모라를 단위로 하는 제어가 대부분이지만, 문(文)구조나 어(語)의 정보량에 의존하는 제어도 있다. 선형회귀, 회귀목이라는 통계적 모델에 의해 음운에 대응하는 음향구분 시간지속이라는 제어의 최적화가 이루어지고 있다.

3.4 목소리의 높낮이는 성대의 기본주파수에 의해 제어된다. 이 제어에는 기본주파수의 시간변화 패턴을, 구(句)구조

를 반영하는 광범위한 하강 특성을 지닌 화조(話調)성분과, 악센트에 의해 발생하는 부분적인 기복성분이 여러 겹으로 표현되는 모델이 이용되며, 언어정보로부터 모델 제어에 필요한 매개변수를 구하기 위해 수리적(數理的)으로 다룬다.

3.5 기계에 의한 음성인식에는 통계적인 패턴인식 구조가 성공을 거두었으며, 입력 음성에서의 특징 추출, 음성단위의 음향모델 작성, 화자적응, 단어후보를 예측하기 위한 통계적 언어모델, 효율적인 단어후보의 조합·탐색이라는 구성요소 기술이 이용되고 있다.

3.6 음성단위의 음향모델로는 숨은 마르코프 모델(HMM)이 널리 이용되고 있으며, 제한된 음성 데이터에서 통계적으로 신뢰성 측면의 상세한 모델을 작성하기 위한 연구가 진행되고 있다. 또 화자마다 서로 다른 음향특성의 적응에 있어서도 입력 화자의 소량 음성을 이용, 통계적 추정법에 따른 HMM의 모델 매개변수의 변경에 의해 실행된다.

3.7 통계적 언어모델로서는 단어연접 특성을 나타내는 단어 N그램이 이용되고, 언어 데이터베이스에 나타나지 않는 단어연접에 어떻게 대처할 것인가를 비롯하여 정밀도와 신뢰도 향상, 단어연접 단위나 연접 이력을 가변길이로 함으로써 간결한 표현이 연구되고 있다. 이러한 통계량에 의한 언어통계확률은 음향모델에 의한 통계확률과 같이 단어후보의 탐색에 제공된다. 효율적인 단어후보 탐색에는 단어의 트리구조 사전이나 동적 프로그램 기법이 이용되고 있으며, 탐색 전략의 차이에 따른 다양한 탐색법을 연구하고 있다.

4

음악정보 처리

음악정보 처리는 문자 그대로 음악을 제재(題材)로 하는 정보처리 기술을 말한다. 이는 어떤 하나를 대상으로 하는 것이 아니라 작곡, 편곡, 연주, 채보(採譜), 반주, 유통 등 음악에 관한 전반적인 사항을 폭넓게 다루는 기술이다. 따라서 당연히 각각의 영역에 있어서 지향하는 것이나 접근법은 서로 다르다. 그 결과 현재 사용하고 있는 기술의 관점에서 연구나 개발 사례를 살펴보면, 이것저것 잡다하게 모아놓은 감도 없지는 않지만, 목표를 향해 다양하게 기술적인 응용을 시도하는 접근법은 예술분야에서는 오히려 바람직하다고 본다. 소리를 대상으로 하는 음성정보 처리기술과는 이러한 제재에 대한 관점의 차이가 있는데, 이것이 두 분야의 커다란 차이점이라고 할 수 있다.

4장에서는 패턴인식 기술과 관련이 있는 <악보인식>과 <자동채보>, 음악적인 행위와 관련이 있는 <자동작곡 · 편곡>, <자동연주와 음악해석>, 그리고 최근에 주목을 받고 있는 <대화식 음악시스템(interactive music system)>에 관해 알아보고자 한다. <악보인식>에서는 음악적인 지식과 제약의 이용이라는 관점에서 구성되는 인식시스템을 소개하고, <자동채보> 편에서는 음악의 지각(知覺) · 인지의 문제에 관련해 악음의 그룹(group)화에 대한 문제, 음악적 분석, 악보 출력의 각 단계를 설명한다. <자동작곡 · 편곡>에서는 대표적인 작곡 · 편곡 시스템의 세 가지 사례를 소개하고, 창조성과 관련하여 간단히 설명한다. <자동연주와 음악해석>에서는 정서적인 면을 풍부하게 표현하는 연주를 자동생성하는 시스템을 설명하고, 그에 따른 문제점도 정리한다. <대화식 음악시스템>에서는 자동반주 시스템과 세션(session) 시스템의 구체적인 사례를 소개한다.

4.1 음악정보 처리의 흐름

음악은 다른 과학기술 분야에 비해 일찍이 컴퓨터를 이용한 다양한 응용이 시도된 영역으로서, 그 결과 1957년에 이미 컴퓨터에 의해 자동작곡된 〈일리악 조곡〉이 발표되었다[22]. 또한 1968년에는 인공지능의 연구자로 유명한 T. 위노그라드(T. Winograd)에 의한 화성(和聲)해석의 연구[56], 1969년에는 음악합성용 프로그래밍 언어에 지대한 영향을 끼친 〈Music V〉가 발표되었다[36].

음악은 예술분야 중에서도 이론적인 해석이 까다롭지 않은 대상으로, 컴퓨터의 이용 또는 가능성을 시도하는 데 있어서 오래 전부터 주목을 받아왔다. 음악과 컴퓨터의 접점에서 행해진 연구 · 개발은 실험적인 음악 또는 최근 오락이나 취미생활로 정착된 컴퓨터음악 영역에 이르기까지, 사용자의 수요에 발맞추는 기술로 발전해왔다. 또한, 청각이나 인지를 연구하기 위한 구체적 대상으로까지 다루어지게 되었다. 그림 4.1은 음악정보 처리의 연구를 연대순으로 정리해놓은 것이다.

생성(生成)분야의 기술로는 새로운 음원(音源)의 개발 외에도, 자동연주를 실행하기 위한 시퀀서(sequencer), 자동 작곡 · 편곡 등이 있다. 인식분야에 속하는 기술로는 자동채보, 악보인식, 민족음악의 비교 조사 등이 있다.

컴퓨터로 음원을 제어할 수 있는 MIDI의 제정이나 컴퓨터 전체 성능의 향상 등으로 인해, 1980년대 후반부터는 당시까지 온라인 외에는 불가능했던 처리를 실시간으로 실현할 수 있게 되었다. 1990년대에 들어서자 자동반주와 화음기능을 갖춘 가라오케(노래방) 등, 인간-컴퓨터 상호작용에 관련된 기술이 활발하게 연구 · 개발되었다. 한편,

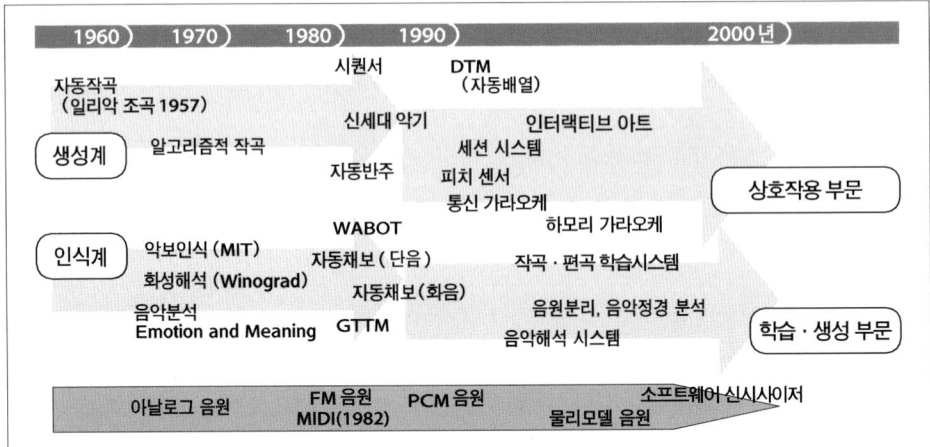

| | 1960 | 1970 | 1980 | 1990 | | 2000년 | |

그림 4.1 음악정보 처리의 연구 분야. 음원에 관해서는 본래, 생성분야의 기술로 취급하려는 관점도 있지만, 신시사이저나 MIDI는 음악정보 처리 전반에 관련된 기술로 분류된다.

개인용 컴퓨터에서도 DTM이 취미생활의 일부분이 되어 우리에게도 친숙하게 되었다. 최근, 또 하나의 커다란 흐름은 학습과 생성분야에 관한 연구이다. 이전부터 자동작곡·편곡, 풍부한 정서를 표현하는 연주의 생성 등이 연구되어 왔지만, 한 단계 높여 음악에 관련된 지식의 추출, 처리의 자기조직화를 실행함으로써 광범위하게 적용 가능한 시스템 개발이 진행되고 있다.

상업적인 관점에서는 음원의 개발이나 DTM 환경의 정비, 그리고 최근에는 인터넷을 이용한 음악 콘텐츠의 디지털 아카이브(archive) 등, 음악의 제작과 유통에 관련된

MIDI

MIDI(Musical Instruments Digital Interface)는, 1982년에 발표된 디지털악기 사이의 데이터 전송이나 하드웨어에 관한 설계 규약이다. 전자악기의 세계 표준으로, 표준적인 프로토콜이다. 통신속도 31.25 kbps(kilobits per second, 초당 킬로비트)로, 건반악기를 모델로 한 각종 연주조작 이벤트 정보를 전송한다. 현재는 디지털악기뿐 아니라 스튜디오 기기나 무대조명의 제어에 이르기까지 그 용도가 다양해지고 있다.

개인용 컴퓨터를 이용해 쉽게 컴퓨터음악을 즐길 수 있는 환경을 DTM(desk top music)이라고 한다. DTM의 구성요소는 MIDI형식의 음악연주 정보의 기록, 편집, 재생 등을 하는 시퀀서(sequencer)라는 소프트웨어와 외부 접속된 MIDI 음원, 또 최근에는 컴퓨터내장 음원의 MIDI 연주드라이버 등을 이용한다. 음악데이터의 작성이나 편집보다는 완성된 음악데이터의 라이브러리를 감상하는 일이 많다. 시퀀서의 음악정보 표시형식으로는 악보표시, 수치표시, 도형표시 등이 있다. 또, 악보의 작성이나 인쇄를 주로 하는 표현법(notation) 소프트웨어도 있다.

───── 〈음악정보 처리〉란 무엇인가 ─────

외국에서는 음악정보 처리의 직역에 해당하는 〈music information processing〉이란 용어를 거의 쓰지 않는다. 국제회의 명칭에서 음악정보 처리에 해당되는 영역을 찾아보면 〈음악분야에 관한 컴퓨터기술〉, 〈음악과 AI〉, 〈컴퓨터음악〉 등이 포함된 것이 많다. 일본에서 〈음악정보 처리〉라고 하면, 정보처리 분야에서 음악을 취급한다는 단순한 발상에 불과한 것이다. 해외(영어권)에서 〈music information processing〉이라는 말이 쓰이지 않는 것은 명사를 단순히 나열해서 언어를 만들지 않는다는 문법적인 이유도 있지만, 〈music information(음악정보)〉에 대한 정의도 어렵거니와 굳이 설명하자면 그 용어 자체에 대한 저항감에 기인할 것이다. 한편, 모호함을 내포하는 일본식 명명(命名)은 음악을 주축으로 한 각 분야와의 결합에 일조한다는 측면도 지니고 있다.

것이 음악정보 처리의 대부분을 차지하고 있다. 또 음향합성 기술은 FM 음원, 물리(物理) 모델, PCM 방식(샘플링 방식) 등, 연구영역 전반에 걸쳐 영향을 끼치는 것이 적지 않다. 여기에서는 상업적인 흥미보다는 연구영역으로 취급되어온 음악정보 처리에 초점을 맞추기로 한다. 악보인

식, 자동채보, 자동작곡 · 편곡, 자동연주, 음악해석, 대화
식 음악시스템에 관해 소개한다. 또한, 컴퓨터를 이용한
악기의 새로운 기술적 사양(仕樣)이나 사용 예에 대해서는
본 시리즈의 10권에서 다룰 예정이다.

4.2 악보인식

　음악은 글자 그대로 〈소리(音)〉를 즐긴다(樂)는 의미이고, 악보는 음악을 기록하기 위한 미디어이다. 이 악보와 음악연주의 관계를, 언어에서의 문자라는 도형패턴과 음성이라는 음향패턴의 두 가지 표현 미디어에 대응시켜 설명하기도 하지만, 악보의 존재 의의는 언어에 있어서 문서의 의의와는 의미가 약간 다르다. 그러나 패턴인식이라는 기술적 측면에서 살펴보면, 시각패턴인 문서와 악보, 청각패턴인 음성과 연주는 같은 내용을 서로 다른 미디어로 표현한다는 점에서 유사한 것이라고 할 수 있다. 여기에서는

음악배급(配給)과 MP3

　종래의 음악은 대부분의 경우 CD 구입이라는 형태의 유통구조였지만, 최근에는 인터넷을 통한 〈음악배급〉의 형태가 보급되고 있다. 사회적 기반으로서의 배경으로는 인터넷의 보급과 물류 비용의 감소로 인한 경제성 등이 거론될 수 있고, 또 하나의 중요한 기술적 배경으로는 오디오데이터의 압축기술을 꼽을 수 있다. 오디오 압축기술 중에서 가장 주목을 받고 있는 사양 중의 하나가 바로 MP3이다.

　MP3는 MPEG-1 Audio Layer-3의 약칭으로, MPEG-1 규격의 오디오 압축 중에서도 가장 압축률이 높은 것을 말한다. MP3는 마스킹 효과(작은 음이 큰 음에 지워져 들리지 않는 현상)나 주파수별 최소 가청한계(可聽限界) 등, 사람의 청각 특성을 효과적으로 이용한 비가역적(非可逆的) 데이터 압축법을 채용하여 원래 데이터의 10분의 1까지 압축이 가능하다. CD 1장에 들어 있는 음악 데이터가 스마트미디어 등의 IC메모리에 저장되는 수준으로 압축된다. 최근에는 PHS(휴대폰) 정도의 크기인 MP3 전용의 뮤직플레이어(소프트웨어 부속)도 출시되었다.

악보를 패턴인식의 대상으로 간주했을 때, 어떤 방법을 도입해왔는가에 대해 소개하고자 한다.

(a) 악보인식의 역사

악보인식에 관한 연구는 1960년대에 MIT(매사추세츠 공과대학)에서 시작되었으며, 일본에서는 1970년대 후반부터 시작되어 1980년대에 접어들면서 활발해졌다. 악보를 화상인식의 관점에서 살펴보면, 오선(五線)이나 음표(音標)와 같은 중요한 기호가 단순한 기하학 도형으로 이루어지기 때문에 처음에는 인식하기 쉬운 것처럼 보인다. 그러나 실제로 인식을 시도해보면 지식처리 등이 필요하고, 어느 정도의 성과를 올리려면 본격적인 연구를 해야만 했다. 지금까지 발표된 중요한 연구사례로는 MIT의 Do-Re-Mi[45], 전자기술 종합연구소[3], 오사카대학[42][34], 와세다대학[39], 맥길(McGill)대학[18] 등에서 한 연구가 있다.

1980년대 후반부터의 연구는 음악적 지식을 제약조건으로 하여 인식에 이용했지만, 최근에는 악보의 구조를 기술하는 문법을 정의하고 그 문법에 따라 인식하는 방법이 고안되고 있다[12]. 그리고 간편하게 사용할 수 있는 악보인식 소프트웨어도 시판되고 있다. 이러한 발전은 인식기술의 진보만이 아닌, 화상입력장치와 같은 주변기기를 포함한 컴퓨터의 성능 향상이 크게 공헌한 결과라고 볼 수 있다.

지금까지 연구되었던 자세한 사례에 관한 소개 기사[38]가 이미 출판되었기 때문에, 여기에서는 대표적인 연구를 소개함과 동시에 악보인식의 문제점을 살펴보고자 한다.

(b) 악보가 가진 정보

일반적으로 음향신호를 인식하여 기호화(악보로 표현)하는 것을 **채보**(採譜, transcription) 또는 **청음**(廳音, dictation)이라고 하며, 악보를 인식하는 것을 악보인식 또는 **독보**(讀譜, music note recognition)라고 한다. 악보에는 음악의 종류나 시대적 구분에 따라 여러 가지 타입이 있겠지만, 여기에서는 오선지에 그려진 통상적인 인쇄 악보를 대상으로 한다.

음악을 연주하는 입장에서 오선악보상의 정보를 분류해 보면, 다음과 같은 네 가지 데이터로 분류된다.

(1) 음의 발생시각

(2) 음의 높이

(3) 음의 길이

(4) 음의 크기

각 음은 하나의 음표로 표현되는데, 음의 발생시각은 그 음표의 가로방향의 위치에 의해, 음의 높이는 세로방향의 위치에 의해, 그리고 음의 길이는 음표의 형상에 의해 표현된다. 이상의 세 가지는 어느 것이든 기본적으로 모호함이 없고, 정보의 속성으로 보자면 디지털적이다. 그러나 음의 크기는 직접적인 표현에는 나타나지 않고, 표정기호나 전후관계 등의 부가정보에 의해 결정되기 때문에 대부분 아날로그적인 정보이다. 그 밖에 음표의 표현에 대한 상세한 지시는 문자기호 정보로 부가된다.

이러한 성질을 전제로 하여 패턴인식의 입장에서 악보를 살펴보면, 먼저 위치정보를 보존한 다음에 도형을 분할(segmentation)하여 위의 (1)~(3)을 인식하는 것이 기본이 된다. 악보에는 동요 같은 단선율(單旋律) 악보에서 오케스트라의 총보(總譜)와 같은 복잡한 것에 이르기까지 다양한 종류가 있지만, 여기에서는 가장 일반적인 피아노 악보를 예로 들어 설명한다.

(c) 패턴인식과 의미 이해

악보는 문서와 달리 곡목마다 인식면에서 복잡성이 크게 차이가 난다. 단순한 악보는 기술되는 기호(symbol)의 밀도가 낮기 때문에 기호간의 접촉은 염두에 두지 않아도 된다. 또 의미적으로도 바로 해석이 가능하다. 반면에 복잡한 악보는 기호의 밀도가 높아, 기호간의 접촉·교차(交差)·끼어들기 등이 빈번하다. 의미적으로도 여러 가지 해석이 가능한 모호한 기술, 또는 규칙에 어긋난 기술이 이루어지는 경우도 있다. 따라서 복잡한 악보에 대처하기 위해서는 음악지식을 이용한 처리가 필요하다. 여기에서 소개할 방법은 악보나 음악에 관한 지식을 이용하여 도형적인 복잡함, 또는 의미적인 모호함에 대처하는 것이다. 예를 들면 음악적 규칙을 효과적으로 이용하기 위하여 소절(小節)이라는 단위별로 인식처리를 실행하는 것이다.

처리는 패턴인식 처리와 의미해석 처리로 크게 나누어지는데, 패턴인식 처리는 기호 상호간의 접촉 등에 대처하기 위하여 그 구성요소가 되는 프리미티브(primitive)를 추출·재합성함으로써 각각의 기호를 추출한다. 이로써 화상에서 추출해야 하는 도형의 모양이 아주 간단해지고, 접촉 도중에 끊어지는 현상인 노이즈 등에 대처하기가 비교적 쉬워진다. 또한 프리미티브 상호간의 연결체계 정보를 적극적으로 활용함으로써, 가설검증 처리 또는 가설 상호간의 모순검출도 가능해진다.

의미해석 처리는 패턴인식 처리에서 구한 결과의 일관성을 검증함과 동시에, 모순이 검출될 경우에는 그 원인이 되는 가설을 기각한다. 또 음악적인 규칙을 우선순위가 높은 것부터 차례대로 적용함으로써 기호의 의미나 접속 관계의 해석을 실행하여 실제로 연주 가능한 데이터를 생성한다.

(d) 악보인식의 개요

그림 4.2는 악보인식 처리의 과정을 나타낸다. 입력된 악보화상에 대해, 전처리(前處理) 단계에서는 오선과 소절선(小節線)을 검출하고 악보를 소절단위로 분할한다. 인식처리는 음악적인 지식을 이용하여 소절단위로 한다. 후처리(後處理) 단계에서는 각 소절별 인식 결과를, 반복기호를 염두에 두고 결합시켜 최종적으로 연주 데이터를 생성한다.

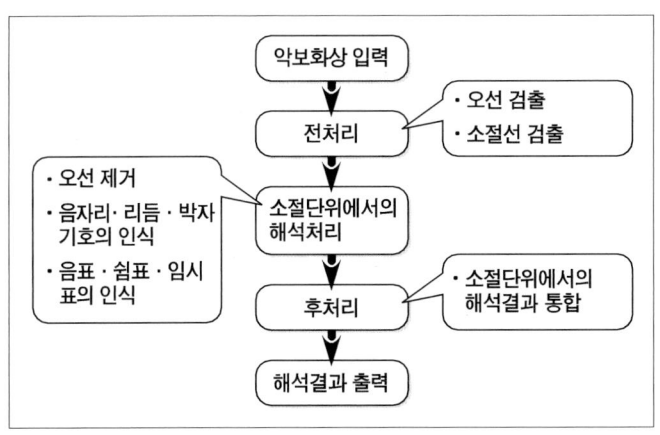

그림 4.2 악보인식 처리의 과정

(1) 화상입력과 전처리

(ⅰ) 악보화상의 입력 : 문자를 중심으로 하는 문서의 경우에는 입력화면 전체에 걸쳐 문자선의 굵기가 해상도의 기준이 되지만, 악보의 경우에는 소절선 또는 작은 부점

(附點)처럼 자세한 패턴을 정확히 입력할 필요가 있다. 최근의 이미지 스캐너는 200~300 dpi 이상의 해상도를 지니기 때문에 일반적인 악보입력에는 무리가 없다. 다만, A4용지 크기의 피아노 악보를 240 dpi로 읽어들이면, 한 페이지가 약 3000×2000화소(畵素, pixel)가 되는 대용량 데이터가 된다. 단지 기록만 할 것이라면 고배율 압축을 할 수 있지만, 인식처리를 하는 과정에서 압축화상을 이용하면 알고리즘을 복잡하게 하기 때문에 악보인식 과정에서는 대용량이더라도 원도형을 이용한다.

(ii) 오선 검출 : 입력된 악보화상은 오선의 수평성이 보장되지 않고, 어느 정도의 기울기를 지니고 있는 것으로 생각된다. 또한 오선의 간격이나 한 페이지에 기록되는 단수(段數)도 정해져 있는 것이 아니다. 그래서 오선의 각 선에서 그 시점(始點)과 종점(終點)의 좌표를 구해, 그 두 점을 잇는 직선으로 오선을 나타낸다. 그런 다음 악보화상을 같은 간격을 두고 세로방향으로 열 군데를 주사(走査)하여, 흑화소(黑畵素)와 백화소(白畵素)의 런길이(run length)를 측정, 각각의 히스토그램(histogram)을 갖는다(그림 4.3). 히스토그램에서 최대값을 갖는 런길이를 각

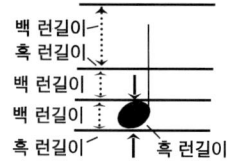

런길이 : 팩시밀리 등에서 사용되는 용어로, 백화소나 흑화소가 연속하는 길이를 말한다.

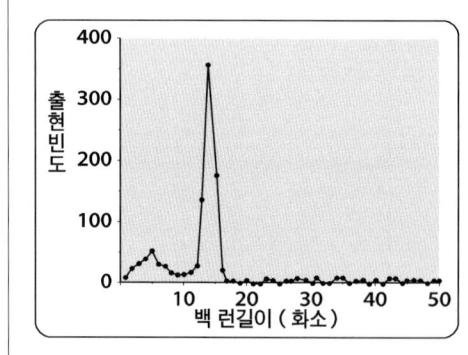
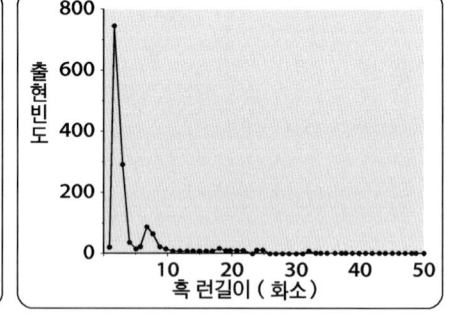

그림 4.3 악보의 선폭과 선간격의 히스토그램

각 오선의 선폭과 선간격으로 여긴다.

다음에는 화상을 앞에서와 같은 방법으로 세로방향 열 군데를 주사하여 구한 선폭과 선간격의 값을 토대로 각 주사마다 오선 후보를 선택한다. 주사 결과를 종합하여 오선 후보를 정리한 다음, 빈도가 높은 부분을 오선으로 한다. 선폭으로 추정되는 오선 크기의 약 3배 정도의 윈도우를 오선 위치에 놓고, 좌우로 움직여 윈도우 내에서 가로방향으로 짧은 성분을 제거한다. 그런 다음, 가로세로 양방향의 투영(投影)을 이용하여 각 오선의 시점과 종점의 정확한 위치를 구한다. 그림 4.4는 그 처리과정의 예를 나타낸 것이다. 피아노 악보는 일반적으로 높은음자리 오선과 낮은음자리 오선의 두 단(段)으로 구성되어 있고, 오선 검출은 각 단을 단위로 하여 병렬처리된다.

그림 4.4 악보의 오선검
    출의 예

(iii) 소절선의 검출 : 이 시스템에서 소절선으로 인식되는 기호를 그림 4.5에 나타냈다. 앞에서도 설명했듯이 피아노 악보는 높은음자리 오선과 낮은음자리 오선의 두 단으로 구성되며, 소절선은 그 두 영역에 걸쳐 기록된다. 그래서 높은음자리 · 낮은음자리 그리고 그 사이에 들어가는 가온음자리표, 이렇게 세 영역에서 먼저 세로방향으로 짧은 성분을 제거한 후, 세로방향을 투영해 각 영역에서 소절선의 후보를 추출한다. 그런 다음 그 후보 중에서 세로

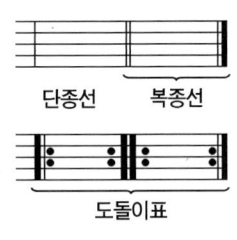

그림 4.5 소절선의 종류

의 위치가 일치하는 그룹을 찾아, 그것을 소절선으로서 검출한다. 마지막으로 상호 위치 관계에서 단종선(單縱線)과 복종선(複縱線)을 식별하고, 선폭과 두 번째, 세 번째 칸의 점의 유무에 따라 반복기호(도돌이표)를 식별한다.

(2) 기호인식

부호나 음표의 기호인식은 소절단위로 실행된다. 이 처리에서 인식된 기호는 원화상에서 차례로 없어진다. 오선은 모든 기호의 위치정보의 기준으로서 대단히 중요한 것이지만, 인식을 실행하는 과정에서는 다른 기호와 중복되기 때문에 오히려 방해가 된다. 따라서 오선을 미리 제거한 후에 기호의 인식을 실행해야 한다. 전처리 단계에서 검출되었던 오선의 시점과 종점의 위치에서 각 소절 내의 오선 끝점의 좌표값을 추정한다. 이 추정값을 근거로 소절의 왼쪽 끝에서 오선을 추적한다. 이 때, 오선의 폭도 전처리에 의해 검출되기 때문에 이 값을 이용하여 선폭이 임계치(臨界値, threshold) 이하인 부분만 삭제한다. 이 경우 본래는 연결해야 하는 기호가 분할되는 경우도 발생하지만, 이 문제에 관해서는 각 기호의 인식처리에서 대처한다.

(i) 음자리 · 리듬 · 박자기호 인식

이 기호들은 기술되는 위치가 한정되어 있는데, 그 세부규칙은 다음과 같다.

(1) 음자리표는 반드시 각 단의 오선 첫 부분에 적힌다.

(2) 리듬기호의 기입은 음자리표 뒤, 또는 복종선(세로선이 겹치는 선)의 뒤로 제한된다.

(3) 박자기호는 곡이 시작되는 오선의 음자리표 뒤에 적힌다.

이러한 규칙에 따라 소절의 위치 또는 그 소절 바로 앞에 오는 소절선의 종류에 의해, 인식처리를 해야만 하는 소절을 제한하는 일이 가능하다. 그래서 곡의 도중에 박자·리듬의 변화에 대한 대응이 가능하게 된다.

　(1) 음자리표 : 대상으로 하는 음자리표는 높은음자리표와 낮은음자리표이다. 오선과의 위치관계에서 음자리표라고 추정되는 연결성분을 추출, 그 외접 사각형의 크기에 의해 식별한다. 그런데 음자리표가 위에서 서술한 규칙에 어긋나 각 오선의 도중에 나타나는 경우도 있다. 이러한 음자리표의 인식처리는 모든 소절에서 실행할 필요가 있다. 그러나 이 음자리표는 오선에 대해 항상 일정한 세로위치에 나타나고, 또 다음에 기입될 가능성이 있는 음자리표는 반드시 앞에서 기입되는 것과는 다르다. 이 현상을 이용해 구조해석을 행함으로써 인식을 실행한다.

　(2) 리듬기호 : 리듬기호는 올림표(#)나 내림표(♭)로 구성되고, 주조음(主調音—어떤 악곡에서 중심이 되는 가락)의 차이에 의해 기입되는 위치가 달라진다. 또한 상하 각 단에서 리듬기호는 동일하게 기술된다. 이 두 가지 규칙에 의해 종류와 개수를 판단한다.

　(3) 박자기호 : 박자기호는 분자·분모 두 개의 수로 구성되지만, 그 수치는 제한되어 있다. 그래서 투영 패턴의 특징을 비교함으로써 인식을 실행한다.

(ii) 음표·쉼표(휴지부)·임시표 인식

　이 기호들은 음을 나타내는 가장 기본적인 것이다. 모양이 아주 단순하여 패턴인식을 하기에도 안성맞춤이지만, 아래와 같은 문제점도 지니고 있다.

　(1) 다른 기호와의 접촉, 교차, 끼어들기 현상이 수시로 나타나고, 삭제하기가 어렵다.

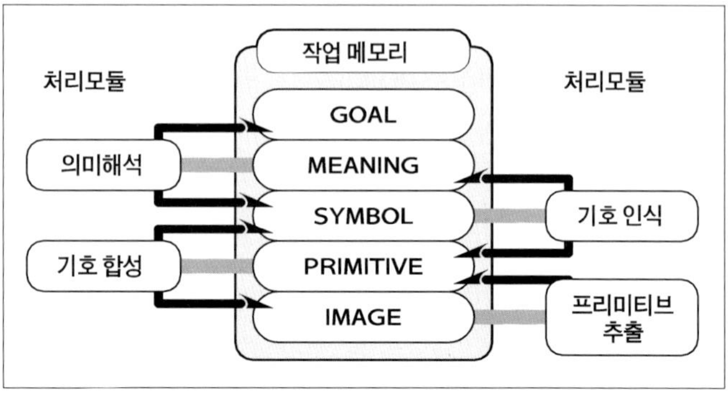

그림 4.6 기호인식 처리
의 개념도

(2) 같은 기호라도 형태나 크기가 일정하지 않다.

(3) 다른 기호의 영향으로 의미가 변화하는 일도 있다.

(4) 여러 기호간의 의미 연결이 모호하다.

(1)(2)는 패턴 처리상의 문제이고, (3)(4)는 의미해석상의 문제이다. 이 시스템에서는 기호를 복수의 프리미티브로 분해, 그 프리미티브의 패턴인식과 의미해석에 의한 피드백을 도입하여 처리한다. 그림 4.6은 그 개념도를 나타낸 것이다. 중간결과를 기술하기 위한 다섯 가지 계층구조를 지닌 작업 메모리(working memory)와 그것에 자유롭게 액세스할 수 있는 4개의 처리모듈로 구성되어 있다.

IMAGE는 최하위 계층이고, 인식이 실행되는 화상데이터이다. 그림 4.7과 같이 초기 상태에서 처리가 진행됨에 따라 추출된 것이 삭제되고, 최종적으로는 인식대상 이외의 미처리 기호만 화상이 된다. PRIMITIVE는 IMAGE의 계층에서 추출된 음표 · 쉼표의 구성요소가 되는 프리미티브가 기술된다(그림 4.8). 여기에서는 임시표에 관해서도 부점(附點) 등과 마찬가지로 음표 구성요소의 일부로 간주한다. 주된 데이터 내용은 프리미티브의 종류, 그 외접 직사각형의 위치, 원화상에 있는 기호(label)이다.

SYMBOL 계층에 기술되어 있는 것은 PRIMITIVE 계층에 기술되어 있는 구성요소를 연결하여 합성한 음표 ·

(a) 원화상

(b) 오선 제거 화상

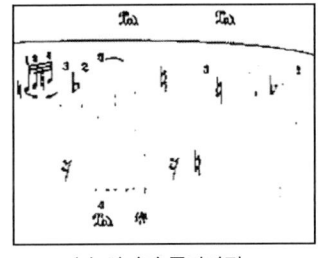

(c) 처리의 중간과정

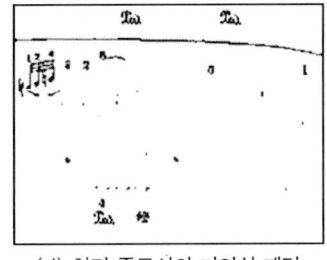

(d) 처리 종료시의 미인식 패턴

그림 4.7 작업 메모리 계층의 변화

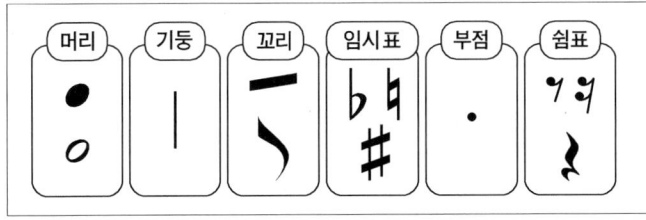

그림 4.8 악보 프리미티브의 예

쉼표의 도형적인 정보이다. 데이터는 PRIMITIVE 계층에 링크되어 나타난다. MEANING은 SYMBOL 계층에 기술되어 있는 개개의 음표·쉼표의 의미, 즉 음의 높이와 길이의 정보가 기술되어 있다. 또한 각 기호의 위치정보도 기술된다. 위치정보는 다음 단계 처리에서는 각 기호간의 시간적인 연결을 해석하는 경우에 이용된다. 이 계층에서 음표와 쉼표는 동일하게 취급되는데, 쉼표는 단지 음높이가 없는 음표로 간주된다. MEANING 계층의 모든 데이터를 연결하여 구한 결과는 GOAL에 기술된다. 이 데이터는 대응하는 소절에 있어서 최종적인 인식 결과가 된다.

네 개의 처리모듈은 작업 메모리에 대응하는 계층에 있

는 데이터를 그 상하의 계층으로 이동시킨다.

(1) 프리미티브추출 모듈 : 이 모듈은 그림 4.8의 프리미티브를 화상데이터에서 추출하는 단위로 구성된다. 기본적으로는 대응하는 프리미티브의 형상적인 특징이나 위치정보를 이용한 구조해석에 바탕을 두고 있다. 후보로 추출된 것은 PRIMITIVE 계층에 입력됨과 동시에, IMAGE 계층에서는 제거된다.

(2) 기호합성 모듈 : 이 모듈에는 음표합성 단위와 쉼표합성 단위 두 가지가 있다. 각각의 위치정보를 토대로 프리미티브를 합성함으로써 의미 있는 기호를 추출한다. 음표는 기본적으로 머리와 기둥으로 구성된다. 이 조합을 전부 검색하고 부가적으로는 꼬리, 부점, 임시표의 유무를 조사함으로써 음표의 합성이 실행된다.

(3) 기호인식 모듈 : 이 모듈은 SYMBOL 계층에 기술되어 있는 음표·쉼표의 의미, 즉 음의 높이와 길이를 검출하는 것이다. 여기에서는 쉼표를 음높이가 없는 음표로 간주하여 양자를 통일시켜 생각해보자. 음높이는 머리와 오선·덧줄과의 위치관계나 음자리표로 결정할 수 있다. 그러나 음길이에서는 두 가지 가능성을 생각해볼 수 있다. 하나는 기본적 해석이고 또 하나는 예외적 해석이다. 예외적 해석은 음악적 요인에서 비롯되는 것과 도형적 요인에서 비롯되는 것이 있다.

(4) 의미해석 모듈 : 이 모듈은 MEANING 계층에 기술되어 있는 데이터를 연결하고 그 소절에서 최종적인 인식 결과를 생성한다. 다만, 이 단계에서는 다음과 같은 문제점이 있다.

· 건반을 동시에 두드려서 내는 음이라도 가로방

향으로 벗어나 기보(記譜)되는 경우가 있다.

· 다선율(多旋律) 곡일 경우, 주목하고 있는 음이 다른 음에 이어지는 것이 모호하게 기보되는 경우도 있다.

이와 같은 문제는 박자 수에 의해 검증되는데, 만약 박자 수가 규칙에 어긋날 경우에는 예상되는 모든 해석을 보존해두었다가 후처리 단계에서 그 중의 하나를 선택한다.

(3) 후처리

이 처리는 도돌이표를 염두에 둠으로써 소절단위에서 얻은 결과를 연주 순서대로 연결한다. 또 약기(弱起)의 경우 등에서 복수의 해석이 존재하는 소절이 있으면, 대응하는 소절과의 상호 관계에서 그 중 하나를 선택한다. 그럼으로써 연주 데이터가 생성된다. 이 데이터는 MIDI 규격에 대응한 전자악기에서 표현하기 위한 통일 포맷인 스탠더드 MIDI 파일로 보존된다. 인식률에 있어서는 〈바이엘〉 정도면 거의 100%, 모차르트의 〈터키 행진곡〉은 91%라는 결과를 얻을 수 있다.

4.3 자동채보

시각적으로 음악정보를 입력하는 악보인식에 대해, 청각적으로 음악정보를 입력하는 패턴인식 기술로는 **자동채보**가 있다. 한편, 음파(音波)로 전파되는 음향신호를 듣고음표가 나열된 것으로 받아들이거나 들어본 적이 있는 울림으로 이해하는 태스크(프로세서로 처리되는 작업의 최소단위)는, 음악의 지각 · 인지라는 관점에서 상당히 흥미로운 대상이기도 하다. 여기에서는 음악의 지각 · 인지부분에 역점을 두면서, 자동채보라는 인식기술을 소개하고자 한다.

이 책에서는 타악기음을 포함해, 음악에 사용되는 하나하나의 음을 악음이라고 부르기로 한다.

자동채보의 태스크는 악음(樂音)에 대한 그룹화 문제, 음악적 분석, 악보출력으로 크게 나눌 수 있다. 악음에 대한 **그룹화 문제**라는 것은 하나의 악음을 하나의 악음으로 듣는 기능을 말하고, 처리는 주로 기본주파수의 인식이라고 생각할 수 있다. **음악적 분석**은 리듬 · 박자인식, 음계에 할당되는 악음 등 음악적인 해석을 동반하는 분석을 말한다. 이러한 분석을 실행한 다음 기호의 그룹화, 위치결정 등 기보(記譜)에 관한 처리를 마치고 나면 채보라는 처리가 완결된다.

그러나 여기에는 두 가지 커다란 문제가 내포되어 있다. 첫째는, 문화적인 음악 콘텍스트(context)나 스키마(schema)에 관련된 문제이다. 위에 서술한 정의에 의하면 채보시스템은 오선악보, 음악은 서양음악을 일컫는다. 물론 상식적인 것이지만, 단편적인 사고에서 나온 정의이다. 실제로는 기보법 외에도 그 토대가 되는 문화적 콘텍스트 또는 스키마가 서로 다르면, 태스크 자체도 서로 달라질 것이다. 예를 들어 앙상블의 하모니를 즐기는 태스크 또는

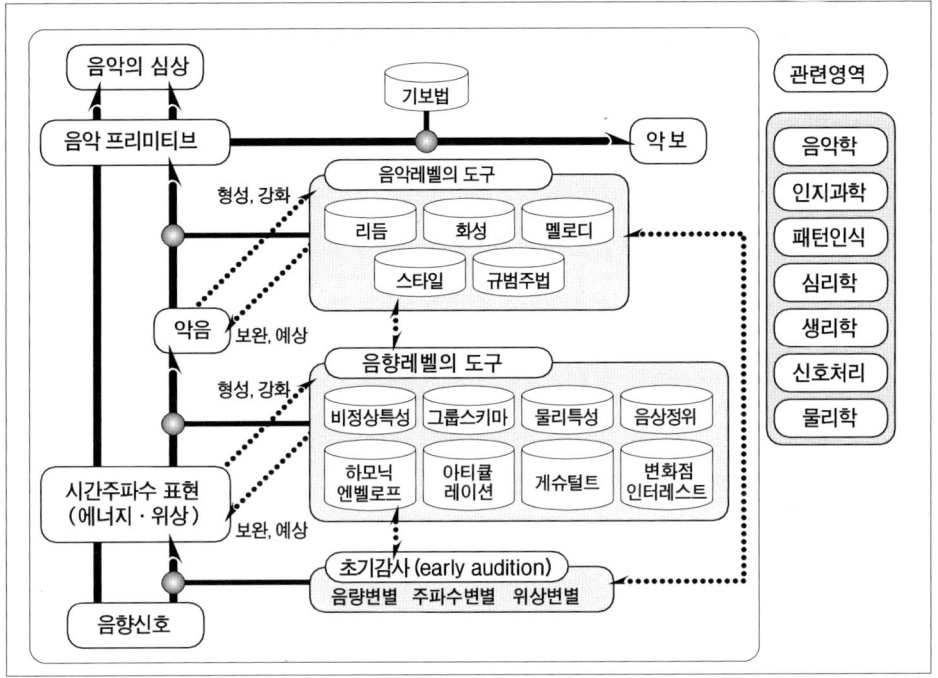

음악의 심상

음악 프리미티브

기보법

악보

관련영역

음악학
인지과학
패턴인식
심리학
생리학
신호처리
물리학

그림 4.9 채보 키워드맵.
자동채보 처리와 관련영
역을 정리했다.

그것을 모방한 채보처리에서는 「하나의 악음을 하나의 악음으로 듣는다」라는 분류가 그다지 의미가 없다. 또 피리 악보는 음의 높낮이(pitch)보다 운지법(運指法)을 표현한 것이며, 거기에 관련된 인간의 인지 · 지각과 그에 따른 계산처리 모델은 오선악보의 경우와 동일하게 적용하지 못한다.

둘째는, 처리 형태에 관련된 문제이다. 이 책에는 본래의 연구사례의 매핑(mapping, 도표화 −설계도대로 명령을 기억회로에 넣는 일)이나 이해를 돕기 위해서 〈악음에 대한 그룹화 문제〉, 〈음악적 분석〉, 〈악보출력〉으로 나누어 서술하겠지만, 절대적인 구조라기보다는 병렬협조 분산처리의 서브태스크가 작용하는 것이라고 이해하면 된다. 이상의 관점에서 채보에 관련된 키워드를 정리한 맵(map)을 그림 4.9에 나타냈다[29]. 그림에서 음악 프리미티브

는 멜로디 또는 코드와 같은 음악을 구성하는 요소를 가리
킨다.

(a) 주파수 공간에서의 악음에 대한 그룹화 문제

(1) 피치추출

주파수 공간에서의 악음에 대한 그룹화의 기본적인 처리
를 피치추출(pitch extraction)이라고 한다. 피치추출은주
로 모노포니(단음에 의한 음악)를 대상으로 한 파형(波形)
을 토대로 하며, 자기상관(自己相關)에 의한 것, 파고치
(波高値, peak to peak) 검출법, 제로교차 검출법 등이
많이 이용된다.

자기상관을 기초로 한 방법은 입력신호와 시간지연 신호
와의 상관을 계산하여 가장 상관이 높은 부분의 지연시간
을 기본주기로 해서 검출한다. 정의 그대로 자기상관 함수
를 계산하면 입력신호와 지연시간의 누적(곱합연산)을 실
행하겠지만, 계산량의 트레이드오프(trade-off)로 인해
상관을 진폭오차로 정의한 평균진폭차 함수 또는 그 역수
적인 의미를 갖는 일반화주기 검출기(GSD), 또는 1비트
표현으로 양자화(量子化)한 신호에 대해 상관을 구하는
방법이 하드웨어적으로도 실현하기 쉬운 수단으로 널리
사용되어 왔다.

(2) 스펙트럼 분석과 기본주파수의 확장(enhance)

위에서 서술한 처리는 시간축상의 파형이 일치하는 모양
에 착안한 계산방법에 의한 것이다. 계산량도 비교적 적어
서 하드웨어로 실현될 수 있을 뿐 아니라, 인터랙티브 아트

(interactive art)나 어뮤즈먼트 시스템(amusement system)에서 피치추출기로 이용되는 경우가 많다. 반면에 신호의 스펙트럼 분석을 주체로 한 방법도 있다. 이 접근법은 비교적 계산량이 많지만, 위에 서술한 시간축상의 파형에 착안한 방법과는 달리, 다중음(多重音)이나 앙상블 영역에서의 응용이 가능하다. 스펙트럼 분석을 실행하는 방법으로는 단시간 푸리에 해석(STFT), 웨이블렛(wavelet) 해석, 대역(帶域) 필터뱅크, 최대 엔트로피법(MEM) 등이 있다.

음악 분야에서, 어떤 음과 그 음보다 반음이 높은 음을 주파수로 간주하면 약 1:1.06의 관계가 성립된다. 예를 들어 A1(110 Hz) 부근의 음을 추출하는 경우에는 6 Hz 이상의 주파수 분해능력이 필요하게 되고, 윈도우 함수의 길이를 167 ms 이상으로 하지 않으면 안 된다. 통상적인 주파수 해석은 고속 푸리에 변환(FFT)이 사용되는 경우가 많지만, 시간 분해능력과 주파수 분해능력의 확보라는 요구에 응할 수가 없다. 따라서 이 경우에는 FFT를 토대로 한 개량방법 외에 웨이블렛 해석이나 필터뱅크가 이용된다.

스펙트럼 분석은 주로 기본파 추출이라는 관점에서는 전처리적으로 실행된다. 반면에 악음이나 가성(歌聲)을 주로한 기본파와 그 배음(倍音)성분으로 구성되는 특징에 의해, 기본파 성분을 두드러지게 하는 방법이 있다. 켑스트램 분석은 푸리에 변환을 한 신호의 로그를 파형으로 간주하여 역(逆)푸리에 변환을 실행함으로써 기본주파수가 얻어진다. 피치 성분은 켑스트램상의 높낮이로 관측된다. 한편, 하모닉 서메이션(harmonic summation)은 고주파에 흩어진 에너지를 기본주파수에 모으는 처리를 말한다. 이는 검출을 실행하고자 하는 음역에서 각각의 주파수 파워에 그 주파수의 배음에 해당하는 부분의 파워를 더해가는 조작을 함으로써 기본주파수를 추출한다.

(3) 악음에 대한 그룹화

악음에 대한 그룹화는 입력한 신호의 주파수를 분석한 결과를 시간방향으로 정렬한 시간주파수 맵을 해석하는 작업이라고 생각하면 이해하기 쉽다. 피크주파수를 표현한 시간주파수 맵(복소(複素) 스펙트럼의 보간법(inter-polation)에 의해 얻은 것)을 그림 4.10에 나타냈다. 시간주파수 맵을 해석함으로써 기본주파수 성분을 정해진 시간에 할당하는 것이 채보의 과제라고 할 수 있다.

주파수 공간에서 악음의 그룹화 문제의 가장 간단한 단계는 단일 악기의 단선율을 대상으로 하는 경우이다. 통상적인 악음에서는 기본주파수에 파워가 가장 집중하기 때문에, 주기해석에서 서술한 방법으로 목적은 거의 달성된

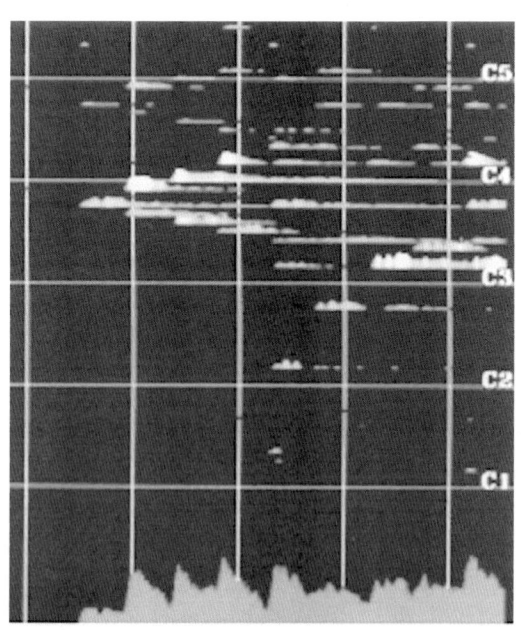

그림 4.10 시간주파수 맵. 복소(複素) 스펙트럼의 보간법을 이용해 피아노 음을 분석한 것이다(세로선은 1초). 대상은 무라마쓰 겐(村松建)의 「봉쇄당한 빛과 그림자」의 첫머리[30]에서 인용

다. 허밍 입력으로 가창 입력을 실행하는 것이나 음높이 정보의 MIDI 출력을 내는 것 등 상품화 단계에 있는 것이 많다. 기본파의 파워가 작은 악음이나 음성에 대해서는 하모닉 서메이션 조작을 하고, 저음에서 스캐닝함으로써 거의 완전하게 기본파 성분을 추출할 수 있다.

또 하나는 음표인식 처리이다. 보통 음의 시작은 기본파의 파워를 임계값(threshold) 처리로 검출한 다음 그것을 추적하여 그 음의 종료시간을 검출한다. 사람의 음성을 대상으로 한 경우에는 비브라토나 바이브레이션 등의 성분이 혼입된다. 여기에는 음이 안정된 부분에서 평균주파수를 이용하여 높낮이를 판정하는 조작이 실행된다. 예를 들어 동요 등 장르에 관한 조건을 첨가하여, 조성(調性)에서 벗어난 음이 발견되면 음이름의 재할당을 실행하는 등 인식률 향상을 위한 조치가 취해진다.

다음 단계로 생각해볼 수 있는 것은 단일 악기에 의한 **폴리포니**(polyphony, 다성(多聲) 음악)이다. 폴리포니를 대상으로 하는 경우, 배음(倍音) 성분에 일치하는 성분이 있을 때에는 그 성분의 파워에 불확실성이 발생한다(위상에 의해 변화할 수 있다).

J.A. 무러(J.A. Moorer)는 평균진폭차 함수에 의해 주파수 해석을 한 다음, 2성(聲)의 기타음이라는 제약을 가해 채보를 실행하는 시스템을 개발했다[41]. 그 밖에도, 폴리포니 음악의 채보에 관해서는 CCRMA(스탠포드대학 음악음향연구소)에서도 연구가 활발하게 진행되고 있다. C. 차페(C. Chafe) 등의 연구진이 개발한 시스템은 Bounded-Q 주파수 변환이라는 방법을 이용해 추출한 시간주파수 맵의 저음역에 나타나는 음을 순서대로 기본주파수라고 가정해놓고, 배음성분에 해당하는 성분을 제거해나가는 처리방법으로 기본주파수를 추출한다[8].

악음의 파워 시간 분포를
엔벨로프라고 한다.

또한 일본에서는 배음성분 모델, 엔벨로프(envelope)
모델을 이용함으로써 동시에 발음되는 음수(音數)에 제약
을 가하지 않는 채보시스템이 개발되었다[30].

이 시스템은 파워값의 미분값을 이용해 시간방향에서 분
할(segmentation)을 실행하고, 기본주파수를 규정한다.
기본주파수 판별의 한계값은, 어떤 주파수 성분에 주목했
을 때 그것을 기본주파수 성분이라고 가정했을 경우의 배
음성분(높은음자리)과, 그 주파수를 배음성분으로 갖는 기
본주파수(낮은음자리)의 크기로 구한다. 예를 들어 피아노
음에 관한 인식률은 거의 90%이다. 이 시스템에는 피아
노 외에도 기타, 샤미센(三味線 - 일본 고유의 음악에 사
용하는 세줄 현악기) 음의 모델이 준비되어 있다.

실시간 폴리포니의 채보시스템으로는 로그식으로 나열
한 85개의 필터뱅크를 이용한 시스템이 발표되었다[40].
이 시스템에서는 고주파 성분은 그다지 중요하지 않다는
입장에서 간단한 한계값 처리를 통해 MIDI의 음표 이름을
검출한다. 그리고 동시에 복수음에 대한 코드 이름 할당과
키 추출이 실행된다.

악음의 종류(수) 또는 음수(音數)라는 조건에서 가장 어
려운 것은 앙상블(음색이 서로 다른 복수의 악기)을 대상
으로 하는 경우이다. 이 조건에서는 기본주파수 규정작업
외에도 악기의 추정 작업이 추가된다. 대상이 되는 악기의
종류가 한정되어 있다고 해도 음수에 제한이 없다면 일반
적으로 해결할 수 없는 문제이다. 그리고 실용적인 목적보
다는 청각의 연구대상으로 취급한다. 앙상블을 채보하는
접근법은 다양하다. 이러한 접근법은 크게 나누어, 음원분
리를 한 후 멜로디나 단일 악기의 폴리포니의 채보로 취급
하는 방법과 직접 채보를 하는 방법이 있다. 두 가지 방법
모두 채보 부분에 관해서는 악기음의 특징을 전면 이용하

는 모델기반 접근방식(model-based approach), 인간의 그룹화에 관한 지각구성에 기초한 상향식 접근(bottom-up approach), 두 가지를 혼합한 혼성 접근방식(hybrid approach)[28]이 있다.

음원분리는 음상(音像)의 정위적(定位的)인 정보, 다시 말하면 멀티마이크를 사용하는 것과 싱글마이크를 사용하는 것의 두 가지 분류로 연구가 진행되어왔다. 후자의 예로는 하모닉 엔벨로프의 선형성(線形性)을 전제로 한 연구 등이 있다. 최근에는 사람의 청각모델에 대해 흥미를 갖고, 두 개의 귀로 음을 구별해 듣는 것, 즉 〈쇼토쿠 태자(聖德太子) 컴퓨터〉라는 연구가 진행되고 있다.

(b) 음악적 분석

지금까지는 악음의 그룹화, 다시 말하면 악음의 인식 부분에 대해 서술했다. 물론 채보처리에서 악음이 각각 분화한 형태로 추출될 필요가 있지만, 그것은 단지 음을 나열한 것에 지나지 않는다. 채보처리를 완결하기 위해서는 리듬(박자)과 조성(調性)의 인식을 실행할 필요가 있다. 이러한 분석은 악보 표기를 위해 필요할 뿐만 아니라 신호처리만으로는 해결할 수 없는 모호함이나 잘못된 인식을 줄이는 처리로도 중요하다.

음악분석은 음악학 또는 음악심리학 분야에서 연구가 활발하게 진행되고 있다. 여기에서는 리듬인식, 코드와 조성에 대한 인식, 파트의 분리를 소개한다.

(1) 리듬인식

리듬인식은 크게 음길이의 양자화(量子化) 문제와 박자

harmonic envelope라는 것은 기본파, 배음(倍音)별 엔벨로프를 말한다. 악음의 크기가 변해도 기본파와 배음의 구성비율은 일정하다는 조건을 가리킨다. 자연악기 음에서는 이 조건을 갖출 수 없는 경우도 있다.

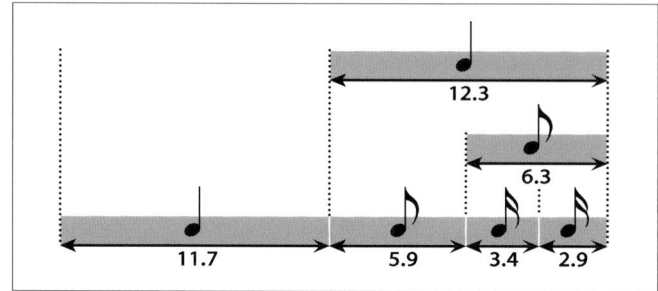

그림 4.11 음길이의 양자
화

인식으로 나눌 수 있다. 사람의 연주는 의식적인 아고기크 (agogics, 완급법 - 템포나 리듬의 미묘한 표현) 또는 바이 브레이션이 혼입된다. 양자화 문제는 길이에 변화가 있는 음의 나열을 간단한 정수비(整數比)로 할당하는 처리를 말한다(그림 4.11). 또한, 박자인식은 기본이 되는 박자의 길이와 종합적인 단위를 구하는 처리로 생각할 수 있다.

음길이의 양자화를 가장 단순하게 실현하는 방법은 표기법(notation) 소프트웨어처럼 고정된 한계값으로 분리해 나가는 것이다. 이것은 간단한 방법이지만 정서가 풍부한 연주에서는 잘못 인식할 가능성이 크다. 아래에 이와 관련된 연구를 소개한다.

H. C. 롱게트 히긴스(H. C. Longuet-Higgins)는 피아노롤(piano roll)에 적혀 있는 단선율의 음높이, 음의 시점(始點)과 종점(終點)의 정보를 입력하여 음가(音價)나 조성(調性)을 해석하는 프로그램을 만들었다[35]. 음악의 리듬은 구성상 2분목(分木) 또는 3분목에 의해 전체의 음가를 분해하는 과정으로 구성된 것이다. 그 전제와 테누토 (tenuto - 음표가 나타내는 길이를 충분히 지속하여 연주하라는 의미)와 스타카토(staccato - 한 음씩 끊어서 연주하는 일. 또는 그 기호)의 출현위치 정보를 이용해 음표의 계층적인 기술을 이끌어낸다. 기본적으로는 고정된 한계값 처리이지만, 2분목 또는 3분목이라는 강한 제약을 이용

해 상당한 인식률을 추출해낸다.

R. 대넨버그(R. Dannenberg) 연구팀은 주로 MIDI 악기에서 자동반주의 관점에서 음길이의 양자화를 실현하였다. 이것은 (시간에 따라 변화하는) 템포정보를 이용하여 예상되는 다운비트로 1, 그 절반인 0이 되는 직선적인 함수(일명 톱니파형(saw tooth waveform))를 만들어 그 절대값으로 비트 위치의 확신도를 계산한다[15].

음향신호의 채보는 노이즈 성분, 피크주파수 검출 오류 등에 의한 음의 오추출(誤抽出) 문제에 대처해야 한다. 이러한 경우는 곡의 첫부분에서 히스토그램 처리로 기본이 되는 박자의 길이를 구해, 그 박자 길이를 기준으로 하는 페널티 한계값을 처리한다. 모호한 음이 떠오르는 후보(파워 성분을 미분한 것 중 작은 것)를 읽지 않고 그냥 넘어가거나 앞질러읽기를 하고, 명백하게 음이 떠오르는 것을 검출한 다음에 재차 해석을 실행하는 방법이 이용된다(그림 4.12)[31].

P. 데사인(P. Desain) 연구팀은 인접하는 각 음의 길이의 비(比)가 유리수(有理數)가 되면 안정된 상태라고 표현하는 일종의 에너지함수를 정의하고, 반복(iteration)에 의해서 양자화를 실행하는 독특한 방법을 소개하고 있다[16]. 또한 각각의 음뿐만 아니라 연속하는 두 개의 음길이의 합을 하나의 단위로 취급함으로써 처리의 향상을 꾀

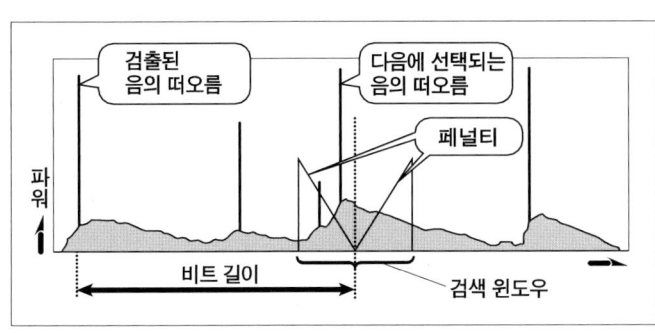

그림 4.12 다음 박자의 추적. 기준이 되는 비트 길이를 이용해서 명확하게 음이 떠오르는 것을 추적하는 모습

한다. 반복 처리는 실시간 처리에는 적합하지 않은 방법이지만, 그 자체로는 매우 확실한 방법이다.

다음은 박자인식에 대해서 알아보자. 3박자 또는 6박자 등의 문제는 음악에 조예가 깊은 사람이라도 가끔은 틀리게 되는 고차원적인 음악인지의 문제이지만, 박자인식이라는 문제를 단순화하면 2박자계(系)인지 3박자계인지를 할당하는 문제가 된다. 다만 모든 악곡이 1박자에서 시작되는 것(약기(弱起)라고 함)은 아니기 때문에 주의해야 한다. 일반적으로 악곡에서는 보통 첫 박자에 악센트가 주어진다. 악센트라는 것은 음이 크다든가 1박자째에서 많은 음이 울린다든가, 또는 기초음이 주어지는 것을 나타낸다.

이러한 조건이 성립되는 악곡의 채보에서는 장식음을 제외한 최소길이를 단위로 하는(음의 크기, 수, 기본음 후보) 배열을 만들어 비트 n(예를 들면 2, 3, 4, 6, 8)으로 나눈 나머지가 일치하는 인덱스 그룹의 배열요소 총합에 n을 곱해서, 가장 큰 인덱스 그룹의 n으로 박자를 구할 수 있다. 게다가 사람이 지각하는 박자의 길이는 보통 0.3초 이상이 되기 때문에 n비트의 박자 길이가 그 이하가 되면 새롭게 $n/2$를 비트로 할당한다. 이 때 나머지가 0이 아니라면 약기의 악곡이라고 판단할 수 있다.

일반적으로 음의 분류(grouping)나 악구(樂句, phrase −음악에서 하나의 정리된 악상을 나타내는 선율이나 악곡의 토막) 또는 박자는 밀접한 관련이 있어서, 악구를 알면 박자를 결정할 수 있다. 이러한 인지특성을 이용한 박자의 할당이 앞으로의 과제이다.

(2) 조성(調性)과 코드인식

조성·코드는 기본적으로 정합법(matching method)

에 의해 판별된다. 장조계(長調階, 또는 3도 아래의 자연적인 단음계)에서는 반음이 나타나는 위치(각 음계(scale)에 2개)는 일정하고, 그 부분이 검출되면 조성(tonality — 으뜸음에 의하여 질서와 통일을 이루고 있는 여러 음의 체계적 현상)이 판별된다. 또한 아래위 5도 관계의 근친조(近親調, dominant key)에서는 반음의 위치가 하나만 변화한다는 조건을 이용하는 방법도 있다. 구해진 음렬(곱列)과 24종의 음계(으뜸음(12)×장단조(2))와 대조하여 주조(主調)와 근친조에서 큰 값을 가진 것을 선택함으로써 주조를 결정할 수 있다.

이러한 방법은 주로 단선율을 대상으로 사용되지만 코드를 적극적으로 이용하는 방법도 있다. 예를 들어 딸림음 진행(dominant motion — 딸림음 V7에서 으뜸음 Ⅰ로 진행하는 것)이 발견되면 조성을 판별할 수 있다. 선율적 단음계나 화성적 단음계의 경우 위의 정합법으로는 인식하기가 어렵지만, 코드의 추이성(推移性)이라는 조건을 이용함으로써 비교적 쉽게 조성을 결정할 수 있다. 본래 음계는 각 민족이나 문화권에 있어서 고유한 것이기 때문에 대상에 걸맞은 정합법을 실현해야 한다.

코드인식에 대해서도 채보 시스템은 기본적으로 대조 처리로 실현되는 일이 많다. 3음 또는 키(key)가 정해져 있는 경우는 2음에서 대조하여 코드인식이 실행된다. 아르페지오 등으로 인해 음이 영향을 받을 때에는 상승패턴에서 가장 낮은 음을 기본음으로 가정하여 후속음을 기다린다. 이 조작은 코드가 너무 상세히 분할되는 경우가 있어서 바꿔읽기, 병합 등의 규칙에 따라 타당한 코드 수까지 줄이는 처리가 실현된다.

컴퓨터에 의한 코드인식은 채보 시스템으로서보다는 음악의 분석을 지원하는 형태가 많다. 아마 최초의 시도는 T.

으뜸음은 음계의 중심이 되는 첫째 음, 딸림음은 다섯째 음을 가리킨다.

위노그라드(T. Winograd)에 의한 〈바흐의 코랄〉 해석일 것이다[56]. 1970년대 후반에는 H. 셴커(H. Schenker)의 음악이론을 도입한 코드해석이 주류를 이루었다. 그리고 그 후에 명시적인 기본규칙에 따른 바흐의 코랄해석 또는 재즈 해석 등이 각지에서 실행되었다[5].

(3) 파트의 분리

폴리포니나 앙상블의 채보처리에서는 파트 분리도 중요한 태스크이다. 모노포니(monophony, 단선율 악곡) 악기로 구성되는 앙상블은 악기별로 분리하는 것이 파트 분리에 해당하지만, 폴리포니 악기는 별도의 처리가 필요하다. 이 경우에 단순히 성역(聲域)이 높은 순서에 따라 파트를 나누는 것이 아니기 때문에, 멜로디의 분리·추적을 실행할 필요가 있다. 멜로디의 분리를 실행하는 조건으로는 (1)물리적 제약, (2)음악적 관례, (3)인지 스키마 세 가지가 있다. (1)은 악기의 물리적인 음역이나 연주 기교상의 제약에 의해 결정되는 것이다. (2)는 물리적인 제약은 없지만 음악적인 관례인 연주법이나 기보법을 따른다. (3)은 자연적인 음의 흐름이나 가장 뚜렷하게 들리는 음의 배열 등 인간의 인지나 지각구조에 의한 기준을 말한다.

채보 시스템은 가장 큰 음이나 가장 높은음자리의 음, 또는 모호한 경우에는 아르페지오적인 움직임을 피하는 휴리스틱(heuristic – 복잡한 문제를 풀기 위해 컴퓨터로 하여금 시행착오를 되풀이시켜 스스로 그 해결방법을 찾게 하는 방법)한 기준이 적용되었다. 실제로 가장 높은 음이라도 외성(外聲)에서 피치의 변화가 없으면 변화하는 내성(內聲)의 멜로디로 하는 등 모호한 판단이 내려지기 때문에 위에서 언급한 제약을 유기적으로 취급할 필요가 있

다. 실제 신호단계의 음색이나 엔벨로프를 염두에 둔 계산
(computational)모델의 구축은 앞으로 가장 흥미로운연
구분야의 하나가 될 것이다.

(c) 악보 출력과 응용

위에서 서술한 것처럼, 분석하여 입력된 음렬(音列) 데
이터는 기본적으로 악보에 가까운 형태가 된다. 이러한 데
이터에서 음분(音分)을 할당해 싱커페이션(syncopation,
당김음), 화음, 이음표, 쉼표 등을 삽입하면 악보를 출력하
기 위한 기호 데이터가 생성된다. 작성된 기호 데이터의
형상을 정의하고 위치 결정을 실행하면 비로소 악보 데이

그림 4.13 피아노 악보의
채보 예[31]. 그림 4.10
에 대응한다. 일본음악
저작권협회(出) 허가 제
9910377-901호

터(그래픽스)가 완성되는 것이다. 이러한 일련의 작업을 토대로 피아노음을 채보한 결과(그림 4.10에 대응한다)를 그림 4.13에 나타내었다. 또한 실제음향에서는 잔향(殘響) 등이 존재하는데, 이 악보는 코드를 분석한 후에 화성학적(和聲學的)으로 문제가 있다고 생각되는 음길이를 보정(補正)한 것이다.

최근 표기법 전용의 개인용 컴퓨터 소프트웨어의 대부분이 악보상의 기호생성과 위치결정 외에도, 박자의 양자화나 파트 분리 등 채보에 관련된 많은 기능을 지원한다. 비트를 미리 설정할 필요가 있기는 하지만, MIDI 악기를 사용함으로써 거의 실시간으로 악보를 작성하는 것이 가능하다. 악보의 분할이나 위치결정은 전문가가 하는 것이 오히려 낫지만, 사람이 작동하는 것을 전제로 한 조정 기능이 확충되어 현재 거의 완성 단계에 와 있다.

4.4 자동 작곡 · 편곡

앞에서 설명한 것처럼 컴퓨터음악의 역사는 컴퓨터의 역사와 거의 같다고 할 수 있을 정도로 오래되었으며, 1957년에 이미 컴퓨터에 의해 자동작곡된 〈일리악 조곡〉이 발표되었다. 자동작곡은 다음과 같은 접근법으로 시도되고 있다.

(1) 난수(亂數) 또는 카오스와 확률분포에 의해 음악요소를 생성하는 〈확률음악〉

(2) 특정한 작곡가의 음악정보 데이터베이스에서 추출한, 음악적 특징을 이용한 〈환상적인 작품〉의 창조

(3) 우주선, DNA 배치, 생물의 생체신호, 주가변동 등 자연계에 존재하는 정보를 음악정보로 바꾼 〈자연스러운 바이브레이션〉 음악

(4) 리듬, 베이스, 코드 등과 리듬패턴을 다양하게 준비하고 그 중에서 무작위로 추출하여 조합한 BGM의 자동생성

(5) 새로운 화성이론이나 튜닝(tuning)이론의 제창과 그것에 기초한 음악

최근에는 미리 작성한 작곡 알고리즘과 연주시의 퍼포먼스(제스처)에 의해 작품을 완성시키는 인터랙티브 컴포징(interactive composing)이나 이전부터 연구되어온 바 있는 형용사를 검색키(search key)로 하는 작곡시스템의 상품화가 실현되고 있다.

(a) 사례 소개

컴퓨터를 이용한 작곡이나 편곡은, 예술적인 의도로 이

루어지는 것과 정보과학적인 흥미 차원에서 이루어지는 것이 있다. 물론 양자의 입장을 합친 것도 있지만 여기에서는 후자의 입장에 중점을 둔 연구사례로서 D. 코페(D. Cope)의 EMI시스템[11], D. 콘클린(D. Conklin)의 음렬예측 시스템[10], 히라다(平田)의 하비시스템[20]을 소개한다. 또한, 시판되고 있는 편곡시스템의 대표격인 〈Band In A Box〉도 함께 소개한다.

(1) EMI시스템

EMI(Experiment in Music Intelligence)는 D. 코페에 의해 1981년부터 시작된 자동작곡 프로젝트이다. 코페는 컴퓨터로 취급할 수 있는 작곡은, 이미 작곡되어 있는 작품을 해석하고 재합성함으로써 이루어진다는 가설 아래 자동작곡 시스템을 개발하였다. 그림 4.14는 EMI의 처리 개요를 나타낸 것이다. 이 그림에서 볼 수 있듯이 EMI는 크게 패턴대조(모티프 추출) 과정과 규칙해석 과정으로 구성되어 있다. 패턴대조(pattern match) 과정에서는 피치 시점, 리듬 시점, 피치와 리듬을 합한 시점 세 가지를 토대로 하여 거의 동일하다고 여겨지는 모티프를 발견하는 작

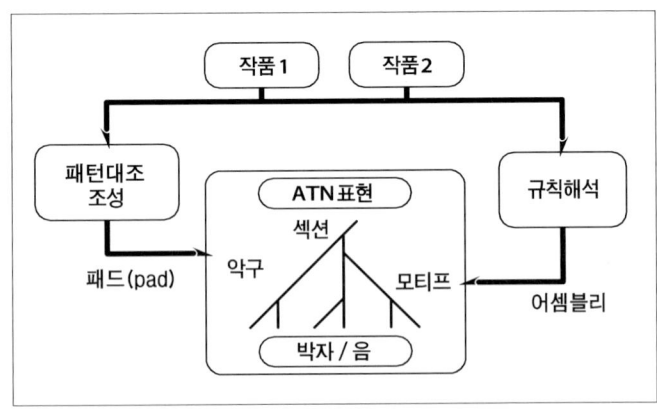

그림 4.14 EMI 프로그램. 그림에서 왼쪽이 패턴대조(모티프 추출) 과정. 오른쪽이 규칙해석 과정을 나타낸다.

업을 수행한다. 한편 규칙해석 과정에서는 파트의 진행방향, 반복되는 음의 수(數), 화성의 대체적인 형태 등의 출현확률이 계산된다. 이렇게 얻어진 작품에 관한 양식을 기초로 데이터를 재구성하면 작곡이 이루어진다.

그림 4.14에는 두 개의 작품이 입력되어 있지만 입력 데이터의 수에는 제한이 없다. 이 시스템은 규칙에 난수가 이용되기 때문에, 생성되는 작품이 다양하다. 코페는 그 중에는 음악적이라고 할 수 없는 것도 있다고 말한다. 작품으로는 모차르트나 브람스, 또는 코페 자신이 고른 모델을 예로 들었다. 곡의 전반부를 제시하여 후반부를 작곡하게 한 것, 한 곡 전체를 작곡하게 한 것 등이 있다. EMI에 의한 작품 사례는 코페가 직접 선곡한 것으로서, 곡의 특징을 잘 포착했다는 것을 알 수 있다.

(2) 음렬예측 시스템

콘클린은 악곡을 구성하는 리듬이나 멜로디 요소를 시계열(時系列) 신호로 보고, 적당한 간격으로 구분한 시계열 신호와 그 후속 신호의 출현확률과 엔트로피를 계산하는 과정에 의해, 주어진 악곡양식(바흐의 코랄)의 모델화 또는 음렬예측 시스템을 실현시켰다. 또 취득한 모델을 동일한 장르에 속하는 미지의 곡에 적용하여, 시스템이 예측하는 진행과 실제의 진행을 비교함으로써 시스템의 유효성을 검증하였다. 그림 4.15는 리듬이나 멜로디 이외의 복수의 시점을 추가하여 다차원성을 염두에 두고 실행함으로써 예측능력이 매우 높다는 것을 보여준다.

이 시스템은 예측모델을 다루는 것이지만 모티프가 되는 멜로디나 하모니를 부여해 순차적인 예측을 하는 것이기 때문에 자동작곡도 할 수 있다. 코페의 시스템과는 달리 음악

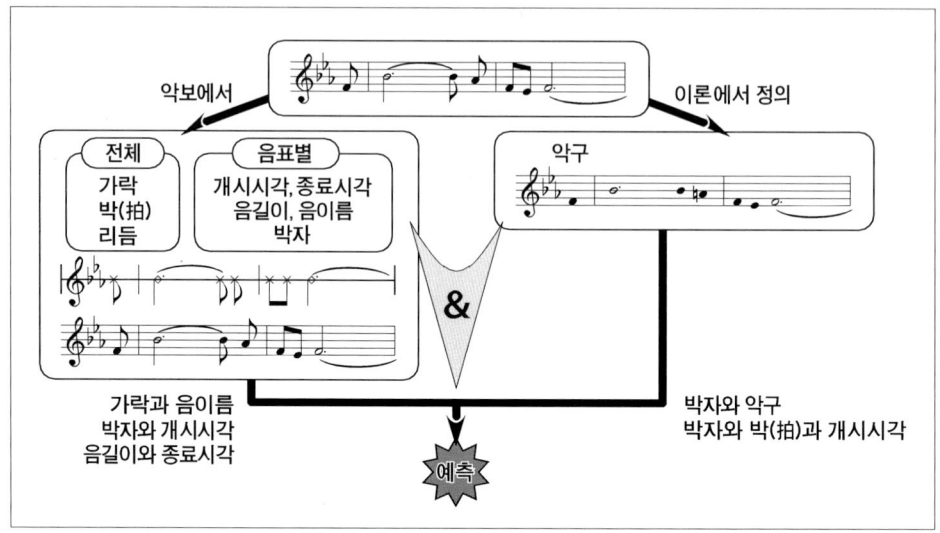

그림 4.15 콘클린 등이 개
발한 다차원성을 고려한
멜로디의 예측 시스템

규칙과 패턴을 동일한 차원으로 취급하는 것이 특징이다.

(3) 하비시스템

하비시스템은 Deductive Object-Orientation(이하 DOO)을 이용해 원곡의 코드 진행을 재즈풍의 코드진행으로 리하모나이즈(reharmonize)하는 시스템이다. 리하모나이즈는 어떤 코드 진행과 유사한 기능을 가진 별도의 코드 진행을 구하는 조작인데, 일반적으로는 장력(張力, ten-sion)을 포함하여 더욱 풍부한 울림을 갖는 코드로 변환하는 것을 말한다. 편곡의 기본적인 조작의 하나라고 볼 수 있다.

DOO는 객체(object)에 의한 유연한 지식표현, 포섭관계 등을 이용한 사례(instance)에 기초한 검색, 지식이나 질문의 동일한 틀에서의 기술(記述), 모듈성(modularity)을 지닌 지식의 기술 등의 특징을 갖고 있다. 하비시스템은 DOO를 토대로 한 재즈피아노 지식베이스를 이용해서 리하모나이즈를 표현한다. 리하모나이즈의 앞뒤 코드 진

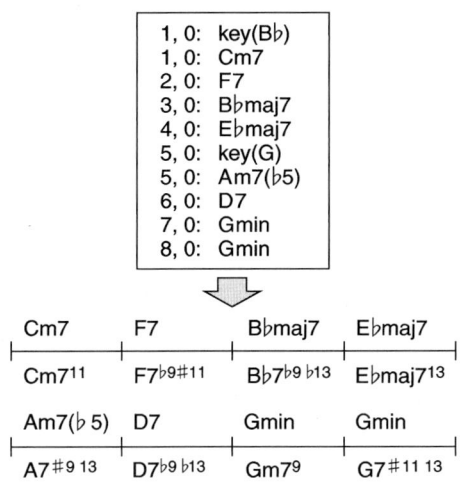

```
1, 0:  key(Bb)
1, 0:  Cm7
2, 0:  F7
3, 0:  Bbmaj7
4, 0:  Ebmaj7
5, 0:  key(G)
5, 0:  Am7(b5)
6, 0:  D7
7, 0:  Gmin
8, 0:  Gmin
```

Cm7	F7	Bbmaj7	Ebmaj7
Cm7^{11}	F7$^{b9\#11}$	Bb7$^{b9\,b13}$	Ebmaj7^{13}

Am7(b5)	D7	Gmin	Gmin
A7$^{\#9\,13}$	D7$^{b9\,b13}$	Gm7^{9}	G7$^{\#11\,13}$

그림 4.16 하비시스템에 의한 리하모나이즈. 위쪽이 주어진 코드진행, 아래쪽이 리하모나이즈를 실행한 결과

행 관계를 DOO에서 객체간의 포섭관계로 합리적이고자 연적으로 표현함으로써 리하모나이즈 이후의 코드진행을 추론할 수 있다. 시스템의 실행결과를 그림 4.16에 나타냈다. 이 시스템에는 하비 핸콕(Herbie Hancock)의 리하모나이즈의 사례와 해설이 등록되어 있다. 여기에서는 포섭관계의 기술에 비교적 익숙해지기 쉬운 코드 장력(chord tension)을 취급한 것과 지식으로 주어진 해설의 타당성이 시스템 퍼포먼스(system performance)에 연결된다. 앞으로 음악 전반으로 확장하는 경우에는 음악인지 연구에 기초한 기술법을 검토할 필요성이 있다고 본다.

(4) Band In A Box

위의 시스템이 컴퓨터과학 분야에서 흥미를 갖고 만들어진 것이라면, Band In A Box는 실용성을 목적으로 개발된 편곡시스템이다. Band In A Box는 원래 PG-music(일본의 판매원은 카메오 인터랙티브)이 매킨토시용(用) 시스템으로 개발한 것으로, 현재는 윈도우 버전도 있다. 이것은 사용자가 먼저 일반적인 코드기호(C~Fm7b5 등)를 입력한 다음 장르(형태)를 선택하면 베이스, 드럼, 피아노, 기타, 현악기 등의 악기 편성으로 구성되는 반주가 자동생성된다. 장르가 다양하다는 점이나 특징의 모델화 등 데이터(규칙)베이스가 충실하다는 것 외에도, 파트가 반복될 경우 미묘하게 편곡을 바꾸는 등의 정밀한 장치가 내장되어 있다.

이와 같은 점이 높이 평가되어 Band In A Box는 컴퓨터잡지로부터 많은 상을 수상하기도 했고, 일곱 번째 버전부터는 솔로파트의 생성기구가 추가되었으며, 편곡기능이 아주 뛰어나 기존의 시스템에 비해 한 단계 위의 시스템이라고 할 수 있다.

(b) 자동작곡과 창조성

지금까지 예술작품의 제작이라는 관점보다는 시스템으로서의 실현 가능성에 중점을 두고 개발된 자동작곡 · 편곡 시스템은 다음의 두 가지로 크게 나누어볼 수 있다.

(1) 작곡에 관한 규칙 등을 인간이 작성하는 것
(2) 작품 사례에서 작곡에 관한 규칙이나 형태를 추출하여 작곡을 실행하는 것

(1)의 대표적인 예가 Band In A Box이고, 그 이외의 시스템이 (2)의 영역에 속하는 연구사례이다. (2)의 접근법은 사례를 부여한다는 점에서 모델작성을 일반 사용자에게도 공개할 수 있을 뿐만 아니라, 작곡과정의 모델화라는 점에서도 한발 앞서 있다.

(1)과 (2)는 둘 다 주어진 분야에서 공통점을 재구축하는 형태로 작곡 · 편곡이 실행되지만, 그저 안에 끼워넣는 것이 아니라 〈새로운〉 또는 〈예술적인〉 요소의 창출을 어

떤 식으로 실현해나가느냐가 커다란 과제로 남아 있다. 코페의 EMI도 시스템에 부여하는 샘플의 선택뿐만 아니라, 시스템이 생성하는 수많은 악곡에서 〈작품〉을 골라내는 작업 자체를 수작업으로 하고 있다. 작곡의 본질은 이와 같이 〈작품〉을 골라내는 작업이라고 해도 과언이 아니다. 시행착오가 되풀이되는 가운데 생성된 것이기 때문에, 인간의 〈귀〉에 필적하는 것을 골라 그 생성물을 구성하는 요인을 탐색해서 다음 작품으로 전개하는 것이 〈새로운〉 또는 〈예술적인〉 요소의 창출로 연결된다고 할 수 있다. 이는 간단하게 다룰 성질의 것은 아니지만, 앞으로 예술과 정보과학의 접점에서의 연구대상으로 반드시 다루어져야 할 영역이다.

이와 관련하여 자동작곡을 실행하는 매개변수로서 형용사를 이용하거나 인지적인 모델을 이용하는 접근법도 있다. 형용사를 이용한 작곡시스템의 가능성은 1980년대부터 검토되었지만[49], 창조성과 관련된 한계로 인해 이후 이 접근법의 연구개발은 잠시 수그러들었다. 최근에 와서 DTM의 유행, 간편한 BGM제작에 대한 수요에 부응해 형용사베이스의 작곡지원 시스템이 상품화되기 시작했다.

형용사를 이용한 작곡시스템은 Band In A Box에서 음악 장르를 지정한 것과 마찬가지로, 형용사를 키(key)로 하는 검색형(檢索型) 시스템으로 구성된다. 한편 시스템이 생성한 작품을 평가하고, 그 평가 판단에 의해 생성한 작품 후보를 취소하는 등, 인간의 〈귀〉의 기능에 근접한 처리를 실현하고자 하는 움직임도 있다. 노래로 부르기가 어려운지 쉬운지에 대한 평가를 토대로 한 작곡시스템[2]도 그 중의 한 예이다. 인지적인 시점을 고려한 음악해석이론에 대해서는 4.5절에 나오는 레달(Lerdahl)과 재켄도프(Jackendoff), 나무르(Narmour)의 이론을 참조하기 바란다.

4.5 자동연주와 음악해석

음악 시퀀서(sequencer—신시사이저의 주변장치 또는 연주를 기억하여 자동 반복연주하는 장치)의 보급에 따라 컴퓨터를 이용한 인간적인 음악연주 데이터의 작성에 대한 관심이 한층 높아졌다. 최근의 상용 시퀀서는 템포를 미묘하게 변화시킴으로써 비트감을 높이는 기능도 보강되었다. 또한 일정한 템포가 아닌, 클래식음악 연주처럼 〈정서를 풍부하게 표현하는〉 연주는 어떻게 생성할 것인가에 대한 연구도 활발하게 행해졌다. 여기에서는 〈정서를 풍부하게 표현하는〉 연주의 생성에 관한 연구를 소개한다.

연주할 때의 표정은 어떻게 형성되는 것일까. 이러한 테마는 음악정보 처리뿐만 아니라 감성과학이라는 관점에서도 대단히 흥미있는 대상이다. 그래서 음악학 범주에서 음악해석의 부문으로 다루어지기도 했고, 정량적(定量的)인 해석이라는 관점에서는 음악심리학의 영역까지도 포함하게 된 것이다. 1930년대 후반에 이미 악곡의 반복에서 발견되는 표현의 유사성을 계측하는 데 성공하였다. 또 1980년대 초반에는 음표의 나열과 연주표현을 계측하였고, 후반부터는 이러한 성과를 응용한 자동연주 시스템에 관한 연구가 활발히 전개되었다. 1984년에는 박자, 상위박(上位拍), 소절 등 각각의 시점에서 음표열(音標列)의 표현(음량, 템포)을 조합한 것을 토대로 연주표현을 하는 시스템이 발표되었다[9]. 또한 코드의 변화, 악구의 변화점(變化點)에 관련된 연주표현 규칙을 음악가로부터 직접 청취(analysis by synthesis, 합성에 의한 해석)하여 취득한 다음, 그 규칙에 따라 표정을 만드는 작업을 수행하는 시스템도 발표되었다[17].

1980년대 말부터 1990년대에 걸쳐 그동안 시도해온 경험적 방법의 한계를 의식하게 되었고, 최근에 와서야 실제적인 예를 토대로 연주규칙을 추출해서 연주를 생성하거나, 데이터베이스를 이용해 직접 연주를 생성하는 음악해석 시스템의 연구가 행해지게 되었다.

(a) 음악해석 시스템

전통 서양음악을 다룰 때 기본이 되는 것은 음표열의 표현, 악보 위에 적힌 연주기호의 표현, 악구(음표군)의 표현이다. 이러한 것들의 근거가 되는 정보(이하 근거정보라고 함)의 각각, 또는 계층적인 조합과 양적인 연주 매개변수의 매핑(mapping)을 생성하거나 적용하는 것이, 음악해석 시스템의 출발점이다.

규칙베이스(rule base)에 의한 음악해석 시스템은 적지 않은데, 그 중에서 대표적인 것이 G. 위드머(G. Widmer)의 시스템이다. 위드머는 기능학습법과 수치보간법(數値補間法)을 조합한 방법으로 F. 레달(F. Lerdahl)과 R. 재켄도프(R. Jackendoff)(이하 L&J라고 함)의 이론에 의해 해석되는 음악적인 트리구조와 E. 나무르(E. Narmour)의 이론에서 사용되는, 〈도약음 뒤에는 연속음이 오기 바란다〉 등과 같이 인지적·지각적으로 특이한 점을 조건절로 하여 표현법을 학습하는 시스템을 제안하였다[55](그림 4.17). 이 시스템에서는 조건절에 해당하는 부분의 음량이나 템포가 평균값보다 큰 경우와 작은 경우를 기준으로 적합한 사례와 적합하지 않은 사례를 분류한다. 그리고 그 데이터를 기초로 해서 IBL-SMART라고 불리는 기능학습법을 이용해 연주규칙을 해석한다. 그러나 그 상태로는 온-오프(on-off)의 연주규칙밖에 얻을 수 없기 때문에,

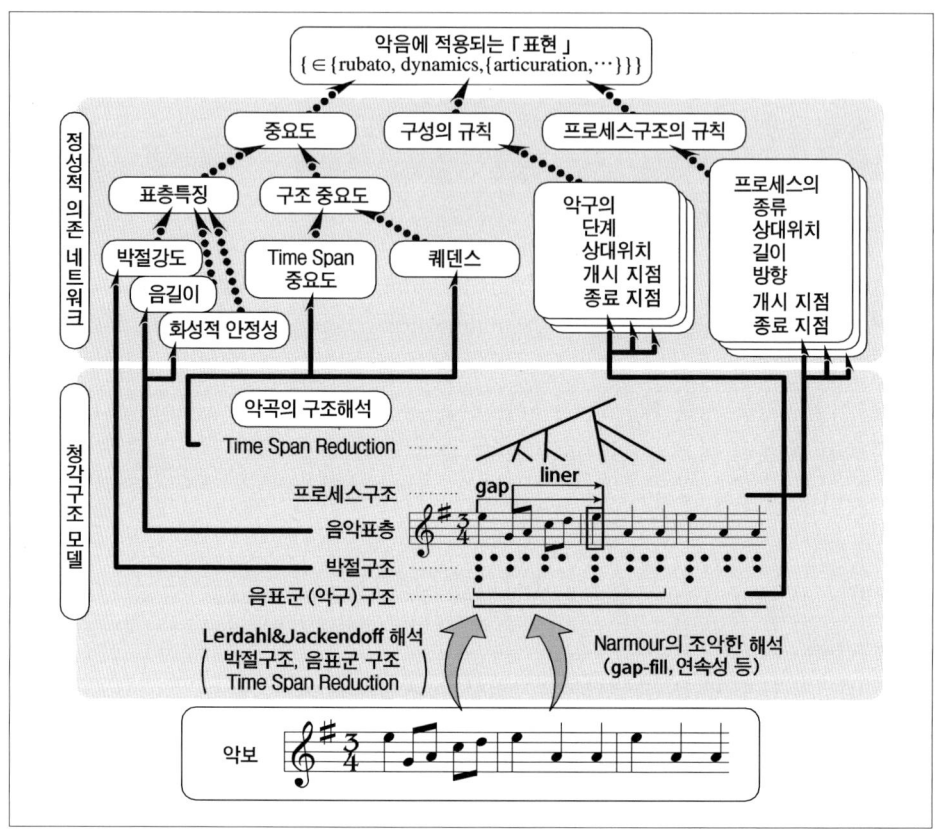

그림 4.17 위드머에 의한
연주규칙 학습시스템

나중에 제어량(평균값보다 어느 정도 크거나 작게 할 것인
가)의 수치 조절을 해야 한다.

그 밖의 규칙베이스에 의한 접근법으로는 쓰쿠바(筑波)
대학의 프시케(Psyche) 프로젝트[23]와 호시바(星芝) 등
에 의한 연구[25]가 있다. 프시케 프로젝트에서는 연주분
석을 위한 시각화(視覺化) 시스템을 포함하여 표정을 부
여하는 시스템 개발을 진행하고 있다. 연주생성은 악구 표
현을 위한 〈악구의 시작음은 길게 연주한다〉와 같은 일반
적인 규칙 외에도, 유사구조(모티프) 등이 연속되는 경우
에 후속 부분은 〈음량이 올라간다〉와 같은 규칙이 적용된
다. 모티프 표현에 관해서는 데이터베이스에서 유사한 모

티프를 선택해서 그 표현을 적용하는 시도가 행해진다. 연주규칙베이스나 엔진에 해당하는 해석기구의 실현이 앞으로의 과제이다. 호시바 연구팀은 음의 길이, 크기, 페달에 관해 복수의 피아노연주의 평균값을 이용해 표준적인 연주기법을 작성했다. 규칙은 〈음의 크기는 악센트의 유무(有無)에 따라 변한다〉와 같이 경험에 의한 것이지만 변화량에 관해서는 통계적으로 취급한다.

신경망(neural network)에 의한 접근법으로는 파드바대학의 시스템[6][7]과 간사이(關西)대학의 시스템이 있다. 두 시스템 모두 규칙과 신경망(신경회로망처럼 복잡하게 얽힌 컴퓨터 네트워크)의 혼성 시스템을 구축하고 있으며, 규칙으로 생성되는 연주정보의 뉘앙스를 보충하는 의미로 신경망을 이용한다. 파드바대학의 시스템에서는 음정의 차이나 음의 중요도를 신경망에 입력한다. 이 그룹은 그 후에 각각 서로 다른 표정연출(연주계획)을 요구받을 때의 연주차이에 관한 해석을 실행한다. 간사이대학 시스템은 멜로디의 음렬정보를 직접 신경망에 입력하는데, 후에 연주자정보나 곡의 인상(印象) 분류에 기초한 자동연주 생성시스템을 구축하였다[50][48].

사례베이스의 연구사례로는 J.L. 아코스(J.L. Arcos) 등의 연구[4], 스즈키(鈴木) 연구팀의 연구[51]가 있다. 아코스 연구팀의 시스템에서는 음악구조가 사례를 검색하기 위한 키로 이용된다. 반면, 스즈키 연구팀의 시스템에서는 연주상황을 키로 해서 대상곡의 분석을 실행한 뒤, 몇 단계의 연주합성 과정을 거쳐 최종연주를 얻게 된다.

(b) 자동연주 · 음악해석 시스템의 과제

음악해석 시스템은 기계가 〈감성〉 영역의 태스크를 실행하는 것으로 평가되어 처음에는 상당한 주목을 받았다. 그러나 그 후 평가기준이 높아지면서 치졸함과는 다른 성질의 〈부자연스러움〉의 표면화가 지적되었다. 이러한 문제를 해결하기 위해서는 단순한 개량으로 끝낼 것이 아니라 음악해석의 모델이나 가정(假定) 그 자체의 고찰이 필요하다[32]. 이 문제는 다음과 같이 정리해볼 수 있다.

(1) 연주 매개변수의 취급

대부분의 음악해석 시스템에서 취급되는 연주 매개변수는 음량, 음표의 발음·종료시각이다. 음표의 발음·종료시각은 템포와 비트를 기준으로 하는 음표의 시간방향에 어긋나는 제어 매개변수에 투영할 수도 있다. 손장단을 맞추는 등 인간의 자연스러운 음악을 생각해보면, 템포와 비트를 기준으로 하는 음표의 시간방향에 어긋난다는 관점에서 처리하는 것이 타당할 것이다.

종래에는 각각의 연주 매개변수가 독립적인 것으로 취급되었다. 이것은 타당한 가정이다. 그러나 실제 사람이 하는 연주는 악센트, 즉 어떤 음을 돋보이게 하는 작업 하나만 보더라도 음량을 다루는 시도 이외에, 음색을 변화시키고 시간적인 인지구조를 이용해 그 음을 변화시키는 테크닉이 아주 자연스럽게 사용되고 있다. 이것은 각 매개변수의 상호적인 관련을 시사하는 대목이다. 앞으로의 연구에서는, 악센트를 넣느냐 또는 넣지 않느냐 하는 연주 의도나 형용사적인 의도를 중간적인 근거정보로 분리하여 그것에 대해 취할 수 있는 연주표현의 물리적인 계측과 심리적인 등가성(等價性)을 검증하는 것이 중요하다.

이제까지 취급해온 매개변수는 MIDI 정보를 대상으로 한 것이 대부분이다. 현재 컴퓨터의 능력은 음향 그 자체

를 취급할 수 있는 단계에 접어들고 있다. 앞으로 음색이
나 비브라토 등의 연주 매개변수에 관한 연구도 중요해질
것이다.

(2) 근거정보의 부족함에 대한 대응

규칙베이스 시스템은 조건절(節)에 부합되는 근거정보
가 없으면 그 부분의 연주법 추출이나 정서가 풍부한 연주
의 생성은 불가능하다. 언뜻 보기에는 신경망이 이 문제에
강한 것 같지만, 충분한 근거정보를 네트워크 내부에서 다
룰 수 있는 기구를 어떤 식으로 실현시키느냐 하는 과제가
남아 있다. 실제로는 입력패턴에 근거정보를 부여할 필요
가 있기 때문에, 규칙베이스가 안고 있는 것과 같은 문제
점을 안고 있다. 또한 사례베이스 시스템은 유사성을 판단
할 필요가 있는데, 간단한 일처럼 여겨지지만 물리적인 유
사성과 인지적인 유사성은 같다고 볼 수 없으며, 근거정보
추출과 같은 종류의 어려움을 안고 있다. 이러한 문제의식
속에서 L&J의 이론이나 나무르의 음악인지 이론을 근거
정보로 이용하려는 움직임이 일어나 어느 정도 성과를 거
두고 있다. 그러나 주관적 판단기준을 갖는 이론을 실제로
적용하는 문제와 이론 자체의 정당성 검증 등의 문제는 여
전히 남아 있다.

또한 작곡자나 연주자, 양식 등 부대적인 것으로 다루어
온 정보를 앞으로는 근거정보로서 취급할 필요도 있다.

(3) 악구표현과 음악적 분류

음악연주에 있어서 악구의 표현이 가장 중요하다고 강조
하는 음악전문서가 많다. phrasing(구절법－선율을 악상

에 따라 적당히 구분하는 것)은 그 악구(음악적 분류)를 자연스럽게 표현하기 위한 기본수단이다. 2소절 이상의 큰 악구(phrase)는 다음과 같이 표현한다.

(1) 악구와 악구 사이에 〈간격〉을 삽입한다.

(2) 악구의 정점(頂點)을 향해 가속(아첼레란도, 점점 빠르게)하고, 정점에서 감속(리타르단도, 점점 느리게)한다.

(3) 악구의 정점을 향해 크레셴도(점점 세게)하고, 정점에서 데크레셴도(점점 여리게)한다.

(4) (3)에서 악구의 정점 전(前)에 최고의 음량에 도달했을 때는 그 음량을 유지한 채 템포를 느리게 만든다.

기존의 음악해석 시스템의 부자연스러운 연주생성은 소절선(小節線)만을 토대로 한 악구의 분리나 획일적인 악구표현에 의한 부분이 많았다. 이와 같은 문제를 해결하기 위해서는 적절한 악구해석 프로그램과 다양한 악구의 표현이 있다는 전제 아래, 연주 매개변수의 추출기구가 필요하다.

악구해석에 관해서는 L&J의 연장적 감소(prolongation reduction)이론을 이용하는 것이 좋다. 다만 프로그램 자체에 다양한 양식을 수용하는 메타규칙을 장착하는 것은 곤란하다. 따라서 교시연주(教示演奏)사례 또는 구체적인 교시(教示)에서 연장적 감소에 관한 규칙을 추출·학습하는 기능이 필요하게 된다.

(4) 선형성(線形性)과 단조증가성(單調增加性)의 문제

또 하나의 근본적인 문제는 근거정보와 연주 매개변수의 관계에 선형성이나 단조증가성을 가정해도 좋은가 하는

것이다. 음악해석 시스템에서는 은연중에 선형성이나 단조증가성을 가정해왔지만, 그것이 가능한 것인가에 대한 논의는 거의 없었다. 따라서, 우선 선형성과 단조증가성에 대한 가정을 명확히 하고 모순점을 최소한으로 줄이기 위한 연구가 필요하다.

(5) 평가

음악정보 처리에 관련된 시스템 전체에 적용되는 문제일 수도 있겠지만, 지금까지 취급해온 대상(악곡)이 서로 다르기 때문에 각각의 시스템(연구)의 우열이나 특성을 비교하기가 어려운 상황이 이어지고 있다. 시스템을 평가하기 위해서는 그 출력(output)인 연주 평가를 고려할 수도 있지만, 주관적인 평가를 전제로 할 필요성이 대두된다. 현재 표정연출 시스템 단계에서는 처음 연주해 보는 사람의 미숙함과는 다른 기계적인 연주의 독특한 위화감을 평가하여 점수로 환산해볼 수 있다. 최근의 시스템은 표정연출에 관한 학습적인 측면을 포함하고 있는 것이 늘어나고 있다. 이러한 시스템이라면 장르를 설정해서 학습대상곡을 제공한 다음, 그 장르의 미지곡에 대한 표정연출을 실행한 결과를 심사하는 컨테스트를 실시하는 것이 바람직할 것이다.

(c) 음악해석 연구의 접근방식

앞에서 설명한 바와 같이 음악해석 시스템을 구축할 경우, 많은 문제가 가로놓여 있음을 알 수 있다. 먼저 영역에 대한 고찰을 토대로 취급할 수 있는 적당한 영역에서 문제에 임해야 한다. 그림 4.18은 이러한 자세를 기초로 한, 음

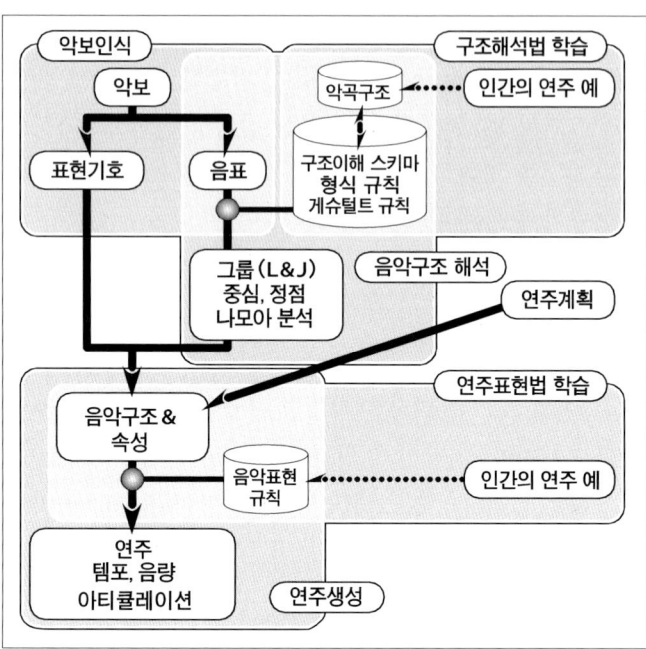

그림 4.18 음악해석 시스
템의 예

악해석 연구의 접근법의 한 가지 예를 나타낸 것이다.

위 시스템의 개요를 간단히 정리하면 다음과 같다.

〔생성부문 처리〕

· 악보인식 : 악보상의 음표나 기호를 읽고 각 기호의 의미를 파악한다.

· 음악구조 해석 : 악곡의 구성이나 악구, 부속 악구 (sub phrase), 또는 그 중심점 등의 입력된 악곡구조에서 연주표현의 기본 틀이 되는 정보를 해석한다.

· 연주생성 : 악보에 명시적으로 적힌 연주기호, 위의 해석에 의해 얻어진 음악구조, 멜로디열(列)의 음의 나열 또는 화성적(和聲的)인 성질, 양식이나 목표로 하는 연주 표현의 인상을 검색조건 또는 생성시스템(production system)의 조건절로 하여 구체적인 연주정보를 생성한다.

〔학습부문 처리〕

· 구조해석법 학습 : 음표열을 파악하려고 할 경우에 자

272 | 4 음악정보 처리

신이 처한 환경이나 문화에 의존하는 어떤 특징 또는 규칙성을 찾아볼 수 있다. 예를 들면 서양음악 중심의 문화권에서는 딸림음 진행(dominant motion)에 강한 연대감을 느끼는 경향이 있다. 또한 인간의 생리적·감각적 특성에 기초한 특징이나 규칙성도 존재한다. 예를 들면 음계의 도약은 악구가 끊어지는 것으로 인식되기 쉽다. 연주자는 이러한 기준을 토대로 음악의 구조를 발견하지만, 그 중에는 서로 모순되는 기준도 있다. 인간은 연주사례나 지식으로 구조를 발견하기 위한 지식을 몸에 익히는데, 이 모듈에서는 그 기능을 실현하는 것을 목적으로 한다. 앞에서 서술했듯이 연장적 감소(prolongation reduction)에 의한 해석을 실행하기 위해서는 주관적으로 선호하는 규칙을 객관적으로 부여해줄 필요가 있다.

여기서는 규칙을 부여하거나 학습하는 것이 아닌 코퍼스(부여한 데이터베이스)를 토대로 해석을 하는 기구 제작을 시도해보았다. 코퍼스는 멜로디에 있는 각 음의 음이름, 코드, 시간범위 감소(time span reduction)의 중요도에 대한 구조 해석렬(解釋列)을 부여한다. 이것을 토대로 한 시스템은 공기(共起)관계의 확률을 유지해놓은 다음 미지(未知)의 곡에 대한 해석을 실행한다.

현시점에서는 코퍼스의 규모가 압도적으로 작고, 제1위의 적합률(정답률)만 보면 평활화(平滑化, smoothing)를 실행한 경우에 50%를 넘는 정도이다. 또한 편곡자별로 실험한 결과에서 코퍼스에 들어 있는 것과 같은 편곡자의 곡일 경우에는 평활화를 적용하지 않은 것이 높은 적합률을 보였고, 반대로 편곡자가 다른 곡에서는 평활화를 적용한 것이 높은 적합률을 보인다는 것이 확인되었다. 코퍼스 베이스의 음악구조 해석에 관해서도 서서히 체계가 잡혀가고 있다.

인지적인 시점을 고려한 음악구조 해석이론

인지적인 시점을 고려한 음악구조 해석이론으로는 레달(Lerdahl)과 재켄도프(Jackendoff)의 이론, 그리고 나무르(Narmour)의 이론이 대표적이다.

레달과 재켄도프의 이론은 악곡을 구성하는 구조적인 음을 찾아내는 H. 쉥커(H. Schenker)의 이론과 N. 촘스키(N. Chomsky)의 생성언어문법 이론을 토대로 한 음악구조 해석이론이다. 이 이론에서는 먼저 박절(拍節) 구조나 음악적인 규칙, 그리고 멜로디를 구성하는 각 음의 그룹화 규칙에 의해 음악적인 음표군(音標群)을 찾아나간다. 그리고 음표군 중에서 구조음을 트리구조로 표현한 것(시간범위 감소)를 생성한다. 또한 화성구조와 시간범위 감소를 이용한 긴장-이완에 관한 구조(연장적(延長的) 감소)도 생성한다. 연장적 감소는 길게 늘인 감각과 그 해결감각을 다루는 것으로서 지금까지는 불가능했던 악구 해석수단의 하나로 기대되고 있다. 종래의 음악이론은 엄밀하게 취급하면 모순이 밝혀지는 경우가 많았지만, 레달과 재켄도프의 이론은 계산모델에 잘 적응하고 있다. 다만, 해석에 이용하는 음악적인 규칙이나 그룹화의 규칙 중에서 어느 것을 우선하느냐의 문제, 즉 메타규칙의 취급에 관해서는 다양성이 있다는 측면에서 아직은 과제로 남아 있다. 음악해석 시스템의 조건절로는 인간이 해석한 시간범위 구조가 이용되는 일이 많다.

레달과 재켄도프의 분석법은 쉥커의 이론과 마찬가지로 음악의 개념구조(ideostructure)를 무시하는(같은 구조를 지니고 있는 것으로 해석되는 악곡 중에는 명곡도 있고 아닌 것도 있다. 음악에서 정동(情動 ─ 타오르는 애정이나 강렬한 증오 같이 일시적으로 치솟는 감정)은 구조음뿐만 아니라 구조음과의 관계를 고려해 면밀히 배치된 모든 음표의 관계에 의해 생성되는 것이다) 입장이다. 대표적인 것으로 메이어(Meyer) 학파가 있다. 메이어는 개념구조를 중시하는 입장을 취하면서도 〈하나의 리듬 · 그룹은 하나의 악센트밖에 갖지 못한다〉는 원칙에 입각한 음악해석법을 표명했다. 이는 인지적인 요소가 고려된 이론이지만, 해석의 기준이 되는 악센트의 결정방법 자체가 강박-약박의 관점에서 규정하는 종래의 박절구조의 상식에 머무르고 만다.

반면에 메이어의 제자인 나무르는 메이어가 가진 사상의 원점으로 돌아가 음악구조는 다차원의 함축(implication)-실현(realization)이 조합되어 생성된 것이라는 시점에 입각하여 멜로디를 대상으로 한 구조해석론을 전개했다. 또 게슈탈트 심리학의 그룹화이론을 이용하는 한편, 예를 들어 〈도약음 뒤에는 연속음이 오기 바란다〉처럼 음악 지각(知覺)의 기본적인 경험적 지식에 의한 음악해석법을 제안했다. 구조-정동-연주표현은 밀접하게 관련되어 있다는 관점에서 나무르가 시사한 해석기준이 연주의 근거정보로 이용되는 일이 많다.

· 연주표현법 학습 : 악보상의 기호와 구조해석에 의해 얻어진 악곡구조의 정보, 그리고 연주자가 각각의 연주에 대해 가정하는 연주 구상이 실제 연주에서는 어떻게 표현되는가를 연주사례를 토대로 학습하는 모듈이다. 여기에서는 각 정보와 연주를 잇는 연주 매개변수(연주표현법)를 다중회귀(多重回歸) 분석에 의해 연주규칙을 추출한다. 다중회귀 분석(multiple regression analysis)이라는 것은 대상이 되는 관측값(목적변수)이 설명변수의 1차 결합으로 나타낼 수 있다는 가정에 기초하여 최소 2제곱법으로 결합계수를 구하는 방법을 말한다. 이 방법은 연주 매개변수처럼 양적인 정보와 규칙을 관련시키는 데 대단히 효과적이다. 문제점은 선형성이라는 가정 때문에 EBL 같은 논리곱(AND) 조건을 다룰 수 없다는 것이다. 그래서 설명변수의 논리곱을 새로운 설명변수로 추가하여 반복(iteration) 실행함으로써 비선형(非線形) 대상에도 적용할 수 있는 방법을 고안해냈다. 이로써 다음과 같은 사항들을 다중회귀 분석의 장점으로 꼽을 수 있다.

(1) 악보에서 이용되는 장소가 다르기 때문에 같은 연주 기호가 다른 연주표현을 생성하는 일이 있는데, 이 와 같은 현상을 재현하는 일이 가능하다.

(2) 추출된 연주표현법은 사람이 연주할 때도 사용하기 쉬운 형태로 되어 있다.

(3) 특정한 곡에 특화하는 것뿐만 아니라(연대 · 연주자 등으로 분류되는) 여러 곡에 공통적으로 존재하는 특징도 추출할 수 있다.

(4) 반복 횟수를 고정 비율의 제어 매개변수로 하는 일 이 가능하다.

그림 4.19는 연주기호와 그룹구조를 설명변수로 하여 템 포에 관한 연주규칙을 해석, 재현한 결과를 나타낸 것이다.

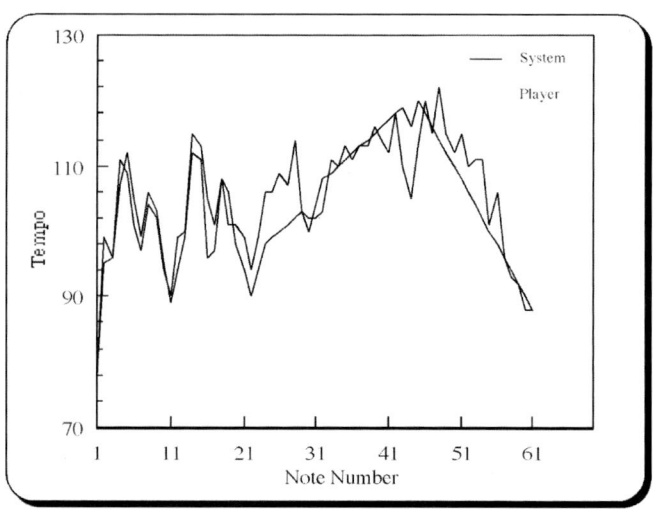

그림 4.19 다중회귀 분석을 이용한 연주규칙의 추출과 재현(템포)

· 연주법 : 위에서 서술한 각 모듈에서 구한 결과를 토 대로 하여 연주를 생성한다.

4.6 대화식 음악시스템(Interactive Music System)

이전에는 컴퓨터음악 작품의 대다수가 계산량과 컴퓨터 전체 성능의 관계에서 비(非)실시간(non-real time), 즉 테이프 작품으로 제작되는 경우가 많았다. 음악이 원래 갖고 있는 실연(live)성에 대한 흥미 또는 MIDI의 제정이나 최근에 비약적으로 진보한 멀티미디어 기술을 토대로, 1980년대 후반부터(특히 1990년에 접어들면서) 인간-컴퓨터 상호작용(HCI) 영역에 속하는 음악시스템이 활발히 연구·개발되었다. 구체적인 예로는 신세대 악기, 자동반주 시스템, 세션 시스템 등이 있다. 이 절에서는 이들 시스템의 기술동향에 대해 소개하기로 한다.

(a) 신세대 악기

현재 음악분야에서는 전자악기가 폭넓게 쓰이고 있다. 테르민 같은 예외의 경우도 있지만 연주법의 관점에서 보면, 전자악기의 대부분은 종래 악기의 연주법을 답습하는 것을 기초로 하여 만들어졌다.

테르민 : 안테나와 손의 거리에 따라 고조(pitch) 또는 볼륨을 제어하는 악기.

전자악기의 개발로 인해 음색을 자유자재로 설정하는 것이 가능해졌지만, 종래의 악기와 마찬가지로 동작과 음의 관계를 명확히 알 수 있는 범위 안에서 구성된다. 1980년대 후반부터 만들어지기 시작한 RADIO DRUM〔37〕이나 VIDEO HARP〔47〕 등은 다음과 같은 공통적인 특징을 가지고 있다.

(1) 제스처를 계측하는 특수한 센서를 지닌다.
(2) 감지에서 발음까지 작품과 직결된 컴퓨터처리가 실

행되어 종래의 물리적인 제약을 극복하는 표현이 가능하다.

신세대 악기라는 명칭은 1990년경부터 비공식적으로 불리다가, 최근 서서히 정착되어가고 있다. 여러 가지 신세대 악기의 기술적인 사양이나 사용예에 관해서는 멀티미디어 정보학 제10권에서 다루기로 한다.

(b) 자동반주 시스템

자동반주 시스템은 반주자인 컴퓨터를 독주자인 인간에게 추종시키는 것을 목표로 하는 대단히 흥미 있는 시스템으로서, 1984년 R. B. 대넨버그(R. B. Dannenberg)와 B. 베르코(B. Vercoe)가 처음으로 소개했다[13][52].

자동반주 시스템은 미리 멜로디(독주 파트)와 반주 파트를 알고 있어서, 독주자가 어느 부분을 연주하는가를 감독하면서 실시간으로 반주정보 파트의 연주 스케줄링을 실행한다. 독주자가 선택한 템포의 변화, 쉬거나 멈추는 시간 등을 거의 위화감 없이 추종하는 것을 목표로 한다. 자동반주 시스템의 처리를 개략적으로 나타내면 그림 4.20과 같다.

자동반주 시스템 처리의 기본적인 이해를 돕기 위해 대

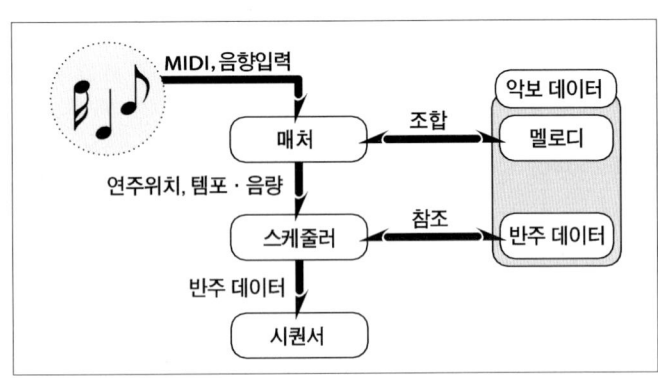

그림 4.20 자동반주 시스템의 개요

넨버그와 베르코의 시스템을 소개하고, 그 밖에도 자동반주 시스템에 관련된 응용기술을 간단히 설명한다.

(1) 대넨버그 시스템

대넨버그에 의해 최초로 소개된 시스템은 MIDI를 기초로 한 자동반주 시스템이다. 보통 사람이 연주하는 멜로디는 건반 등을 잘못 누르거나 순서를 건너뛰는 것을 미리 가정할 필요가 있다. 반주자가 사람이라면 이러한 문제는 아무 어려움이 없겠지만, 컴퓨터로 실현하는 데에는 대비책이 필요하다.

〔연주 추적〕

악보정보로 입력되는 멜로디의 부합 알고리즘(matching algorithm)에는 동적계획법이 사용된다. 동적계획법(dynamic programming)은 전후관계가 바뀌지 않는다는 제약이 있는 데이터열에 대해 효율적으로 정합성을 확인하는 알고리즘으로, 음성인식 분야에서 많이 이용된다. 동적계획법을 이용한 악보와 연주의 부합상황을 나타낸 것이 그림 4.21이다.

이 그림에서 각 숫자는 가장 잘 부합되는 길이(일치한 수)를 나타낸다. 이에 따라 i번째의 악보 이벤트와 j번째의 연주 이벤트의 가장 잘 부합되는 길이는 다음과 같은 값이 주어진다.

그림 4.21 동적계획법의 이용

(ⅰ) 그 이벤트가 부합하는 경우 (i행, j열의 값)은 $i-1$행 $j-1$열의 값에 1을 추가한 것과, $i-1$행 j열의 값과 i행 $j-1$열의 값 중에서 최대값

(ⅱ) 그 이벤트가 부합하지 않는 경우는 $i-1$행 j열의 값이나 i행 $j-1$열의 값

연주 데이터가 입력되어 그 앞의 열에서 최대값보다 큰

값이 검출되었을 때, 그 값에 대응하는 악보 데이터가 현재 연주되고 있는 음이 된다. 그리고 그림 4.21에서 색칠된 부분과 같이 탐색영역의 윈도우를 설정함으로써 탐색의 효율화를 꾀할 수 있다. 이 알고리즘에서는 악보에 적혀 있지 않은 음이 연주되었을 경우에 이후에 나올 음과 겹치게 될 문제점이 있다. 이 문제에 대해서는 윈도우의 중심이 이동가능한 범위를 2행 이내로 제한하거나, 악보 이외의 데이터가 관찰되는 경우에는 벌칙을 부과하는 등의 방법을 도입해서 대처한다.

동적계획법을 사용할 때는 전후관계가 뒤바뀌지 않아야 한다는 제약이 부과되지만 화음이나 아르페지오, 트릴(trill-꾸밈음의 하나로, 그 음보다 2도 위의 음을 번갈아 가며 재빨리 연주하는 방법) 등의 연주법에서는 미묘하게 연주 순서가 뒤바뀌거나 횟수가 규정되지 않는다는 문제가 생긴다. 대넨버그는 그 후 연주데이터에서 이벤트의 분류나 화음데이터의 전개에 의해 가장 적당한 경로(path)의 탐색법을 제안하였다[14].

〔반주 스케줄링〕

자동반주 시스템에서는 연주자의 연주상황에 맞추어 템포를 제약할 필요가 있다. 대넨버그는 계산기의 타이머를 참고해서 동적으로 변화하는 시계(가상타이머)를 제안하였다. 가상타이머는 시계가 진행하는 속도의 조정, 시각의 수정(reset) 등의 기능을 지닌다. 가상타이머의 시각은 다음과 같은 식으로 나타낸다.

$$(R - R_{\mathrm{ref}}) \times S + V_{\mathrm{ref}}$$

R은 계산기 타이머의 시각, S는 가상타이머의 진행속도(템포), R_{ref}와 V_{ref}는 마지막에 수정되었을 때의 계산기 타이머와 가상타이머의 시각이다.

위에 서술한 부합 처리에 성공할 때마다 R_{ref} 와 V_{ref} 가 조정된다. 템포 S 는 반주시스템이 솔리스트보다 늦어질 경우에는 약간 증가되고, 반대로 빠를 경우에는 약간 낮게 설정된다.

가상타이머는 부합처리에서 구한 시간의 오차가 100 ms 이하일 경우에는 아무것도 하지 않는다. 부합이 연속될 때 늦어지고 있는 경우에는 건너뛰어야 할 음을 재빨리 연주하고, 빠른 경우에는 그 상태를 기다린다. 다만 독주자가 잘못 연주해서 큰 시간변화가 검출되는 경우에는 올바른 장소로 건너뛴다. S 의 설정법은 자동반주 시스템의 사용감각에 관련된 중요한 요소이지만, 대넨버그의 시스템에서는 기존의 4개의 이벤트로 결정한다.

(2) 베르코의 연구

자동반주라는 측면에서는 베르코나 대넨버그가 같은 주제를 다루고 있지만, 베르코의 시스템은 어느 정도 기량을 지닌 연주자를 가정한 시스템이다. 따라서 연주자의 예술적인 기량에 어떤 식으로 대처하느냐가 과제이다. 그러나 한편으로 연주자가 잘못 연주할 가능성이 적고, 연주자 각각의 연주에 템포나 리듬의 변동이 적다는 것을 제약조건으로 이용할 수 있다. 대넨버그의 시스템이 이벤트 구동으로 반주를 생성하는 것에 비해, 베르코의 시스템은 시간구동으로 반주를 생성한다. 이와 관련해서 악보정보와 연주정보의 부합 처리를 실행하는 경우의 비용함수는 시간적인 오차를 고려한 것이 사용되고 있다.

가라오케 등에서 다른 사람이 부르는 노래에 맞추어 반주를 해주는 것은 결코 쉬운 작업은 아니다. 마찬가지로 독주자의 연주 데이터를 단순히 수리적으로 처리하는 반주시

스템에서, 음악적으로 납득할 수 있는 반주를 생성하는 것
은 거의 불가능에 가깝다. 이러한 이유에서 1985년에 베르
코는 리허설을 시도함으로써 좀더 자연스러운 반주를 실행
할 수 있다는 실제 사례를 발표했다[53]. 위에 서술한 반주
시스템을 이용하여 몇 차례 리허설을 반복함으로써 템포나
리듬(비트)의 일탈 데이터를 기록하고, 그 평균값을 이용
해 다음 차례의 반주를 실행하는 방법이다. 각 음표마다 일
탈이 분산되는 경우도 일종의 신뢰도로서 부합 처리에 반
영된다.

(3) 그 밖의 연구와 과제

위에 서술한 연구 이후로 자동반주에 관련된 다양한 시
스템이 개발되었다. 그 중에서 가창을 대상으로 한 시스템
은 노래방(가라오케)을 응용한 것으로서, 추종형 시스템으
로 연구가 진행되어왔다[33][26]. 가창에는 피치나 음이
올라가는 위치를 특정하는 어려움이 있어 가사정보를 이
용한다. 반주의 관점에서는 약간 뉘앙스가 다르지만, 처리
하는 과정의 지휘시스템도 일종의 자동반주라고 생각해도
좋을 것이다. 지휘시스템에 대해서는 제10권에서 소개하
기로 한다.

베르코의 시스템에서도 서술한 바 있지만, 단순히 템포
를 추적하는 처리만으로는 아무리 애를 써도 뒤쫓아가는
반주에 머물기 마련이다. 사람이 하는 반주는 꼭 맞추어야
할 요점은 놓치지 않고, 템포 등이 다소 어긋나도 음악적
으로는 일탈하지 않는 범위 내에서 반주 스케줄링을 실행
한다. 그 첫 단계로 꼭 맞추어야 할 부분에 대한 철저한 준
비가 있어야 함은 강조할 필요도 없다. 사람이 연주계획을
부여함으로써 더욱 더 자연스러운 연주를 실행하는 것을

목적으로 하는 자동반주 시스템[24]을 시도한 경우도 있지만, 해석을 하는 능력 자체를 어떻게 시스템에 접목시킬 것인가, 즉 음악해석과 연결된 자동반주 시스템을 개발하는 것이 해결해야 할 과제라고 할 수 있다.

(c) 세션 시스템(session system)

경음악 분야에는 잼세션(jam session)이라고 불리는 즉흥성이 강한 연주형태가 있다. 세션에서는 연주 상대방과의 음악적인 상호작용이 즐거움의 원천이 된다. 그 부분을 컴퓨터처리로 바꾸어주는 것이 세션 시스템의 주제이다. 세션 시스템(session system)의 개요를 정리하면 그림 4.22와 같다. 아래와 같이 잼세션에서의 상호작용의 중요한 특징을 정리해보았다.

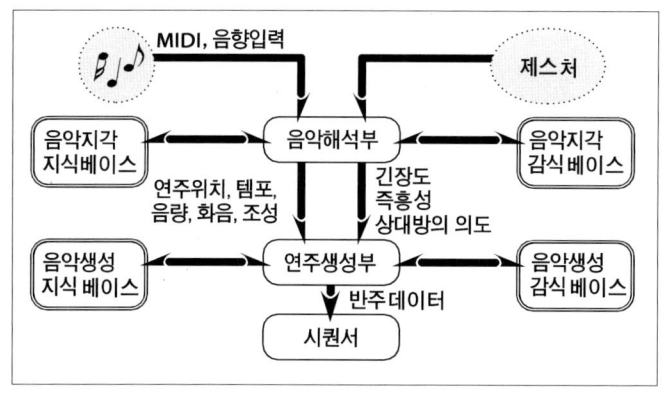

그림 4.22 세션 시스템

(1) 연주의 억양 제어 : 어떤 연주자가 연주 도중 독주로 들어갔을 경우에, 지원하는 쪽의 연주는 독주자의 의도를 존중하게 된다. 이런 경우에 지원하는 연주자는 독주의 기분이 고조되는 것에 맞추어 음량이나 음수(音數)의 변화에 따라 연주에 억양을 부여한다. 이 과정에서 독주의 상태에 맞추어 적절한 합주를

하거나, 독주자의 기분을 고조시키는 것이 목표가
된다.

(2) 연주의 전개 제어 : 예를 들어 독주에서 테마로 돌
아가고, 또다시 테마를 반복하는 4소절 정도의 짧은
독주를 주고받는 행위는, 미리 정해놓은 명시적인
신호를 통해 그 자리의 분위기를 살리기 위한 즉흥
적인 것이 많다. 명시적인 신호라는 것은 손을 든다
거나 소리를 내서 하는 지시나, 시선 또는 의도적인
얼굴 표정을 말한다. 그리고 독주의 소절수가 8 또
는 16배수일 경우나 독주에 의해 발생한 조성감(調
性感)이 다른 전개를 예상하게 만들 때, 각 연주자
는 그 분위기를 감지해서 전개의 변화에 대한 준비
를 한다. 그런 다음 공통적인 이해가 인식되면 비로
소 연주의 전개가 실행된다. 이러한 경우는 전자와
비교하면 고도의 음악적 지식이나 연주기술, 상대
방의 행동패턴을 경험적으로 인식하는 것을 필요로
한다.

(3) 세션을 통한 작곡 : 잼세션에서 연주되는 악곡은 표
준적인 재즈곡이거나 동료 연주자간의 표준적인 곡
일 경우가 많다. 그러나 뛰어난 즉흥성을 살려서 작
곡을 목적으로 하는 잼세션도 있다. 이러한 세션에
서는 곡의 소재가 되는 코드 진행이나 리듬패턴 등
을 토대로 즉흥적인 장식을 추가하거나 변주(變奏)
를 함으로써 악곡을 형성한다. 곡의 소재는 미리 준
비하는 경우도 있지만 즉석에서 제시되는 경우도 있
다. 단원의 한 사람이 시작한 연주에 다른 연주자가
가세하여 변주를 되풀이하는 가운데 곡이 완성되는
예는 흔하다. 잼세션 중에서도 복잡한 곡을 형성하
기 위해서는, 위에서 서술한 전개의 제어를 빼놓을

수 없다. 또 다른 사람의 연주에서 화음 이름을 인식한다든지, 화성적인 흐름을 토대로 다음 화음을 예측할 필요가 있다.

위의 서술에 착안한 여러 가지 세션 시스템이 제작되었다. 그 중에서 잼세션 시스템의 효시라고 볼 수 있는 것은 R. 로(R. Rowe)에 의한 Cypher이다[46]. 이 시스템 자체는 잼세션을 대상으로 한 것은 아니지만, 실시간 음악이해기구나 연주생성기구 등 세션 시스템을 실현하는 데 필요한 사항이 자세히 설계되어 있다.

니시지마(西嶋) 연구팀은 1989년부터 1992년에 걸쳐서 〈Neuro-Drummer, Neuro-Musician〉을 개발하였다[43]. 이것은 신경망을 이용해 재즈의 즉흥(improvisation) 패턴을 학습하여 인간과 서로 주고받는 연주를 실행하는 것이다. 1993년에는 브루스 페니쿡(Bruce Pennycook)을 중심으로 한 연구진이 동적계획법을 응용하여 즉흥적인 재즈를 위한 실시간 청취시스템을 연구한 바 있다[44].

그리고 1992년에서 1994년에 걸쳐서는 와키(和氣) 연구팀이 JASPER를 개발했다[54]. JASPER는 잼세션에서 솔리스트(MIDI 피아노)의 연주 억양의 변화를 음수, 평균 속도(velocity), 평균 피치 등에서 산출한 장력 매개변수(tension parameter)라는 개념을 도입하여, 그 매개변수에 대응하는 연주법의 생성을 실행하는 것이다. 그리고 일정시간 이상 인간이 하는 연주의 장력 매개변수가 낮은 값을 지속하는 경우는 인간이 주도하지 않는다고 판단하고, 시스템 주도하에 독주를 실행하는 기능이 실현되었다. 또한 거의 비슷한 시기에 가네모리(金森) 등은 세션 시스템의 청취부분에 대한 정밀한 연구를 거듭하여 화성진행의 인식에 하나의 방향을 제시했다[27].

1996년에 고토(後藤), 히다카(日高) 등은 LAN상의 여러 컴퓨터에 가상음악가를 장착해, 영상정보를 이용하여 서로 신호를 주고받는 VirJa Session을 발표했다[19]. 특히 연주의 전개 제어라는 점에서 정력적인 시도를 한 것은 높이 평가할 만하다. 또 이 연구팀은 1997년에는 네트워크를 경유해 정보통신이 지연되는 문제를 거꾸로 포착해, 지연시간이 1악구가 되도록 알맞게 시간조정을 해서 인간 대 인간의 원격 세션 시스템을 장착하기도 했다[21]. 그리고 같은 해에 아오노(靑野) 등은 실제악기의 화음 입력이 가능한, 세션을 통과하는 작곡시스템을 개발했다[1]. 여기에서는 대표적인 시스템의 예로서 Cypher, 그리고 상호 교환 관계를 실현시킨 Neuro-Musician을 소개한다.

(1) Cypher

Cypher는 컴퓨터와의 상호작용을 통해 음악을 창작하는 것을 목적으로, MIT 미디어연구소의 로버트 로(Robert Rowe)에 의해 개발된 시스템이다.

Cypher는 listener 부분과 player 부분으로 구성된다. listener 부분은 실시간으로 MIDI 이벤트를 분석하여 음의 밀도, 음역, 강약 등 저차원적인 음악요소부터 코드, 악구 등 고차원적인 음악요소까지의 인식을 실행한다. player 부분에서는 listener 부분에서 인식된 음악요소에 대한 반응법을 기술한 규칙에 의해 연주가 생성된다. 이 두 가지 기능을 조합함으로써 Cypher는 상호적인 작곡도구로 사용될 뿐만 아니라, 궁극적으로는 입력하지 않고도 새로운 음악을 만드는 것이 가능하다.

Cypher의 개념적인 배경에는 M. 민스키(M. Minsky)의 〈Society of Mind〉가 있다. 이것의 특징은 listener 부

분과 player 부분 모두에 나타나지만, 특히 listener 부분에서 두드러진다. listener 부분에서 하나하나를 취하게 되면 비교적 단순한 음의 밀도, 음역, 국소적 코드 등을 추출하는 에이전트가 존재하고, 각각의 에이전트가 네트워크를 통해 서로 협조함으로써 고도의 복잡한 음악 지각·인지를 실현하는 방법으로 사용된다.

〔listener 부분〕

Cypher의 listener 부분의 저차원적인 인식대상은 다음과 같이 나타낼 수 있다.

- 음의 밀도(destiny) : 같은 시간에 연주된 음의 수. 단음이나 화음.
- 속도(attack speed) : 바로 앞의 이벤트와 현재 이벤트의 발음시간 간격.
- 음의 다이내믹스(dynamics) : 음량에 해당.
- 이벤트에 속하는 음역(resistor) : Cypher에서는 피아노 건반의 88개의 음역을 균등하게 4등분한다.
- 음의 길이(duration) : MIDI 정보에서 note-on과 note-off의 시간 간격.
- 화성(harmony) : 단시간 영역에서 주조음을 화음의 이름(화음명)으로 해서, 화음명의 연결을 보고 곡의 주조음을 추측한다.
- 박자 위치 검출(beat tracking) : 박자 위치를 추출해 그 간격에서 템포정보를 얻는다.

에이전트의 구체적인 예라고 할 수 있는 코드인식 에이전트는 그림 4.23과 같다.

고차원 인식으로는 악구 검출과 검출된 악구의 특징량 추출의 두 가지가 장착되어 있다. Cypher에서는 악구를 2-10초 정도 길이의 연속된 음악으로 정의한다. 주조음(主調音) 해석의 에이전트를 제외한 모든 저차원적인 해석

그림 4.23 코드인식 에이
전트. 그림에서 장음계
코드는 대문자, 단음계
코드는 소문자로 표기했
다. c음이 들어왔을 때
C, Cm, F, Fm, Ab,
Am의 코드명이 활성화
되는 것을 나타낸다. 각
입력음에 의해 가장 활성
화된 코드명을 출력한다.

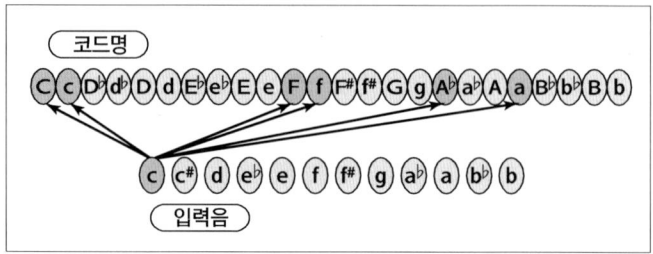

에이전트 출력의 불연속성을 수치화해서 더한 다음, 그 합
계가 한계값을 초과하는 부분을 악구가 끊어지는 부분으
로 판단한다. 악구의 특징량은 규칙성 또는 불규칙성을 추
적하는 에이전트에 의해 추출된다.

〔player 부분〕

Cypher의 player 부분에서 사용자는 우선 listener 부
분에서 구한 인식결과에 대응하는 응답방식(규칙)을 정의
한다. 입력된 연주의 인식결과에 적합한 규칙을 실시간에
연결시키면 연주에 대한 응답(반주)이 출력된다. 또한 인
지 · 실행 주기에 대해서는 직렬 결합이 가능하고, 더욱 복
잡한 응답을 출력하는 것도 가능하다. 사용자는 다음 세

	Accelerator	이벤트 간격을 좁힘
	Accenter	악센트 부여
	Arpeggiator	코드를 분산해서 연주
	Backward	이벤트의 역순재생
	Basser	코드의 근본음을 저음역에서 재생
	Chorder	코드 재생
	Decelerator	이벤트간의 시간을 늘임
1단계	Flattener	음의 간격과 음길이를 정렬
	Glisser	글리산도(glissando) 부가
	Gracer	3개의 짧은 장식음 부가
	Harmonizer	불협화음의 음정을 바꿈
	Inverter	음정을 중앙 도를 중심으로 반전
	Looper	이벤트 반복
	Louder	크레센도
	Obbligato	고음의 장식선율 부가
	Ornamenter	원래 음정을 사이에 두고 고저 2음 부가
	Phraser	이벤트의 그룹화
	Quieter	데크레센도
	Sawer	톱모양의 음정을 지닌 장식음 부가

	Solo	솔로 삽입
	Strecher	음길이를 늘임
1단계	Swinger	발음의 타이밍에 변화 부여
	Thinner	이벤트 중의 음을 추려냄
	TightenUp	양자화
	Transposer	음정의 평행이동
	Tremolizaer	트레몰로 효과
	Triller	트릴 연주
	VaryDensity	코드의 아르페지오화
	UndoDensity	VaryDensity 취소
	Phrase	악구의 경계를 명확히 연주
2단계	JigglePitch	일정빈도로 무작위 추출한 음정변화
	MakeBass	베이스연주 개시
	BreakBass	베이스연주 정지
	BeatPlay	베이스음을 비트에 실어 연주
	BeatStop	BeatPlay의 정지
	AccMutate	Accelerator의 가속도 변경
	SawMutate	Sawer의 음정변화 폭 변경

그림 4.24 Cypher의
player 부분의 기능

가지의 응답방식을 선택할 수 있다.
  (ⅰ) 시퀀서 데이터의 연주(미리 입력한 연주패턴의 연
      주) : 10초 이내의 시퀀스, 1초마다 조작 가능
  (ⅱ) 작곡 프로그램의 초기화(호출) : 코드의 변화, 트레
      몰로(tremolo─빠른 반복 연주법) 등
  (ⅲ) 입력되는 MIDI 신호의 가공 : 소형 모듈의 직렬 필
      터링(그림 4.24 참조)
  Cypher는 상호의존적인 작곡환경을 지향하지만, 특정
한 음악 장르를 가정하는 것은 아니다. 그러나 그 기본 기
능을 사용함으로써(예를 들면, 앞에서 잠깐 언급한
JASPER 같은 시스템) 시스템을 비교적 쉽게 구축하는
것이 가능하다.

(2) Neuro-Musician

  Neuro-Musician은 사람과 컴퓨터 사이에서 즉흥적인
독주를 주고받기 위해 만들어진 시스템이다[43]. 주고받
는다는 것은 8-16소절 정도 길이의 즉흥 솔로를 복수(보
통 2인)의 연주자 사이에서 상호 교환하는 것을 말한다.
상대방이 즉흥적으로 제시한 독주를 모티프로 해서, 그 선
율과 리듬의 특징을 느끼면서 변형을 부가해 발전시키는
것이 주고받음의 기본 형태라고 할 수 있다. Neuro-

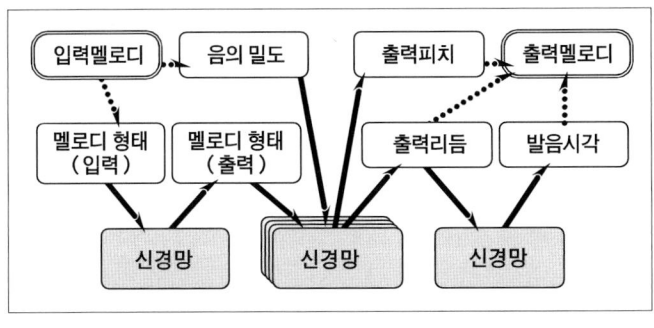

그림 4.25 Neuro-
Musician의 구성

Musician 중에서 실제로 장착된 가상연주자는 미리 여러 종류의 입력연주와 그 시점에 기대되는 출력연주를 부여받아 신경망을 형성한다. 동작중에는 일정한 소절수의 독주가 MIDI 악기를 통해 입력될 때마다, 그 연주를 모티프로 한 연주가 즉흥적으로 출력된다. Neuro-Musician의 구성은 그림 4.25와 같다.

〔신경망〕

Neuro-Musician에서 이용되는 신경망은 입력층, 숨은층, 출력층의 세 층으로 구성된다. 각 층의 네트워크는 오류역전파(back-propagation) 기법으로 형성된다. 형성을 위해서 약 30가지의 입력연주 예와 출력연주 예의 대비가 주어진다.

〔음악인식 모델〕

니시지마 연구팀은 주고받음에 의한 즉흥적인 독주에서는 (1)선율의 개략적인 형태, (2)음정의 변화와 리듬, (3)발음 타이밍, (4)코드진행과 사용가능한 음표(note) · 음계(scale)의 네 가지 정보가 중요하다고 보고 있다. 이 중에서 (4)는 곡에 의해 결정되는 것이다. 이러한 발상에 기초해 Neuro-Musician은 3단계의 신경망을 직렬(serial)로 이용함으로써 독주를 생성한다.

첫 번째 네트워크에서 입력연주의 대강의 선율형태가 주어지면 출력선율의 형태를 얻을 수 있다. 또한 이 시스템에서는 독주 멜로디를 소절단위로 보았을 때의 선두, 중간, 말미의 3음으로 간추린 것을 선율의 개략적인 형태로한다. 두 번째 네트워크에서는 입력연주의 음의 밀도(음의수)와 앞단계에서 구한 출력선율의 형태가 주어진다. 이곳에서는 출력연주의 음정변화와 리듬이 얻어진다. 그리고 세 번째 네트워크에서는 앞단계에서의 음정변화와 리듬이 주어져 발음타이밍이 얻어진다. 최종적으로 2단계 출력인 음정변화와 리듬, 3단계 출력인 발음타이밍의 변화를 조합해서 출력연주를 생성한다.

이 시스템은 8소절 길이의 코드 진행을 이용해 독주의 교환을 실행한다. 연주는 시스템 안에 장착된 베이스 주자와 드럼 주자가 지원한다. 베이스와 드럼을 위한 연주정보는 사용하는 코드 진행에 기초해 미리 시스템에 MIDI 데이터로 기억시켜둔다. 니시지마는 Neuro-Musician에 대해서「흥분시키는 잼세션을 실행한다. 다만 일부 인간답지 않은 연주를 출력하는 일도 있다」고 평가한다.

제4장의 요약 정리

4.1 음악은 비교적 이론적인 해석에 익숙해지기 쉬운 대상이기도 해서 일찍이 컴퓨터의 이용이 진척되었던 예술분야이다. 음악과 컴퓨터를 접속시키는 연구·개발은 실험적인 음악의 제작이나 최근의 오락, 취미영역으로 정착한 컴퓨터 음악 영역에서 수요에 부응하는 기술로 발전을 거듭해왔다. 음악정보 처리에 속하는 연구분야로는 자동연주, 악보인쇄, 자동채보, 악보인식, 자동 작곡·편곡, 계산모델에 기초한 음악인지 등이 있다. 최근에는 자동반주 시스템이나 세션 시스템 등 상호작용 분야에 관한 연구가 활발하다.

4.2 악보인식은 도면이해로 분류되는 기술이지만, 인식 계통 음악정보 처리의 중요한 테마의 하나이다. 악보를 읽어내는 경우는 문자를 읽는 것과 달리 기보에 대한 음악적 지식이 필요하다. 소절단위로 인식처리를 실행함으로써 음악적 지식을 효과적으로 활용하고, 계층적인 인식처리를 실행함으로써 대상이 되지 않았던 복잡한 악보에 대해서도 실용적인 인식률을 구할 수 있게 되었다. 이 책에서는 음악이나 악보의 지식을 적극 이용한 하향식 처리지향 시스템과 악보인식의

구체적인 과정을 소개하였다.

4.3 청각적으로 음악정보를 입력하는 패턴인식 기술로는 자동채보가 있다. 자동채보의 태스크는 악음의 분류문제, 음악적 분석, 악보출력으로 크게 분류된다. 악음의 분류문제는 하나의 악음을 하나의 악음으로만 듣는 기능이고, 처리할 경우에는 주로 기본주파수의 인식이라고 생각할 수 있다. 음악적 분석은 리듬, 박자인식, 악음의 음계 할당 등 음악적인 해석을 동반한 분석이다. 이러한 분석을 실행하여 기호의 그룹화나 위치결정 등 기보에 관한 처리를 실행하면, 비로소 채보라는 처리가 완결된다. 이는 단순한 신호처리가 아닌 음악인지·지각연구와 연결된 형태로 취급된다.

4.4 자동작곡은 음악정보 처리 중에서도 비교적 일찍부터 다루어진 연구영역이다. 고전적인 자동작곡의 방법으로는 (1)난수 또는 카오스, 확률분포에 의해 음악요소를 생성하는 〈확률음악〉, (2)특정 작곡가의 음악정보 데이터에서 추출한 음악적 특징을 이용한 〈환상적인 작품〉, (3)우주선, DNA 배치, 생물의 생체신호, 주가변동 등 자연계에 존재하는 정보를 음악정보로 바꾼 〈자연스러운 파동〉의 음악 등이 있다.

정보과학적인 흥미에 중점을 둔 최근의 연구에서는 작곡에 관한 규칙을 인간이 작성했던 것에서, 사례를 통해 규칙이나 스타일의 이해와 응용연구로 변천하고 있다.

4.5 정서를 풍부하게 표현하는 연주의 생성은 자동작곡·편곡과 나란히 감성이나 창조성에 관련된 연구영역으로 취급된다. 초기의 정서가 풍부한 연주생성은 잘 알려진 음악표현법을 규칙베이스 시스템으로 표현한 것이었지만, 초보 연주자들이 보여주는 치졸함과는 성질이 다른 〈부자연스러움〉의 표출이 지적되었다. 따라서 기계학습, 신경망이나 통계적인 수단을 응용한 시스템이 고안되고 있다. 또한 근본적인 문제로서 인지적인 시점을 갖거나 계산가능성을 고려한 음악해석 기구의 검토가 시작되었다.

4.6 인간-컴퓨터 상호작용(HCI) 영역에 관련된 음악시스템이 최근 활발하게 연구·개발되고 있다. 구체적으로는 신세대 악기, 자동반주 시스템, 세션 시스템 등이 있다. 신세대 악기는 제스처를 계측하는 특수한 센서를 지니고 있어, 작품과 직결된 컴퓨터처리를 실행함으로써 지금까지는 불가능했던 표현을 가능하게 하는 악기이다. 자동반주 시스템은 반주자인 컴퓨터를 독주자인 인간에게 추종시키는 것을 목표로 하는 시스템이다. 또한 세션 시스템은 경음악에서 발견되는 잼세션이라고 부르는, 즉흥성이 뛰어난 연주형태를 모델로 해서 인간과 컴퓨터 사이에서 실현하는 시스템이다.

독서안내

제1장

(1) 長尾眞 : 自然言語處理, 岩波講座ソフトウェア科學, 第15
卷, 岩波書店, 1996.
자연언어 처리 또는 그 주변분야에 대한 기본적인 사항에서 전
문적인 사항까지 광범위하게 해설한 책.

(2) 長尾眞, 黑橋禎夫, 佐藤理史, 池原悟, 中野洋 : 言語情報處
理, 岩波講座言語の科學, 第9卷, 岩波書店, 1998.
언어정보 처리의 기본적인 기술 또는 그 응용으로 텍스트 처
리, 정보검색, 기계번역, 언어통계에 대해 자세히 설명하고 있
다.

(3) 川俣晶 : パソコンにおける日本語處理/文字コードハンド
ブック, 技術評論社, 1999.
1.1절에서 설명한 내용을 포함해 일본어 텍스트를 (기본적으
로는 컴퓨터상에서) 문자레벨에서 취급하기 위해 필요한 정보
가 상세히 설명되어 있다.

(4) 中川聖一 : 情報理論の基礎と應用, 電子工學・技術科學シ
リーズ, 第3卷, 近代科學社, 1992.
정보이론의 기초와 언어, 음성, 화상에 대응한 응용에 관해 서
술한 텍스트. 1.2절의 언어통계에 대해서도 제6장에 자세히 설
명되어 있다.

(5) 永田昌明 : 形態素解析, 松本裕治, 影山太郎, 永田昌明, 齋
藤洋典, 德永健伸, 單語と辭書, 岩波講座言語の科學, 第3
卷 第2章, pp.53-92, 岩波書店, 1997.
형태소분석에 대해 자세히 해설되어 있다. 특히, 트라이를 이
용한 형태소사전과 통계적 모델에 기초한 형태소분석에 관한
내용이 상세히 서술되어 있다.

(6) G. Salton. Automatic Text Processing：The Trans-
formation, Analysis, and Retrieval of Information by
Computer, *Addison-Wesley*, 1989.

정보검색의 표준적인 텍스트이다. 1.4절에서 설명한 키워드 추
출(자동색인 첨부) 이외에도 벡터공간 모델, 관련 피드백 등
일반적으로 이용되는 정보검색 방법을 구체적으로 설명하고
있다.

(7) 石畑淸：アルゴリズムとデータ構造, 岩波講座ソフトウェ
ア科學, 第3卷, 岩波書店, 1989.

1.5절에서 설명한 문자열의 탐색·대조에 대해서 쉬운 예를 들
어 자세히 설명하고 있다.

(8) Aho, A. V.：Algorithms for finding patterns in strings.
In Leeuwen, J. van (ed.), Handbook of Theoretical
Computer Science, Vol. A：Algorithms and Complexity,
chapter 5, pp. 255-300, *MIT Press/Elsevier*, 1990. 仙波一郎
(譯), 文字列中のパターン照合のためのアルゴリズム, 廣瀨
健, 野崎昭弘, 小林孝治郎(監譯), コンピュータ基礎理論ハ
ンドブックⅠ：アルゴリズムと複雑さ, 第5章, pp. 263-
304, 丸善株式會社, 1994.

1.5절 (b)에서 설명한 문자열의 대조에 관해서 형식적 기술을
이용하여 더욱 자세하게 설명하고 있다.

제2장
자연언어 처리 전반에 관해서는 구문해석에서 응용시스템까지 아
래의 텍스트가 추천할 만하다.
(1) 長尾眞(編)：自然言語處理, 岩波講座ソフトウェア科學 15,
岩波書店, 1996.
(2) 田中穗積(監修)：自然言語處理 — 基礎と應用, 電子情報通
信學會, 1999.

구문해석의 기법에 대해서는 아래의 텍스트가 폭넓게 다루고 있다.

(3) 田中穗積 : 自然言語解析の基礎, 産業圖書, 1989.

언어이해 연구의 입문서로는 다음과 같은 것이 있다.

(4) 田中穗積, 辻井潤一(共編) : 自然言語理解, オーム社, 1988.

아래는 기계번역에 대한 입문서이다.

(5) 長尾眞, 牧野武則(編著) : コンピュータで翻譯する, 共立出版, 1995.

대화에 대해서는 위의 (1)(2)에 설명이 되어 있다. 최근의 화제를 학회지 해설 〔24〕〔35〕〔36〕에서 다룬다.

요약에 대해서는 위의 (1)에 간단한 설명이 들어 있다. 최근의 연구동향은 학회지 해설 〔27〕〔31〕에 설명되어 있다.

자연언어 처리에 관계되는 정보, 이론, 기술에 대해 더욱 공부하고 싶은 독자에게는 아래의 텍스트가 도움이 될 것이다.

(6) 岩波講座 言語の科學, 岩波書店, 1998-1999.

第3장

(1) 古井貞熙 : 音聲情報處理, 森北出版, 1998.

음성정보 처리 전반에 대해 알고 싶을 때 적당한 텍스트가 될 것이다.

(2) Cole, R., Mariani, J., Uszkoreit, H., Zaenen, A. and Zue, V. (eds.) : Survey of the State of the Art in Human Language Technology, Linguistica Computazionale Vol. XII · XIII, 1997.

최근의 음성언어 정보처리에 관한 연구 조사에 대해 충실하게 설명해놓았다.

(3) Gibson, J. D., Berger, T., Lookabaugh, T., Lindberg, D. and Baker, R. L. : Digital Compression for Multimedia, *Morgan Kaufmann*, 1998.

음성신호의 디지털신호 처리, 음성정보의 압축기술에서 최신의 음성부호화에 이르기까지 알기 쉽게 설명되어 있다.

(4) 守谷健弘 : 音聲符號化, 電子情報通信學會, 1999.

멀티미디어 기술에 이용되는 각종 음성부호화에 관해 자세한 설명이 들어 있다.

(5) Klejin, W. B. and Paliwal, K. K. (eds.) : Speech Coding and Synthesis, *Elsevier*, 1995.

최근에 연구가 진전된 음성부호화, 음성합성 기술에 대해 상세히 소개하고 있다.

(6) Bailly, G. and Benoit, C. (eds.) : Talking Machines, *North-Holland*, 1992.

최근에 급속히 발달된 음성합성 기술을 소개하고 있다.

(7) van Santen, J. P. H., Sproat, R. W., Olive, J. P. and Hirshberg, J. (eds.) : Progress in Speech Synthesis, *Springer-Verlag*, 1997.

최근에 진전된 음성합성 기술을 소개하고 있다.

(8) Sagisaka, Y., Campbell, N. and Higuchi, N. (eds.): Computing Prosody, *Springer-Verlag*, 1997.

운율의 계산모델, 정보처리에 관한 최근의 화제인 음성학에서 음성합성 · 음성인식에 걸쳐 소개하였다.

(9) Rabiner, L. and Juang, B. H., (古井貞熙 監譯) : 音聲認識の基礎(上下), NTTアドバンステクノロジー, 1995.

음성인식의 전반에 걸친 자세한 설명이 수록되어 있다.

(10) 北研二, 中村哲, 永田昌明 : 音聲言語處理, 森北出版, 1996.

부제 「코퍼스에 기초한 접근법」이 시사하듯 최근에 활발해진

데이터코퍼스를 이용한 통계적 음성언어 치리에 관해 알기 쉽게 설명하고 있다.

(11) Huang, X. D., Ariki, Y. and Jack, M. A. : Hidden Markov Models for Speech Recognition, *Edinburgh University Press*, 1990.

숨은 마르코프 모델을 이용한 음성인식 방법이 자세하게 설명되어 있다.

(12) Lee, C. H., Soong, F. K. and Paliwal, K. K. : Automatic Speech and Speaker Recognition, *Kluwer Academic Publishers*, 1996.

(13) 榑松明(編), 國際電氣通信基礎技術研究所 : 音聲飜譯電話, オーム社, 1994.

이 책에서는 소개하지 않은 음성변환을 비롯하여 언어번역 기술을 첨가함으로써 실현되는 음성번역 기술에 대해 소개한다.

제4장

(1) Roads, C. : The computer music tutorial, *MIT Press*, 1995.

컴퓨터음악을 제작하기 위한 기술을 중심으로 음악정보 처리에 관한 연구사례를 소개하고 있다.

(2) 長嶋洋一, 橋本周司, 平賀讓, 平田圭一(編) : コンピュータと音樂の世界, bit別冊, 共立出版, 1998.

텍스트는 아니지만 음악정보 처리, 컴퓨터음악에 필요한 최신 정보를 게재하고 있다.

(3) Lerdahl, F. and Jackendoff, R. : A generative theory of tonal music, *MIT Press*, 1983.

본문 4.5절의 자동연주와 음악해석에서 소개한 쉥커 (Schenker)의 악곡분석 이론과 촘스키(Chomsky)의 생성언어문법 이론을 토대로 한 음악구조해석 이론서이다.

(4) Meyer, L. B. : Emotion and Meaning in Music, *University of Chicago Press*, 1956.

음악에서 정동(情動)은 어떠한 요인에 의해 발생하는가를 음악적 · 철학적으로 설명하였다.

(5) Narmour, E. : The Analysis and Cognition of Melodic Complexity, *University of Chicago Press*, 1992.

(4)의 Meyer의 주장을 이론적으로 발전시켜 함축(implication) - 실현(realization)에 기초한 멜로디의 해석방법을 제시하였다.

(6) Bregman, A. S. : Auditory Scene Analysis, *MIT Press*, 1990.

인간의 청각 전반을 다룬 책. 특히 본문 4.2절의 자동채보에 관련된 음원분리에 대한 내용이 풍부하게 수록되어 있다.

(7) マービン・ミンスキー(安西祐一郎 譯) : 心の社會, 産業圖書, 1990.

인간의 마음, 지능에 관한 민스키(Minsky)의 답변을 수록. 음악정보 처리를 직접 다루는 것은 아니지만 시스템의 사상적 배경이 되어 많은 연구에 영향을 끼쳤다.

(8) 渡邊健一 : 音樂の正體, ヤマハミュージックメディア, 1995.

우리 주변의 친근한 소재를 예로 들어, 곡에 들어 있는 작곡가의 사상이나 음악이론을 쉽게 설명한 책이다.

참고문헌

제1장

〔1〕 Aho, A. V.: Algorithms for finding patterns in strings. In Leeuwen, J. van (ed.), Handbook of Theoretical Computer Science, Vol. A: Algorithms and Complexity, chapter 5, pp. 255-300. *MIT Press/Elsevier*, 1990.

〔2〕 Aho, A. V.(仙波一郎 譯): 文字列中のパターン照合のためのアルゴリズム, Leeuwen, J. van(編)(廣瀬健, 野崎昭弘, 小林孝治郎監 譯), コンピュータ基礎理論ハンドブックⅠ: アルゴリズムと複雑さ, 第5章, pp. 263-304. 丸善株式會社, 1994.

〔3〕 青江順一: トライとその應用, 情報處理, Vol. 34, No. 2, pp. 244-251, 1993年 2月.

〔4〕 馬場肇: 日本語全文檢索システムの構築と活用, ソフトバンク, 1998.

〔5〕 道本健二, 眞島馨: 高速全文檢索の威力, 日經バイト, No. 156, pp. 141-168, 1996年 10月.

〔6〕 Gonnet, G. H., Baeza-Yates, R. and Snider, T.: New indices for text: PAT trees and PAT arrays. In Frakes, W. B. and Baeza-Yates, R.(ed.), Information Retrieval: Data Structures & Algorithms, chapter 5, pp. 66-82, *Prentice Hall*, 1992.

〔7〕 Gusfield, D.: Algorithms on Strings, Trees, and Sequences—Computer Science and Computational Biology, *Cambridge University Press*, 1997.

〔8〕 原田昌紀: インターネット徹底活用術, オーム社, 1997.

〔9〕 Haruno, M. and Matsumoto, Y.: Mistake-driven

mixture of hierarchical tag context trees. In *Proceedings of the 35th Annual Meeting of ACL and the 8th Conference of EACL*, pp. 230-237, 1997年 6月.

〔10〕 Hopcroft, J. E. and Ullman, J. D. (野崎昭弘, 高橋正子, 町田元, 山崎秀記 共譯): オートマトン言語理論, 計算理論 I, サイエンス社, 1984.

〔11〕 石畑淸: アルゴリズムとデータ構造, 岩波講座ソフトウェア科學, 第3卷, 岩波書店, 1989.

〔12〕 川俣晶: パソコンにおける日本語處理/文字コードハンドブック, 技術評論社, 1999.

〔13〕 北內啓, 宇津呂武仁, 松本裕治: 誤り驅動型の素性選擇による日本語形態素解析の確率モデル學習, 情報處理學會論文誌, Vol. 40, No. 5, pp. 2325-2337, 1999年 5月.

〔14〕 黒橋禎夫, 長尾眞: 日本語形態素解析システム JUMAN version 3.61, 京都大學情報學研究科, 1999. http://www.nagao.kuee.kyoto-u.ac.jp/nl-resource/juman.html

〔15〕 Kučera, H. and Francis, W. N.: Computational Analysis of Present-Day American English, *Brown University Press*, 1967.

〔16〕 Manber, U. and Meyers, G.: Suffix arrays—A new method for on-line string searches. *SIAM J. Comput.*, Vol. 22, No. 5, pp. 935-948, 1993年 10月.

〔17〕 益岡隆志, 田窪行則: 基礎日本語文法(改訂版), くろしお出版, 1992.

〔18〕 松本裕治, 北內啓, 山下達雄, 平野善隆: 日本語形態素解析システム 『茶筌』version 2.0 使用說明書, Information Science Technical Report NAIST-IS-TR99008, Nara Institute of Science and Technology, 1999年 4月. http://cl.aist-nara.ac.jp/lab/nlt/chasen.html

〔19〕松山隆司 : 情報の計量, 長尾眞, 松山隆司, 佐藤理史, 麻生英樹, 情報の組織化, 岩波講座マルチメディア情報學, 第2卷 第1章, 岩波書店(2000年 出版豫定).

〔20〕Nagao, M. and Mori, S. : A new method of N-gram statistics for large number of n and automatic extraction of words and phrases from large text data of Japanese. In *Proceedings of the 15th COLING*, pp. 611-615, 1994年 8月.

〔21〕永田昌明 : 單語頻度の期待値に基づく未知語の自動收集, 情報處理學會研究報告, Vol. 96, No. 114(96-NL-116), pp. 13-20, 1996年 11月.

〔22〕Salton, G. : Automatic Text Processing : The Transformation, Analysis, and Retrieval of Information by Computer, *Addison-Wesley*, 1989.

〔23〕Salton, G. and Yang, C. S. : On the specification of term values in automatic indexing. *J. Documentation*, Vol. 29, No. 4, pp. 351-372, 1973年 12月.

〔24〕Seltzer, R., Ray, E. J. and Ray, D. S. : AltaVista 完全活用ガイド ─インターネットのすべてを檢索する方法, 翔泳社, 1997. (日本ディジタルイクイップメント株式會社(日本 DEC) 監譯).

〔25〕Shannon, C. E. : Prediction and entropy of printed English, *Bell System Tech. J.*, Vol. 30, pp. 50-64, 1951.

〔26〕竹內孔一, 松本裕治 : 隠れマルコフモデルによる日本語形態素解析のパラメータ推定, 情報處理學會論文誌, Vol. 38, No. 3, pp. 500-509, 1997年 3月.

〔27〕Witten, I. H. and Bell, T. C. : Source models of natural language text. *Int. J. Man-Machine Studies*, Vol. 32,. pp. 545-579, 1990.

〔28〕山下達雄(編)： SUFARYガイド 第2版, 奈良先端科學技術大學院大學 松本研究室, 1998年 10月. http://cl.aist-nara.ac.jp/lab/nlt/ss/

제2장

〔1〕Allen, J.： Natural Language Understanding, 2nd ed., *Benjamin/Cummings*, 1995.

〔2〕アジア太平洋機械飜譯協會： http://www.jeida.or.jp/aamt/

〔3〕Cohen, P.R., Morgan, J. and Pollack, M.： Intentions in Communication, *MIT Press*, 1990.

〔4〕堂坂浩二, 島津明 ： タスク指向型對話における漸次的發話生成モデル, 情報處理學會論文誌, 第37卷 第12號, pp. 2190-2200, 1996.

〔5〕堂坂浩二, 島津明： 話し言葉對話コーパスにおける協調的對話原則の分析, 電子情報通信學會技術研究報告, NLC-97-1, 1997.

〔6〕Duke 大學の音聲言語對話システム： ftp.cs.duke.edu:/pub/rws/system/dlgsys.sh.Z

〔7〕Gazdar, G. and Mellish, C.： Natural Language Processing in Lisp： An Introduction to Computational Linguistics, *Addison-Wesley*, 1989.

〔8〕郡司隆男, 阿部泰明, 白井賢一朗, 坂原茂, 松本裕治： 意味, 岩波講座言語の科學 4, 岩波書店, 1998.

〔9〕Hovy, E. (ed.)： Automated Cross-lingual Information Extraction and Summarization, in Multilingual Information Management： Current Levels and Future Abilities. http://www.cs.cmu.edu/~ref/mlim/index.html, 1999.

〔10〕片桐恭弘：談話の世界，田中穂積，辻井潤一(編)，自然言語理解，オーム社，pp.159-190，1988.

〔11〕川森雅仁：終助詞と認知様相，電子情報通信學會技術研究報告，NLC91-12，1991.

〔12〕川森雅仁，島津明：對話における統御の概念，電子情報處理學會技術研究報告，NLC96-25，1996.

〔13〕川森雅仁，島津明，堂坂浩二，中野幹生：對話處理のためのコーパス作成，電子情報通信學會技術研究報告，NLC97-5，1997.

〔14〕KNP構文解析システム：http://www-nagao.kuee.kyoto-u.ac.jp/nl-resource/

〔15〕Levinson, S. C.：Pragmatics, *Cambridge University Press*, 1983, 安井稔，奥田夏子(譯)，英語語用論，研究社出版，1990.

〔16〕Mani, I. and Maybury, M. T.：Advances in Automatic Text Summarization, *MIT Press*, 1999.

〔17〕Manning, C. D. and Schütze, H.：Foundations of Statistical Natural Language Processing, *MIT Press*, 1999.

〔18〕溝口文雄(編)：大特集 — 機械飜譯，情報處理，Vol. 26, No.10，1985.

〔19〕長尾確：インタレクティブな環境を作る，共立出版，1996.

〔20〕長尾眞，中川裕志，松本裕治，橋田浩一，Bateman, J.：言語の數理，岩波講座 言語の科學 8，岩波書店，1999.

〔21〕長尾眞(編)：自然言語處理，岩波書店，1996.

〔22〕長尾眞，黒橋禎夫，佐藤理史，池原悟，中野洋：言語情報處理，岩波講座 言語の科學 9，岩波書店，1998.

〔23〕中野幹生，島津明，小暮潔：對話文の文法構築に向けた分

析, 情報處理學會, 自然言語處理研究會, NL107-5, 1995.

〔24〕 中野幹生 : 話がはずむ音聲對話システム, 情報處理學, Vol. 40, No. 4, pp. 365-369, 1999.

〔25〕 野村廣郷, 內藤昭三 : 自然言語處理における意味表現, 情報處理, Vol. 27, No. 8, 1986.

〔26〕 OGI 對話システムツール : http://cslu.cse.ogi.edu/

〔27〕 奧村學, 難波英嗣 : テキスト自動要約に關する研究動向, 自然言語處理, Vol. 6, No. 6, pp. 3-28, 1999.

〔28〕 大山芳史 : 機械飜譯技術とその適用, 情報處理學, Vol. 40, No. 4, pp. 428-433, 1999.

〔29〕 PGLR 構文解析システム : http://tanaka-www.cs.titech. ac.jp/pub/

〔30〕 Russell, S. and Norvig, P. : Artificial Intelligence : A Modern Approach, *Prentice Hall*, 1995.

〔31〕 佐藤理史, 奧村學 : 電腦文章要約術—計算機はいかにしてテキストを要約するか, 情報處理, Vol. 40, No. 2, pp. 157-161, 1999.

〔32〕 佐藤理史 : 實例に基づく飜譯, 情報處理, Vol. 33, No. 6, 1992.

〔33〕 Searle, J. L. : Speech Acts : An essay in the philosophy of language, *Cambridge University Press*, 1969. (邦譯)坂本百大, 土屋俊 : 言語行爲, 勁草書房, 1986.

〔34〕 Shieber, S. M. : An Introduction to Unification-based Approaches to Grammar, *CSLI*, 1986.

〔35〕 島津明 : コンピュータと人間の會話 : 現狀と課題, 情報處理, Vol. 39, No. 3, 1998.

〔36〕 白井克彦他 : 特集「音聲對話」, 人工知能學會誌, 12, 1, 1997.

〔37〕 Smith, R. W. and Hipp, D. R. : Spoken Natural

Language Dialog Systems, *Oxford University Press*, 1994.

〔38〕田中穂積： 自然言語解析の基礎, 産業圖書株式會社, 1988.

〔39〕田中穂積(監修)： 自然言語處理 — 基礎と應用, 電子情報通信學會, 1999.

〔40〕德永健伸, 乾健太郎： 1980年代の自然言語生成(1)-(3), 人工知能學會誌, Vol. 6, No. 3-5, 1991.

〔41〕辻 井潤一： 辭書の構成と機械飜譯, 情報處理, Vol. 26, No. 10, 1985.

〔42〕若尾孝博： 英語テキストからの情報抽出, 情報處理學會自然言語處理研究會報告, 114-12, pp. 77-83, 1996.

〔43〕Pegasus 音聲對話システム： http://www.sls.lcs.mit.edu/sls/

〔44〕Zue, V., Seneff, S., Polifroni, J., Phillips, M., Pao, C., Goddeau, D., Glass, J. and Brill, E.： The MIT ATIS System： December 1993 Progress Report, *Proc. of the Spoken Language Technology Workshop*, pp. 66-71, 1994年 3月 6~8.

제3장

〔1〕阿部匡伸, 佐藤大和： 音節區分化モデルに基づく基本周波數の2階層制御方式, 日本音響學會誌, Vol. 49, No. 10, pp. 323-331, 1993.

〔2〕Abe, M., Nakamura, S., Shikano, K. and Kuwabara, H.： Voice conversion through vector quantization, *JASJ* (E) Vol. 11, No. 2, pp. 77-82, 1990.

〔3〕阿部芳春, 今井聖： CV音節のケプストラム・パラメータからの音聲合成, 電子情報通信學會論文誌. Vol. J64-D, No. 9, pp. 861-868, 1981.

〔4〕相川清明, 河原英紀, 東倉洋一 : 順行マスキングの時間周波數特性を模擬した動的ケプストラムを用いた音韻認識, 電子情報通信學會論文誌, A Vol. J76, No. 11, pp. 1514-1521, 1993.

〔5〕Bacchiani, M. : Speech recognition system design based on automatically derived units, Ph. D. Thesis, *Boston University*, 1999.

〔6〕Bailly, G. and Benoit, C. (eds.) : Talking machines, *North-Holland*, 1992.

〔7〕Deligne, S. : Modele de sequence de longueurs variables : Application au taitment du langage ecrit et de la parole, Ph. D. Telecom Paris, 1996.

〔8〕Fujisaki, H. : Modeling the process of fundamental frequency contour generation, in Speech Perception, Production and Linguistic Structure, pp. 313-326, Ohmusha-IOS, 1992.

〔9〕Fukada, T., Komori, Y., Aso, T. and Ohora, Y. : Fundamental frequency modeling using HMM and categorical multiple regression technique, *JASJ* (E), Vol. 16, No. 5, pp. 261-271, 1995.

〔10〕Fukada, T. : Acoustic and pronunciation modeling in automatic speech recognition, 東京工業大學 學位論文, 1998.

〔11〕Gauvain, J. L. and Lee, C. H. : Maximum a posteriori estimation for multivariate Gaussian mixture observations of Markov chains, *IEEE Trans, SAP*, Vol. 2, No. 2, pp. 291-298, 1994.

〔12〕廣瀬啓吉, 藤崎博也, 河井恒, 山口幹雄 : 基本周波數パターン生成過程モデルに基づく文章音聲の合成, 電子情報

通信學會論文誌, Vol. J72-A, No. 1, pp. 32-40, 1989.

[13] Huang, X. D., Ariki, Y. and Jack, M. : Hidden Markov Models for Speech Recognition, *Edinburgh University Press*, 1990.

[14] 岩橋直人, 玖坂芳典 : 空間多重分割型數量化法による英語音聲のセグメント繼續時間長モデル, 音響學會講演論文集 3-8-4, 1993年 3月.

[15] Jelinek, F. : Self-organized language modeling for speech recognition, in Readings in speech recognition, *Morgan Kaufmann*, pp. 450-506, 1990.

[16] Kato, H. : Perceptual characteristics of temporal structures in speech : Towards objective assessment of synthesis rules, 神戸大學學位論文, 1999.

[17] Katz, S. M. : Estimation of probabilities from sparse data for the language model component of a speech recognizer, *IEEE Trans. ASSP*, Vol. 35, No. 3, pp. 400-401, 1987.

[18] Kawahara, T. : Studies on speech recognition based on discriminative statistical models and heuristic search strategies, 京都大學學位論文, 1994.

[19] 河井恒, 廣瀬啓吉, 藤崎博也 : 日本語文章音聲の合成のための韻律規則, 日本音響學會誌, Vol. 50, No. 6, pp. 433-442, 1994.

[20] 國際電氣通信基礎技術研究所(編) : ATR先端テクノロジーシリーズ 自動飜譯電話, オーム社, 1994.

[21] 小坂哲夫, 松永昭一, 嵯峨山茂樹 : 木構造話者クラスタリングを用いた話者適應, 電子情報處理學會論文誌, Vol. J78DII, No. 1, pp. 1-9, 1995.

[22] Leggetter, C. L. and Woodland, P. C. : Maximum

liklihood linear regression for speaker adaptation of continuous density hidden Markov models, *Computer Speech and Language*, Vol. 9, pp. 171-185, 1995.

[23] Markel, J. D. and Gray, Jr. A. H. : Linear Prediction of Speech, *Springer-Verlag*, 1976. 鈴木久喜(譯), 音聲の線形豫測, コロナ社, 1980.

[24] 政瀧浩和 : 音聲認識—理解における統計的言語處理の研究, 京都大學學位論文, 1999.

[25] McDermott, E. : Discriminative Training for speech translation, 早稻田大學學位論文, 1997.

[26] 宮崎昇, 德田惠一, 小林隆夫, 益子貴史 : 多空間上の確率分布を用いたHMMによるピッチパターン生成の檢討, 電子情報處理學會 音聲研究會資料 SP-98-04, pp. 27-34, 1998.

[27] Moulines, E. and Charpentier, F. : Pitch-synchronous waveform processing techniques for text-to-speech synthesis using diphones, *Speech Communication*, Vol. 9, No. 5/6, pp. 453-468, 1990.

[28] Moulines, E. and Sagisaka, Y. (eds.) : Voice conversion : State of the art and perspectives, *Speech Communication*, Vol. 16, No. 3, 1995.

[29] 中嶋信彌, 浜田洋 : 音韻環境に基づくクラスタリングによる規則合成法, 電子情報處理學會論文誌, Vol. J72-DII, No. 8, pp. 1174-1179, 1989.

[30] 中村章, 津山信正, 池澤龍, 都木徹, 宮坂榮一 : リアルタイム話速變換型受聽システム, 音響學會誌, Vol. 50, No. 7, pp. 509-520, 1994.

[31] Ney, H. : The use of a one-stage dynamic programming algorithm for connected word recognition, *IEEE Trans.*

ASSP, Vol. 32, No. 2, pp. 263-271, 1984.

[32] 大倉計美, 杉山雅英, 嵯峨山茂樹：混合連續分布 HMM移動ベクトル場平滑化話者適應法, 電子情報處理學會論文誌, Vol. J76DII, No. 12, pp. 2469-2476, 1993.

[33] Ostendorf, M., Digalakis, V. and Kimball, O.：From HMM's to segment models, A unified view of stochastic modeling for speech recognition, *IEEE Trans. on Speech and Audio*, Vol. 4, No. 5. pp. 360-378, 1996.

[34] Rabiner, L. R. and Juang, B. H.：Fundamentals of speech recognition, *Prentice Hall*, 1993. 古井貞熙(監譯), 音聲認識の基礎, NTTアドバンステクノロジ, 1994.

[35] Rabiner, L. R. and Schafer, R. W.：Digital Processing of Speech Signals, *Prentice Hall*, 1978. 鈴木久喜(譯), 音聲のディジタル信號處理, コロナ社, 1983.

[36] Riley, M. D.：Tree-based modeling of segmental durations, in 'Talking Machines' *Elsevier Science Publishers*, pp. 265-273, 1992.

[37] Sagisaka, Y.：On the prediction of global F_0 shape for Japanese text-to-speech, *Proc. ICASSP90* S6a.9, pp. 325-328, 1990.

[38] 玖坂芳典：コーパスベース音聲合成, 信號處理學會誌, Vol. 2, No. 6, pp. 407-414, 1998.

[39] Sagisaka, Y., Higuchi, N. and Campbell, N. (eds.)：Computing Prosody, *Springer-Verlag*, 1996.

[40] 玖坂芳典, 佐藤大和：日本語單語連鎖のアクセント規則, 電子通信學會論文誌, Vol. J66-D, No. 7, pp. 849-856, 1983.

[41] 玖坂芳典, 東倉洋一：規則による音聲合成のための音韻時間長制御, 電子通信學會論文誌, Vol. J67-A, No. 7,

pp. 629-636, 1984.

〔42〕齋藤收三, 中田和男：音聲情報の基礎, オーム社, 1981.

〔43〕van Santen, J. P. H.：Contextual effects on vowel duration, *Speech Communication*, Vol.11, pp. 513-546, 1992.

〔44〕佐藤大和： PARCOR-VCV 連鎖を用いた音聲合成方式, 電子通信學會論文誌, Vol. 61-D, No. 11, pp. 858-865, 1978.

〔45〕佐藤大和：複合語におけるアクセント規則と連濁規則, 講座日本語と日本語教育, 第2卷 日本語の音聲・音韻(上), 明治書院, pp. 233-265, 1989.

〔46〕佐藤大和, 中嶌信彌：音源情報を有する音韻複合單位による音聲合成系, 電子通信學會全國大會 1446, 1983年 春.

〔47〕Schwartz, R., Nguyen, L. and Makhoul, J.：Multiple-pass search strategies, in 'Automatic speech and speaker recognition, advanced topics', pp. 429-456, *Kulwer Academic Press*, 1996.

〔48〕清水徹, 山本博史, 政瀧浩和, 玖坂芳典： 大語い連續音聲認識のための單語假說數削減, 電子情報通信學會論文誌, Vol. J79-DII, No. 12, pp. 2117-2124, 1996.

〔49〕Singer, H.：Acoustic modeling for speech recognition, 奈良先端大學院大學學位論文, 1998.

〔50〕高橋敏, 嵯峨山茂樹： 4階層共有構造の音響モデルによる音聲認識, 電子情報通信學會論文誌, Vol. J79-DII, No. 3, pp. 315-323, 1999.

〔51〕武田一哉, 安部勝雄, 玖坂芳典： 選擇的に合成單位を用いる規則音聲合成, 電子情報通信學會論文誌, Vol. J73-DII, No. 12, pp. 1945-1951, 1990.

〔52〕Takeda, K., Sagisaka, Y. and Kuwabara, H.： On

sentence-level factors governing segmental duration, *JASA*, Vol. 86, No. 6, pp. 2081-2087, 1989.

〔53〕Tohkura, Y., Bateson, E. V. and Sagisaka, Y. (eds.)：Speech perception, production and linguistic structure, *Ohmusha IOS Press*, 1992.

〔54〕海木延佳, 玖坂芳典：局所的な句構造によるポーズ挿入規則化の檢討, 電子情報通信學會論文誌, D-II, Vol. J79-D-II, No. 9, pp. 1455-1463, 1996.

〔55〕海木延佳, 武田一哉, 玖坂芳典：言語情報を利用した母音繼續時間長の制御, 電子情報通信學會論文誌, Vol. J75-A, No. 3, pp. 467-473, 1992.

〔56〕脇田由美, シンガーハラルド, 玖坂芳典：複數音素にまたがる誤認識特性を用いた音素候補系列追加モデル, 電子情報通信學會論文誌, Vol. J79-DII, No. 12, pp. 2086-2095, 1996.

〔57〕Watanabe, H., Yamaguchi, T. and Katagiri, S.：Discriminative metric design for robust pattern recognition, *IEEE Trans. on SP*, Vol. 45, No. 11, pp. 2655-2662, 1997.

〔58〕Young, S., Jansen, J., Odell, J., Ollason, D. and Woodland, P.：The HTK Book, *Cambridge University Engineering Department Speech Group and Entropic Research Laboratorics*, 1996.

제4장
〔1〕靑野裕司, 片寄晴弘, 井口征士：アコースティックピアノを用いたセッションシステムの開發, 情報處理學會音樂情報科學研究會研究報告, 97-MUS-21, Vol. 97, No. 67, 1997.

〔2〕青野裕司, 片寄晴弘, 井口征士： 世代別歌の歌い易さ評價 モデルと音樂コンテンツ制作への應用, Interaction '99, pp. 17-22, 1999.

〔3〕青山宏, 棟上昭男： 印刷樂譜の自動讀み取り, 畵像電子學 會誌, Vol. 11, No. 5, pp. 427-435, 1982.

〔4〕Arcos, J. L., Mantaras, R. L. and Serra, Z.： SaxEx： A Case-based Reasoning System for Generating Expressive Musical Performances, *Proc. International Computer Music Conference*, pp. 329-336, 1997.

〔5〕Balaban, M., Ebcioglu, K. and Laske, O.： Understanding Music with AI, *MIT Press*, 1992.

〔6〕Bresin, R., Poli, G. De. and Vidolin, A.： Symbolic and sub-symbolic rules system for real time score performance, *Proc. International Computer Music Conference*, pp. 211-218, 1992.

〔7〕Canazza, S., Poli, G. De., Roda, A and Vidolin, A.： Analysis by Synthesis of the expressive intensions in musical performance, *Proc. International Computer Music Conference*, pp. 113-120, 1997.

〔8〕Chafe, C., Jaffe, D., Kashima, K., Mont-Reynaud, B. and Smith, J.： Techniques for Note Identification in Polyphonic Music, *Proc. International Computer Music Conference*, pp. 399-405, 1985.

〔9〕Clynes, M.： Secrets of Life in Music, *Proc. International Computer Music Conference*, pp. 225-232, 1984.

〔10〕Conklin, D. and Witten, I. H.： Multiple Viewpoint Systems for Music Prediction, *Journal of New Music Research*, Vol. 24, pp. 51-73, 1995.

〔11〕Cope, D.： Computers and Music Style, *Madison*, WI： A-

R Editions, 1991.

[12] Couasnon, B. and Retif, B. : Using a Grammer for a Reliable Full Score Recognition System, *Proc. International Computer Music Conference*, pp. 187-194, 1995.

[13] Dannenberg, R. B. : An On-line Algorithm for Real-Time Accompaniment, *Proc. International Computer Music Conference*, pp. 193-198, 1984.

[14] Dannenberg, R. : Real-Time Scheduling and Computer Accompaniment, Current Directions in Computer Music Research, *MIT Press*, pp. 225-262, 1989.

[15] Dannenberg, R. and Mont-Reynaud, B. : Follow in an Improvisation in Real-Time, *Proc. International Computer Music Conference*, pp. 241-248, 1987.

[16] Desain, P. and Honing, H. : The Quantization of Musical Time : A Connectionist Approach, *Computer Music Journal*, Vol. 13, No. 3, pp. 56-66, 1989.

[17] Frydon, L. and Sundberg, J. : Performance Rules for Melodies : Origin, Functions, Purposes, *Proc. International Computer Music Conference*, pp. 221-224, 1984.

[18] Fujinaga, I., Alphonce, B., Pennycook, B. and Hogan, K. : Optical Music Recognition : Progress Report. *Proc. International Computer Music Conference*, pp. 66-73, 1991.

[19] 後藤眞孝, 日高伊佐夫, 松本英明, 黒田洋介, 村岡洋一 : 假想ジャズセッションシステム, VirJa Session, 情報處理學會論文誌, Vol. 40, No. 4, pp. 1910-1921, 1999年 4月.

[20] 後藤眞孝, 平田圭二 : ハービー君, 演繹オブジェクト指向に基づいてジャズらしいコードにリハーモナイズするシステム, 情報處理學會研究報告, MUS-16-6, Vol. 96, No. 75, 1996.

〔21〕後藤眞孝, 根山亮, 菊地淑晃, 村岡洋一：RMCP：Remote Media Control Protocol―時間管理機能の擴張と遲延を考慮した遠隔地間の合奏, 情報處理學會音樂情報科學研究會研究報告, 97-MUS-21-3, Vol. 97, No. 67, 1997年 7月.

〔22〕Hiller, L. et al.：Experimental Music, *McGraw-Hill*, 1959.

〔23〕平賀留美： 演奏の表情付け, コンピュータと音樂の世界, bit別冊, 共立出版, pp. 270-282, 1998.

〔24〕堀內靖雄, 田中穗積： 自主性を持つ伴奏システム, 人工知能學會論文誌, Vol. 10, No. 1, pp. 72-79, 1995.

〔25〕Hoshishiba, T., Horiguchi, S. and Fujinaga, I.：Study of Expression and Individuality in Music Performance Using Normative Data Derived from MIDI recordings of Piano Music, *Proc. ICMPC*, pp. 465-470, 1996.

〔26〕井上涉, 松本周司, 大照完：適應型歌聲自動伴奏システム, 情報處理學會論文誌, Vol. 37, No. 1, pp. 31-38, 1996.

〔27〕金森務, 片寄晴弘, 新美康永, 平井宏, 井口征士 ： ジャズセッションシステムのための音樂認識處理の實現法, 情報處理學會論文誌, Vol. 36, No. 1, pp. 139-152, 1995.

〔28〕柏野邦夫：重なりあった音を聞き分ける, コンピュータと音樂の世界, bit別冊, 共立出版, pp. 89-99, 1998.

〔29〕片寄晴弘, 自動採譜(槪論), コンピュータと音樂の世界, bit別冊, 共立出版, pp. 74-88, 1998.

〔30〕片寄晴弘, 今井正和, 井口征士：音樂における感性情報抽出の試み, 人工知能學會誌, Vol. 3, No. 6, pp. 748-754, 1988.

〔31〕片寄晴弘, 井口征士：知的採譜システム, 人工知能學會誌, Vol. 5, No. 1, pp. 59-66, 1990.

〔32〕片寄晴弘, 上符裕一, 松尾聰子, 井口征士： 音樂認知の計

算モデル ― 二つのアプローチ, 情報處理學會研究報告, MUS-25, pp. 51-58, 1998.

〔33〕Katayose, H., Kanamori, T., Kamei, K., Nagashima, Y., Sato, K., Inokuchi, S. and Simura, S. : Virtual Performer, *Proc. Intl. Computer Music Conf.*, pp.138-145, 1993.

〔34〕加藤博一, 井口征士 : 小節單位處理に基づいたピアノ樂譜の自動認識, 電子情報通信學會論文誌, Vol. J71-D, No. 5, pp. 894-901, 1988.

〔35〕Longuet-Higgins, H. C. : Mental Processes, *The MIT Press*, 1987.

〔36〕Mathews, M. : The Technology of Computer Music, *MIT Press*, 1969.

〔37〕Mathews, M. : The Conductor Program and Mechanical Baton, *Proc. Intl. Computer Music Conf.*, pp. 58-70, 1989.

〔38〕松島俊明 : 樂譜認識, コンピュータと音樂の世界, bit別冊, 共立出版, 1998.

〔39〕松島俊明, 金森克洋, 大照完 : 樂譜の自動認識システム (WABOT-2の視覺系), 日本ロボート學會誌, Vol. 3, No. 4, pp. 354-361, 1985.

〔40〕McGee, W. F. : Real-Time Acoustic Analysis of Polyphonic Music, *Proc. International Computer Music Conference*, pp. 199-202, 1989.

〔41〕Moorer, J. A. : The Optimum Comb Method of Pitch Priod Analysis of Continous Digitized Speech, *IEEE Trans. on Acoustics, Speech, and Signal Processing*, ASSP-22, pp. 330-338, 1974.

〔42〕中村泰明, 進藤正雄, 井口征士 : 音樂情報の入力とデータベースの作成, 信學技報, PRL73-78, pp. 41-50, 1979.

[43] Nishijima, M. and Watanabe, K.: Interactive music composer based on neural networks, *Proc. International Computer Music Conference*, pp. 53-56, 1992.

[44] Pennycook, B., Stammen, D. R. and Reynolds, D.: Toward a Computer Model of a Jazz Improviser, *Proc. International Computer Music Conference*, pp. 228-231, 1993.

[45] Prerau, D. S.: Computer Pattern Recognition of Printed Music, *AFIPS Conf. Proceedings*, Vol. 39, pp. 153-162, 1971.

[46] Rowe, R.: Interactive Music Systems Machine Listening and Composing, *MIT Press*, 1993.

[47] Rubine, D. and McAvinney, P.: The Video Harp, *Proc. International Computer Music Conference*, pp. 49-55, 1988.

[48] Sakamoto, T, Kajikawa, Y. and Nomura, Y.: Construction of an Automatic Piano Playing System Wearing a Performer's Characteristic? The Generation of a Performer's Characteristic by Musical Sensibility Space?, *Proc. Japan-China Joint Meeting on Musical Acoustics, Tokyo, Japan*, D-5, pp. 121-124, 1997年 11月.

[49] Saiwaki, N., Katayose, H. and Inokuchi, S.: An Approach to a Computer Assisted Composition System with KANSEI Parameter, *Proc. of 2nd. Intl. Workshop in AI and Music*, 1989.

[50] 白川健一, 小田安彦, 熊谷俊行, 梶川嘉延, 野村康雄: 演奏者情報を加味したピアノの自動演奏システムの構築 ― 音符屬性に着目した個人的解釋ルールの生成, 情報處理學會研究報告, MUS-10-1, pp. 1-6, 1995.

[51] 鈴木泰山, 德永健伸, 田中穂積: 事例ベースの演奏表情生成手法に關する研究, 情報處理學會, MUS-21, pp. 7-12,

1997.

[52] Vercoe, B. : The synthetic performer in the context of live performance, *Proc. International Computer Music Conference*, pp. 199–200, 1984.

[53] Vercoe, B. and Puckette, M. : Synthetic Rehearsal "Training the Synthetic Performer", *Proc. International Computer Music Conference*, pp. 275–278, 1985.

[54] 和氣早苗, 加藤博一, 才脇直樹, 井口征士 : テンション・パラメータを用いた協調型演奏システム—JASPER, 情報處理學會論文誌, Vol. 35, No. 7, pp.1469–1481, 1994.

[55] Widmer, G. : Learning Expressive Performance : The Structure-Level Approach, *Journal of New Music Research*, Vol. 25, pp. 179–205, 1996.

[56] Winograd, T. : Linguistics and the computer analysis of tonal harmony, *Journal of Music Theory*, Vol. 12, No. 1, pp. 2–49, 1968.

● **역자** ●

김재명(金載明) 경성대학교 멀티미디어대학 디자인학부 교수,
멀티미디어 랩 연구위원

김진천(金振天) 경성대학교 디지털디자인대학원 컴퓨터공학과교수,
멀티미디어 랩 연구위원

멀티미디어 랩(Multimedia Lab)은 믹구 캘립포니아의 벤처기업인 닛시미디
어(Nissi Media)와 경성대학교 공동으로 설립한 멀티미디어 연구소이자 회사
법인이다. 멀티미디어 소프트웨어 개발과 콘텐츠 제작, 그리고 멀티미디어
관련 연구와 컨설팅을 수행하고 있으며 해외 멀티미디어 관련 정보와 소개
에도 주력하고 있다.

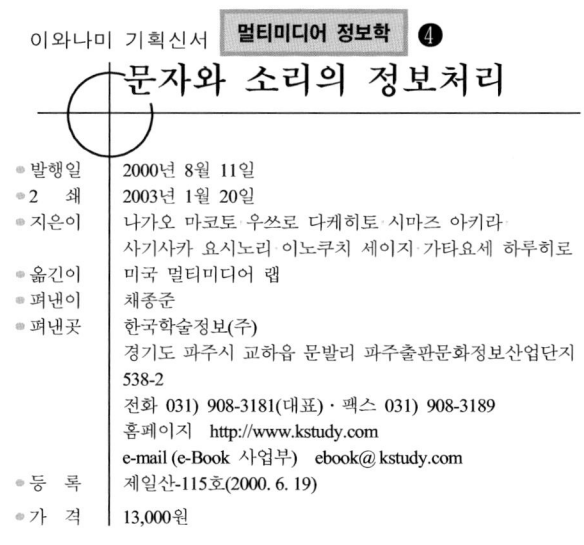

이와나미 기획신서 **멀티미디어 정보학 ❹**

문자와 소리의 정보처리

● 발행일   2000년 8월 11일
● 2 쇄   2003년 1월 20일
● 지은이   나가오 마코토·우쓰로 다케히토·시마즈 아키라·
사기사카 요시노리·이노쿠치 세이지·가타요세 하루히로
● 옮긴이   미국 멀티미디어 랩
● 펴낸이   채종준
● 펴낸곳   한국학술정보(주)
경기도 파주시 교하읍 문발리 파주출판문화정보산업단지
538-2
전화 031) 908-3181(대표)·팩스 031) 908-3189
홈페이지 http://www.kstudy.com
e-mail (e-Book 사업부) ebook@kstudy.com
● 등 록   제일산-115호(2000. 6. 19)
● 가 격   13,000원

ISBN   89-89253-02-0 04000 (Paper Book)
89-89253-00-4 04000 (세트)